U0498938

中国深度研究
高级讲坛讲演录

（第一辑）

邓正来　主编

商务印书馆

2010年·北京

图书在版编目(CIP)数据

中国深度研究高级讲坛讲演录.第一辑/邓正来主编.
—北京:商务印书馆,2010
ISBN 978 - 7 - 100 - 07138 - 3

Ⅰ.①中… Ⅱ.①邓… Ⅲ.①社会科学—中国—
演讲—文集 Ⅳ.①G322 - 53

中国版本图书馆 CIP 数据核字(2010)第 080514 号

所有权利保留。

未经许可,不得以任何方式使用。

中国深度研究高级讲坛讲演录
(第一辑)
邓正来　主编

商 务 印 书 馆 出 版
(北京王府井大街36号　邮政编码 100710)
商 务 印 书 馆 发 行
北京瑞古冠中印刷厂印刷
ISBN 978 - 7 - 100 - 07138 - 3

2010 年 10 月第 1 版　　　　开本 880×1230　1/32
2010 年 10 月北京第 1 次印刷　印张 10⅜
定价: 24.00 元

"知识转型":引进来与走出去

——《中国深度研究高级讲坛讲演录》序

邓正来[*]

一

如果我们回顾中国社会科学百年"知识引进运动"的历史，可以发现中国社会科学的发展大致经历了这样三个相对明晰的阶段：(1)可以上溯自 19 世纪并延续至今的"引进"阶段，我们引进了西方社会科学的理论知识、研究方法、学科体系和学术建制等，在翻译大量社会科学文献的同时，也在中国建立了现代社会科学的学科体系和学术建制。(2)从 20 世纪 90 年代初开始的"复制"阶段，即开始运用西方社会科学知识和方法解释中国问题，"复制"西方社会科学的理论创新模式，这在经济学领域表现得尤为突出。(3)从 20 世纪 90 年代中后期开始的"国际接轨"阶段，即开始与国际社会科学的学术规范、学科体

　　* 邓正来，复旦大学特聘教授、社会科学高等研究院院长、当代中国研究中心主任、国际关系与公共事务学院教授、博士生导师，《中国社会科学辑刊》主编，*Fudan Journal of the Humanities and Social Sciences* 主编，《耶鲁全球在线（复旦版）》主编，《复旦政治哲学评论》主编。

系和学术建制等全面接轨,其主要的表现是 90 年代中期开始的学术规范化运动。经过这三个阶段的发展,我们不仅大规模地引进了西方社会科学的理论体系,建立了较为完备的社会科学的学科体系,而且也初步建构了中国社会科学的学术传统,并开始"复制"西方社会科学的理论创新模式,在学术规范等方面开始同国际"接轨"。但必须看到:以"引进"、"复制"和"接轨"为特征的中国社会科学的共同点在于以西方社会科学的判断标准作为我们的判断标准,而在这种判断标准下的研究成果不仅在较深的层面上忽视了对中国本身的理论关注,实际上也很难与西方进行实质性的交流和对话。另一方面,中国这三十年的经济发展之所以能够成功,是因为我们在很大程度上摆脱了各种西方模式和传统模式的束缚,但中国社会科学却仍然受苏联以及西方某些思想文化的束缚,无法自主地解释当下实践中的中国经验本身。用一种形象的说法来讲就是,中国社会科学学者很多时候其实是在帮着西方的先哲同中国的先哲们打仗。但是,帮着打仗的"我们"其实是不存在的:由于欠缺对生活于其间的当下中国的理论关切,"我们"事实上只是相对于西方论者们的"复印机"或"留声机"而已。在根本的意义上讲,我们在这些年中严重地忽视了对中国问题本身的深度研究和理论关注。[①]

从共时性的视角来看,当下如火如荼的全球化进程为中国

---

① 参见拙文:"全球化时代的中国社会科学发展",《社会科学战线》2009 年第 5 期;"高等研究与中国社会科学的发展",2008 年 12 月 17 日《文汇报》。

社会科学赋予了一项新的时代使命,即参与全球化时代的"话语争夺"。经由系统研究,我认为,无论是从全球化本身的性质还是从西方国家在全球化时代对中国予以支配的性质来看,中国社会科学在贡献中国据以参与话语争夺、型构和影响全球化的进程及方向的"理想图景"方面都具有不可替代的地位和不可推卸的责任。这是因为只要我们建构起中国自己的"理想图景",我们就可以将参与修改世界结构之规则的资格转化为修改世界结构之规则的能力,并基于中国立场型构和影响全球化的进程与方向,而中国社会科学在贡献中国自己的"理想图景"方面则具有不可替代的地位。第一,从全球化本身的性质来看,如果我们采取"问题化的进路"将全球化本身问题化,而不是前瞻性地将其看做是某种必然性的、客观存在的现实或过程,我们才可能洞见全球化与全球性,特别是与全球主义的关系,洞见潜隐于全球化进程背后的话语斗争,甚至"文明冲突"的实质,进而洞见一种服务于"主体性中国"的开放性全球化观。① 这是因为"全球化并不是一个单一的一元化的同质化进程,也不是一个只有客观维度的发展进程,更不是一个绝对正确的甚或正确本身的历史进程",而"是一个可以根据人之认识或利益或传统被建构或被重构的博弈进程,是一个在很大程度上属于偶然且可能是一个可逆且不确定的过程"。② 第二,中国

---

① 参见拙著:《谁之全球化? 何种法哲学? ——开放性全球化观与中国法律哲学建构论纲》,商务印书馆 2009 年版,第 260 页。

② 同上书,第 155、179 页。

经加入 WTO 等国际组织而被"裹挟"进全球化进程后,西方对中国的支配实质是一种"基于承诺的支配",而这种支配性质的变化则意味着:只要我们拥有中国自己的"理想图景",我们就可能在承诺遵守全球化规则的同时,根据基于中国立场的"理想图景"而修改全球化的运行规则,进而影响全球化的进程和方向。① 显而易见,作为一国的"思想库"和"智力库",中国社会科学理应在贡献出中国自己的"理想图景"方面作出我们责无旁贷的贡献。

因此,我认为,中国社会科学正处于百年来的临界时刻:中国社会科学必须从"引进"、"复制"、"国际接轨"的阶段迈向一个"知识转型"的新阶段,即走向世界,并与世界进行实质性对话的阶段。这种"知识转型"在根本上要求中国社会科学必须从西方思想的支配下解放出来,主动介入全球化时代话语权的争夺。这是全球化时代所赋予中国社会科学的使命!

二

坦率地讲,"知识转型"不仅是我们创立复旦大学社会科学高等研究院(以下简称"高研院")的一个主要背景,更是我们设

---

① 参见拙著:《中国法学向何处去——建构"中国法律理想图景"时代的论纲》,商务印书馆 2006 年版,第 9—15 页;《谁之全球化? 何种法哲学? ——开放性全球化观与中国法律哲学建构论纲》,商务印书馆 2009 年版,第 181—193 页。

计和开展高研院各种学术活动的一个主要依据。除了其他品牌性活动(如"重新发现中国论坛"、"通业青年讲坛"、"学术午餐会"、"'小南湖'跨学科读书会"、"中国深度研究学术工作坊",以及"暑期社会科学高级讲习班"和"暑期社会科学高级学术翻译班"等)外,我们还设立了两个常规性的品牌讲坛:"世界社会科学高级讲坛"和"中国深度研究高级讲坛",并将其作为重中之重予以建设。

之所以设立这两个不同主题的讲坛,这与我们对"知识转型",特别是对中国社会科学在"知识转型"时代的两项具体使命的理解密切相关。在我看来,中国学术在"知识转型"时代中必须实现这样一种根本性的转换,即从"思想中国"向"思想中国的根据"进行思想层面的转换。作为这个时代的学术人,我们必须根据对这种世界结构中的中国本身的分析和解释,对中国的"身份"和未来命运予以智识性的关注与思考,而这需要我们以一种认真且平实的态度去面对所有理论资源。因此,我认为,处于"知识转型"时代的中国社会科学面临着两项具体使命:第一项使命是继续"引进"西方社会科学理论,同时对包括西方社会科学理论在内的所有的经典理论进行批判性的检视;第二项使命是开展对当代中国的深度理论研究,并使这种研究走向世界——当然,我所讲的"当代中国"并不是一个绝缘于世界结构与历史传统的"中国",而是有待我们运用各种理论资源予以认知并建构的一个伦理性的文明体:首先,它是"关系中的中国",即处于世界结构之中的中国;其次,它又是"历史中的中国",即有着文明记忆、历史传统和后发经验的中国。

　　需要强调指出的是,尽管上述两项使命在表面上是分立的,但两者在根本上又是相互勾连在一起的。就对待西方理论资源的态度而言,我所主张的是以中国为思想根据的“个殊化”研究路径,亦即一种以研究者对于“中国”当下情势的“问题化”处理为根据而对西方法律哲学家的思想进行逐个分析与批判的研究路径——尽管这种思想根据在绝大多数情况下是以一种隐微的方式发挥作用的。① 就中国研究的路径而言,我主张的又是一种对当下中国情势的“问题化理论处理”路径,亦即以“中国”为思想根据,运用包括西方社会科学理论资源在内的所有理论资源对“中国”当下情势进行“问题化理论处理”。因此,我相信:只要我们同时完成这两项使命,我们不仅可以对包括西方社会科学理论资源在内的所有理论资源有更为系统、深入的了解,而且又能以中国为思想根据利用这些理论资源对全球化时代中国的文化身份和政治认同等进行理论建构,进而以中国特色、中国气派、中国风格的综合性社会科学研究成果对全球化的方向和世界秩序的性质发言,推动中国社会科学走向世界。

　　显而易见,“中国深度研究高级讲坛”是我们基于对上述第二项使命的认识而专门设立的。就中国社会科学走向世界而言,我想强调的是:社会科学的文化依存性决定了它必然具有

---

　　① 参见拙文:“回归经典 个别阅读——《西方法律哲学家研究年刊》总序”,《学术界》2007 年第 1 期。

地方性,而这在根本上意味着:我们只能"用中国化的学术成果促成国际化的影响",亦即要用中国特色、中国风格和中国气派的社会科学作品走向世界,而绝不可能用"西方化"的社会科学作品走向世界。因此,在我看来,我们必须加强对中国本身,特别是对当下中国深度理论的探究。我之所以特别强调"当下中国",不仅是因为我们都生活在当下,更是因为它本身就是一个值得我们每个关心中国和世界发展的学者探究但却一直未引起我们足够重视的"学术富矿"!

我们知道,1978年以来,中国经济不仅取得了长达31年的持续高速增长,而且目前已经成为世界第三大经济体;特别是在金融危机正席卷全球的2009年,我们仍然可以以超过8%的增长率引领世界经济的增长。这31年的发展实践已同时成功地摆脱了苏联计划经济模式和西方主流的发展模式,并创造了举世瞩目的"中国奇迹"或"中国成功的故事",而所有这些都不能依靠西方既有的理论模式予以解释,唯有中国社会科学通过自己的概念体系、分析框架等才能予以解释。在古典传统、计划经济传统和部分西方化传统融合的当下中国,究竟是何种因素促进了中国经济的持续高速增长,对中国社会科学研究者而言绝不是一个不证自明的问题,而是一个需要我们采用跨学科视角、运用中西多种理论资源予以深刻认识的理论问题。当然,当下中国绝不仅仅是地理的中国,更是世界结构中的中国,一个具有自身传统的历史性中国。在全球化时代,认识到这一点尤为重要,因为这意味着我们不仅要研究中国,更要关注世界,更要关注当下中国与中国传统的关系。

正是为了引领中国学人加强对当下中国深度理论的探究，并推动这种研究走向世界，我们设立了"中国深度研究高级讲坛"。这一讲坛设有严格的讲坛规则，不仅要求主讲人提前一周上交正式讲稿，而且每次邀请两位对所讲论题深有研究的学者进行评论。我们希望，通过邀请世界和中国哲学社会科学知名学者进行主讲、评论与提问相结合的讲演，把该讲坛建成推动以中国深度研究为特色的社会科学成果"走出去"的最重要平台！

三

自 2008 年 9 月 11 日开坛至 2009 年 6 月 18 日，"中国深度研究高级讲坛"已开讲 16 次。具体情况如下：

1. 2008 年 9 月 11 日，台湾大学政治学系教授、高研院兼职教授石之瑜主讲《三岔路口——"天下"与"亚洲"对当代中国研究的挑战》；

2. 2008 年 9 月 26 日，北京大学人类学教授、复旦大学当代中国研究中心副主任、高研院特聘讲座教授王铭铭主讲《"三圈说"——中国人类学汉人、少数民族、海外研究的学术遗产》；

3. 2008 年 10 月 7 日，美国内华达大学人类学教授、复旦大学社会发展与公共政策学院访问教授威廉・姜克维（William

R. Jankowiak）主讲《性爱之间——文化的困惑》；

4. 2008 年 10 月 27 日，美国芝加哥大学终身教授、芝加哥大学中国研究委员会主席、北美中国社会学家协会主席、高研院兼职教授赵鼎新主讲《春秋战国的"国际关系"和中国的统一——对国际关系理论的启示》；

5. 2008 年 11 月 10 日，中国著名社会学家、三农问题专家、华东理工大学文化研究所所长、复旦大学当代中国研究中心特聘研究员曹锦清主讲《论中国研究的方法》；

6. 2008 年 11 月 28 日，美国加州大学圣地亚哥分校特聘教授、社会学系主任赵文词主讲《中国的世俗国家与宗教社会》；

7. 2008 年 12 月 7 日，美国加州大学伯克利分校政治学教授洛厄尔·迪特默（Lowell Dittmer）主讲《中国与新型第三世界——中国对国际认同的寻求》；

8. 2008 年 12 月 23 日，华东师范大学紫江特聘教授、华东师范大学思勉人文高等研究院常务副院长、高研院双聘教授许纪霖主讲《中国现代思想史上的政治正当性》；

9. 2009 年 2 月 23 日，上海市复旦大学附中语文特级教师、高研院兼职教授、华东师范大学中文系硕士生导师、上海写作学会副会长黄玉峰主讲《"人"是怎么不见的——对基础教育存在的若干问题的思考》；

10. 2009 年 3 月 12 日，美国加州大学欧文分校历史系教授、《亚洲研究杂志》主编华志建（Jeffrey Wasserstrom）主讲《关于 21 世纪上海的 10 个遐想》；

11. 2009 年 3 月 27 日,美国旧金山州立大学行为主义社会科学院院长乔尔·K. 卡西欧拉(Joel K. Kassiola)主讲《现代性的儒学化与儒学的"当代化"——21 世纪的中国发展与儒学绿色政治理论》;

12. 2009 年 5 月 12 日,澳大利亚塔斯马尼亚大学社会学与社会工作学院教授简·帕库尔斯基(Jan Pakulski)主讲《精英与社会——古典和当代的精英理论及研究》;

13. 2009 年 5 月 14 日,外交学院党委书记、常务副院长,高研院学术委员会创始委员秦亚青主讲《关系、过程与社会建构——兼论国际关系理论建设中的中国理念》;

14. 2009 年 6 月 5 日,英国拉夫堡大学社会科学学院教授格雷厄姆·默多克(Graham Murdock)主讲《竞相争夺的传输通道——躁动时代的媒体与共享》;

15. 2009 年 6 月 8 日,美国宾夕法尼亚州立大学传播学院教授罗纳德·V. 贝蒂格(Ronald V. Bettig)和珍妮·L. 霍尔(Jeanne L. Hall)主讲《无孔不入的广告——文化的商业化》;

16. 2009 年 6 月 18 日,北京大学国际关系学院副院长、教授王逸舟主讲《新时期中国面临的主要挑战》。

除了威廉·姜克维、赵文词、洛厄尔·迪特默、华志建、秦亚青、格雷厄姆·默多克、罗纳德·V. 贝蒂格和珍妮·L. 霍尔 8 位学者的讲演稿因主题等原因不宜发表而没有收入本书外,其他 8 篇都悉数收录。同时,为了使本书篇幅更为丰满,我们也收录了自 2009 年 9 月以来该讲坛新近举办的三次讲演的讲演稿,分别为:华东师范大学历史系国际冷战史研究中心主任沈志华教授在该讲坛第 17 期主讲的《冷战国际史研究及其在中国的表现》、复旦大学国际关系与公共事务学院常务副院长林尚立教授在该讲坛第 18 期主讲的《国家在社会转型中的民主反应——基于中国民主化经验的考察》、复旦大学中外现代化进程研究中心主任姜义华教授在第 19 期主讲的《中华文明从传统向现代转型及其路径的独创性》。此外,我们还收录了与本书主题密切相关的另一篇讲稿:北京大学社会学教授马戎在高研院"中国深度研究席明纳"中主讲的《当前中国民族问题的症结与出路》。

在此,我想对石之瑜、王铭铭、威廉·姜克维、赵鼎新、曹锦清、赵文词、洛厄尔·迪特默、许纪霖、黄玉峰、华志建、乔尔·K.卡西欧拉、简·帕库尔斯基、秦亚青、格雷厄姆·默多克、罗纳德·V.贝蒂格和珍妮·L.霍尔、王逸舟以及沈志华、林尚立、姜义华、马戎 20 位主讲人表示最诚挚的感谢! 这不仅是因为他们作为主讲人为我们带来了思想砥砺的机会,更是因为所有的主讲人都是义务演讲——本讲坛只负责基本的食宿和差旅费,而不设任何演讲费。我也想对那些参与本讲坛演讲评论的广大学者表示由衷的感谢;他们的评论文字虽然没有被收录在本讲演录中,但是他们睿智的、深刻的、具有严格学术批判意义的评论,为本讲坛得以进行深度互动和学术交流作出了巨大的贡献。当然,我也想对直接负责该讲坛组织、联络工作以及为整理、编辑本讲演录所付出辛劳努力的王勇、陈晔、黄倩、孙国东、沈映涵等高研院成员和李新安、王升平、龚智慧等同学致以谢意,没有他们的努力工作,这些讲演是不可能顺利完成的。最后,借此机会,我还想对一年来支持高研院学术事业的复旦大学领导和各位学界同仁、朋友表示衷心的感谢,没有你们的大力支持,高研院的点滴发展都是难以想象的!

2009 年 12 月 30 日于上海北郊三一斋

目　　录

三岔路口

——"天下"与"亚洲"对当代中国研究的挑战 *

石之瑜

主讲人简介

　　石之瑜,曾分别获得美国哈佛大学公共政策硕士学位

　　* 本文由复旦大学社会科学高等研究院外事兼科研助理黄倩根据录音整理,已经作者本人审阅。

(1984)和美国丹佛大学国际研究博士学位(1988)。曾先后执教于美国新泽西 Ramapo 学院、明尼苏达州立大学(威诺纳)。现为台湾大学政治学系教授、复旦大学社会科学高等研究院兼职教授。主要研究领域为：中国研究、政治心理学及文化研究等。著有《社会科学方法新论》、《后现代的政治知识》、《政治学的知识脉络》、《权湘诗抄》、《中国文化与中国的民》、《女性主义的政治批判》等中英文专著、文集五十余本；在中英文期刊上发表论文约两百篇；发表的报章评论散见于《中国时报》、《联合报》、《苹果日报》、《新加坡联合早报》、《明报》、《星岛日报》等。

时　间：2008 年 9 月 11 日 19：00
地　点：复旦大学光华楼东辅楼 103 报告厅
主持人：邓正来(复旦大学特聘教授、社会科学高等研究院院长、
　　　　当代中国研究中心主任)
评论人：林尚立("长江学者"特聘教授、复旦大学国际关系与公共
　　　　事务学院常务副院长、当代中国研究中心特聘研究员)

　　这个题目是我最近在思考的，而不是已经研究出来的成果，所以可能要请各位来共同见证思考的过程。我认为，"亚洲"和"天下"这两个视野是鉴定未来二十年内中国学的重要辩论基础。但是这两种视野会如何开展，需要我们一边介入其中参与思考，一边从旁追踪阅读。我现在就是把思考的过程呈现给大家，不过老实讲，我自己都不知道自己会想到哪里去。但

是,无论"亚洲",还是"天下",两者都是经过归纳后得出来的概念。这两个概念怎么为人所使用,是我今天想同大家交流的主要内容。

为什么会从"亚洲"和"天下"去思考呢?这当然不是空穴来风。主要是因为我长期阅读以英语为母语的学者所写的有关中国的研究性文献后,觉得他们所描述的中国和自己所体会的不一样。后来在自己发表著作后,就有西方的学者评论说,这本著作是"以中国为中心"的中国研究。身为作者,我不得不对"以中国为中心"这样的说法感兴趣,后来又看到有些从内地赴海外的学者其论著也被认为可能是接近"以中国为中心"的中国学研究。于是,有学生就来挑战说,老师,你的学说被认为是以"中国为中心",这几位的学说据说也是"以中国为中心"的,你跟他们是一样的吗?很明显,我们研究的关切点、问题意识、方法论都不一样,那为什么在有些人看起来我们的研究都是"以中国为中心"的呢?

其实,在历史发展的过程中,中国研究应该"以中国为中心"的认识主要还是来自于以英语为母语的学术圈里的自我反省。通过少数批判性强的学者的自我反省,他们感觉自己对中国的研究太过沉溺于欧美的历史经验或欧美当代的政治社会情境,因此他们所掌握的或是书写的中国是在反映以英语为母语的社群本身的文化关怀或政治需要。有了这样一个自我反省以后,他们便提出了要"以中国为中心"的中国研究,抛开"以西方为中心"的中国研究。

换言之,"以中国为中心"的中国研究的追求最早是来自于以英语为母语的社群。以英语为母语就是 anglophone 的社群,相对于 anglophone,可以有 sinophone,就是以中文为母语的社群,这就包括香港、台湾以及海外的华裔学者,加上中国内地,构成 sinophone community(以中文为母语的社群)。除了 anglophone 和 sinophone,当然还有包括日文、韩文、越南文、印度文的其他知识社群。印度算不算是以英语为母语的国家,这是可以另外开坛辩论的;但无论如何,它不该被当成纯然是属于以英语为母语的社群——因为它们的学者即使多以英文为学术操作语言,也不能径称其为母语。

在 anglophone 的社群产生了这样一个自我反省之后,他们所要追求的一种中国研究是摆脱过去以欧美历史经验为前提所提出来的研究假设,或以欧美社会当代政治需要所资助的研究议程。但有没有这样一种中国研究议程或研究假设的可能性呢?一个知识社群有没有可能或应不应该摆脱自己社群的政治需要、历史经验和文化关怀而去研究一个外于自己社群的对象呢?在这些居于少数的 anglophone 学者追求这样一种研究境界的同时,一旦看到了以中文为母语的学者所做的研究就好像看到了宝贝一样。由于出发点或设问往往不为他们所熟悉,他们便以为看到了以汉语为母语的学者所做的中国研究就是"以中国为中心"的中国研究(讲到这里,我反而想到:日本、中国台湾、新加坡的中国研究都曾遭到过相反的批评,就是太过于忽视本土的问题意识,迁就 anglophone 或 ainophone 的问题意识)。

对西方中心主义的反省,最早是由少数以英语为母语的西方学者提出来的。可实际上,在二战前的日本中国研究学界,从早期的汉学后来发展成"东洋学",然后是"支那学",到最后变成中国学,再到今天变成中国研究,在日本知识史上,一代又一代的日本中国研究者无不在思考怎样才能在面对中国的时候,不要被卷进中国的历史文化脉络中去。也就是说,在二战前日本的学者,从明治维新开始,一直到今天的 2008 年,可能都还没有解决的根本问题是:如何在研究中国的时候不要被卷进中国的历史文化脉络中去——就好像日本学者在研究中国的时候会难以抗拒变成了某种程度的中国人。怎么样去避免这种倾向的问题,这就和少数西方批判性强的学者所关心的问题不一样了。

于是,日本学者在研究中国的过程中常常是为了找寻研究中国的适当方法而不断反思自己本身所处的位置。从日本的经验来看,再比较西方中国学界的反省,我们的确可以说,即使不去追求"以中国为中心"的中国研究,我们也已经知道,至少已经存在着"以日本为中心"的中国研究与"以西方为中心"的中国研究两者之间的分庭抗礼。他们各自都已经存在了,在对比之下,我们足以看到他们之间研究态度上的差异。

面对应该以谁为中心来研究中国的问题,我们这些以中文为母语的中国研究者,有的被认为是"以中国为中心"的,有的不被认为如此,但他们之间是如何被区隔的,而且是谁在区隔他们呢?什么样的华人学者所做的什么样的中国研究会被认为是"以中国为中心"的呢?而什么样的研究又不被认为是"以中国为中心"的研究呢?

　　大概是从 1990 年中期（甚至初期）开始，就有西方学者（包括 Andrew Walder、Harry Harding、Julian Strauss 等）在期盼：华裔学者到了美国用英语来书写关于中国的故事时，他们要先思考怎么写才算对美国的学术界真正有贡献——而不只是跟着主流走，以至于主流关心什么理论，他们就关心什么理论：主流提出了中国是集权主义模式，他们就写集权主义模式；主流运用多元文化模式，sinophone 的学者就跟着讲多元文化模式；主流研究产权改革套用新制度主义的诱因机制管理模式，sinophone 的学者就都来研究这样一种模式；主流研究基层民主化的问题，sinophone 的学者也都到农村调查民主的条件成熟与否、市民社会能否兴起；等等。我们可以追问：如果不追随主流的话，那么华裔学者到底怎样做才能有利于西方中国学的发展呢？

　　我自己孤陋寡闻，接触范围不够广泛，但在有限的范围内却已经听到许多西方知名的中国学学者在谈到他们对于华裔学者期盼的时候，都认为西方在研究中国时所提出的很多理论假设和观察角度都不可避免地跟西方社会过去的经验有关，那么中国学者是不是有可能从中国的历史经验和社会经验中提炼出西方所没有设想到的一些理论假设，而后经过方法论的洗礼加以验证呢？这样，华裔学者就可以修正并加入到西方的理论中而使其理论不再是西方的。如此，大家在共同追求一种关于人类普遍性行为理论模式的时候，就不会局限于西方自己的经验、误把西方的经验当做普遍的经验而强加于其他社会之上。假如中国的学者能够根据中国的经验，提出自己的理论假设,修正西方既有的理论假设,这不就可以使社会科学的进展能够通向更大的普遍性(甚至达到真正的普遍性)并使其成为人类社会普遍适用的行为模式了吗?

简言之,西方学者想要借助于华裔学者在中国的经验,希望用他们的经验来修正西方可能有所偏颇的普遍主义模式。如果提出中国经验之后,大家对比发现很接近,那很好;如果有不同于西方的经验,那就要修正这些理论模式,能够把中国的经验囊括进去。这时候形成的理论模式就是更为广泛的理论模式。这对许多西方学者而言就是"以中国为中心"的研究。其判断标准在于:能不能有效地修正既有的关于人类普遍性质的行为模式或那些具有普遍性规范的人类行为模式。在中国台湾,由杨国枢领导的本土心理学团队的重要目标之一,就是要通过对华人心理学的整理,通往更高的普遍性行为模式。

我们可以看到,在日本二战前"东洋学"(也就是试图解放日本汉学的"东洋学")以及同时代的"支那学"与中国学研究中,日本学者关心的问题是如何避免被卷入中国。他们在做研究的时候,可以通过研究的活动或通过研究的发现将一个确定的论辩呈现在日本知识界与日本整体社会大众面前——这个确定的论辩就是让大家安心、松一口气的证据,那就是日本不会变成中国的一部分。据此主张,不管是在文化上,还是在历史上,日本原来不曾是、将来也不会是中国的一部分——因为日本和中国本来就是两个不同的文化,具有不同的历史。长期以来,在做研究的时候,一直有这样一个大的、对日本自己身在何处的关怀驱使着日本学者到中国来找许许多多的蛛丝马迹以证明中国外于日本的源起或文化的发展过程、历史的进程为何,并努力证实中国跟日本究竟有什么不同。

可是,同样值得比较的是身处日本和中国之间的韩国。在最近几年,韩国舆论界与知识界发展出一种自省倾向,但这个倾向并不是要脱离中国范围之外。韩国的知识界也在努力,从韩国自己的历史上找到民族文化的源起。一个做法是把与中国的交往变成韩国历史上的片段,而不是将其看做与韩国历史重叠的核心或重要的组成部分。中韩关系的片段化大体和刚刚讲的日本知识界在研究中国的需要颇为相同。同理,中国台湾地区的学者在研究中国时也会出现同样的研究议程,就是要把中国变成是台湾发展过程中的一个片段,也就是一方面承认中国的历史有贡献于自己的历史,但是另一方面却影射,在同中国的关系之外,台湾有自己更早的或更多元的构成。我们是我们,中国是中国,这样的一种取向很明显地存在于韩国和台湾地区的知识界。

值得注意的是,近几年,大家一定耳熟能详的现象是韩国知识界出现争正统的愿望。比如,韩国提出关于端午节或赛龙舟是韩国的节日或是韩国的历史遗产。再比如,早些时候,关于高句丽古王国归属的辩论——到底朝鲜在中国历史发展过程中是属于周边的少数民族呢,还是那块今天属于中国的领土本来在朝鲜民族史上就是其一部分? 这种追求最原初的 origin(缘起)的做法,与刚刚讲的要证明外于中国的需要是相反的——它表现出的是一种逐鹿中原的态度:到底谁才是真正的中国? 哪里才是真正的中原? 今天谁才是儒家文化的真正传承者？在这个态度中，韩国知识界回过头来迎战中国，然后把自己民族国家的意识放到大的、"天下"的历史想象中，宣称自己才是真正的正统所在。其实这样的意识，二战前在日本也有。因而，这里有两种意识在竞争。不过这两种竞争性的意识始终没有真正取得跨社群之间的认可——也就是说，无论是日本学者的反省、中国台湾地区学者的反省、韩国学者的反省，还是内地学者自己的反省，本身从来就没有形成一个共同的知识群。

这时，再听到西方学者回过头来问，你们这些华裔如何贡献于我们对普遍性理论追求的时候就会觉得格格不入。因为无论是想通过自己的研究证明自己的历史不属于中国，还是希望通过研究证明自己才是逐鹿中原的正统所在或真正的"天下"文化之所在，这两种问题意识都与社会科学追求普遍主义的人类行为模式大相径庭——自己不是中国与自己才是中国，这两种视野都不是在追求一种具有普遍意涵的行为模式或追求能够具有普适性的社会科学发展模型。

西方学者寄望于华裔学者能够帮助他们进行研究；然而这样的期盼并没有使亚洲的中国研究社群在世界中国研究领域独占鳌头。也许港台学者的响应比较热烈——他们更希望在sinophone的知识社群里得到认可。但即使如此，他们的研究目标也仍然间接反映出了自己不是中国的某种效果，而这样的效果无疑表明了他们在追求普遍性人类行为模式的背后，不可避免地仍然与政治社会的发展相互为用。无论如何，上述的这些反省与效果为我们提供了一个机会（其实也是一种压力)——它让我们在中国研究的不同取向中,重新反省和思考中国学者、中国学与中国三者的关系。除了以提升普遍性为目标的"以中国为中心"的研究之外,还可以用"天下"和"亚洲"这两种观念去归纳那种不同于既有模式的中国研究的可能性。

在目前的中国研究领域中,以英语为母语的知识社群所发展起来的主流模式,它们追求人类普遍行为**理论**,以中国经验修正西方模式,以达到更大的普遍性。在这样的一种意识下去研究中国,追求的是中国研究的社会科学化。从 20 世纪 80 年代开始,这个趋势在中国台湾地区非常盛行;到了 90 年代中后期,也开始在中国内地变得越来越重要。尤其是当海外回来的学者越来越多的时候,他们带回了各种各样的社会科学理论模式用以研究中国。这些学术努力确实对 anglophone 与 sinophone 两个知识社群都产生了很大的冲击,促发了学术体制和学术研究等各方面的调整。

这里举一个例子,是大家很熟悉的一个学者,即芝加哥大学政治学系的杨大力教授。他的成名作是以研究中国改革进程为题的由博士论文发展而成的。他在研究中国改革的过程中发现了一个很重要的、好像和西方理论不一致的现象。我们知道,英语文献在研究中国改革的时候很重视诺贝尔经济学奖得主道格拉斯·诺斯(Douglass C. North)提出的理论,即认为改革要成功,不能采取与过去历史切断的模式,必须依附在既有的历史路径上——他们称之为一种"路径依赖"的改革模式。如果改革和历史路径切断的话,那么改革是不会成功的。可是杨大力的研究却发现,1979 年以降的中国农村改革其成功速度最快的地方正是 1958 年人民公社受害最严重的地区。也就是说,改革的成功与历史路径之间有所切断,切断的需要越强的地方,改革的成功或速度就越快。因此,他认为这对诺斯的"路径依赖"理论形成了很大的挑战;也就是说,中国改革的成功可以是路径断裂,而不必是路径依赖。杨大力的理论受到了西方学术界的重视。他不但修正甚至有可能推翻诺贝尔奖得主诺斯的"路径依赖"理论。

　　然而,杨教授的文章并没有明白或意识到的一个前提是:历史是从哪里开始的? 最关键的部分就是历史路径起点在哪里? 大家都听过一个顺口溜:"辛辛苦苦三十年,一夜回到解放前。"1979 年的改革采取包产到户,最后又回到小农经济,这不是跟 1949 年之前是一样吗? 如果我们回溯到了 1949 年以前,就可以颠覆杨大力教授的研究结论。因为杨大力所看到的路径断裂并不是在所有历史角度里都是断裂的,如果改革是回到了 1949 年以前,那么断裂的发生就是在 1949 年了。既然 1978 年的经验证明是 1949 年到 1978 年之间失败而 1978 年之后可以成功的话,那么不正好证明了诺斯的"路径依赖"理论的正确性吗? 即 1949 年以后采取的路径断裂的模式失败了,所以 1979 年回到 1949 年以前就成功了。

　　这个批评有没有道理? 这就要看批评者的历史前提是什么。果然,有些同仁(包括一些西方的学者在内)看到我的书后提出了很多批评,但这却让我发现一个正好与杨大力的历史前提相关的现象——在过去的很多著作中,研究者们都认为似乎中国的历史到 1949 年就结束了。虽然他们研究的课题包含了

1949 年之后的外交、改革、基层民主、少数民族的公民自治发展和扶贫政策等（这些显然都是 1949 年之后发生的），但他们却只诉诸于中国的儒家文化和长期的历史经验便宣称可以把 1949 年之后的现象都解释了——好像 1949 年之后的知识对于解决 1949 年之后的行为是没有帮助的，好像用 1949 年以前所有研究中国的知识足以充分地解释 1949 年后发生的现象。

这样的研究被批判为"历史决定论"或"文化决定论"。什么都回到中国的大历史或大文化结构中去解释。其实，并不是只有少数学者在做这样的事情，香港学者中用西方理论与中国历史对话的大有人在。有一位香港学者迈克尔·厄-奎恩（Michael Ng-quinn）毕业于哈佛，后来到加州教书，他的博士论文是用西方的权力均衡理论去解释中国战国的状况。另一位香港学者许田波教授（Victoria Hui，现在美国教书），其著作曾获得 2006 年度美国政治学学会国际历史和政治 Jervis-Schroeder 最佳图书奖，可以说是美国学术界的 rising star。在其《古代中国和近现代欧洲的战争及国家形成》这一获奖著作中，她试图从中国的历史中去找寻西方学者自《威斯特伐利亚和约》以降的国际政治理论所发展出来的均衡理论。

相对于他们的贡献，我自己的博士论文主张：中国的战争行为必须要放在中国的儒家文化以及儒家文化所孕育出来的"面子外交"中去理解。因此，中国人有时候打仗不是为了去争取土地。麦克阿瑟因为要把军事占领的地方吐出来，差点对杜鲁门实施军事政变。把战争中占领到的地方吐出来，这在西方军事史上是亘古未闻的。但在近代中国的军事史上，打到定点就退兵的事情却屡见不鲜。这样的作战不是为了领土而战。中国甚至不是为了胜利而战，像历史上第二次与英法联军交战，打之前就知道要输了，咸丰皇帝逃到了热河，但他坚称不是为了打赢而打，不是为了领土而打，这在西方战争史上是闻所未闻的。从中国 150 年来的历史中可以举很多例子是权力均衡理论无法解释的。这表明中国从来不是西方。

但是，中国学者在将西方普遍主义理论模式移到中国研究之后，一般所采取的手段不是回到历史中反省，而是要在中国独特的经验里去找证据或反证，以至于海外的内地学者（也包括当代台湾学者在内）在面对西方普遍主义所采取的一种反省是：他们响应普遍理论的方式是研究中国的改革，从改革里去找西方理论模式所不能适用的部分。中国在 1978 年以后的社会主义改革是人类历史上没有过的，很难用那些根据欧美历史经验所建立的普遍主义理论模式来解释今天中国改革的经验。如此聚焦于改革经验，其历史前提就在于：历史是从 1949 年开始的，1949 年以后发生的事情是人类历史上从来没有发生过的事情，不要把西方的理论套到中国的改革经验中去。

如果我们回到历史文化中就是另外一种角度，即主张中国的历史较之西方更悠久，跟西方完全不一样，不要把西方普遍主义理论套到中国的历史进程中——无论是要凸显改革的独特性，还是宣称历史文化的独特性，都有抗拒西方普遍主义理论的效果，即使研究者本身没有这样的意图。但是相比之下，那些聚焦于改革经验并以此抗拒西方的学者是以 1949 年后历史独特性为前提的；而历史文化研究路径则认为中国的改革是

在 1949 年之前就被决定了的,改革在中国历史文化上不具有
独特性。如果在 1949 年之后的历史中抗拒西方中心的话,可
以简称为"国情导向的中国中心"——亦即改革是和西方既有
历史完全不一样的经验,因此是"国情导向的";如果在 1949 年
之前的历史中对西方中心进行抗拒的话,可以称之为"内战的
问题意识"——之所以否定内战以后的历史独特性是国共内战
造成的,因为国共内战导致香港及台湾地区在 1949 年之后成
长的一代所读的历史都是基于二十五史等"正统"导向的历史
观,而 1949 年以后的发展他们就没有机会读了。一切历史规
律与文化典范在讲到 1949 年就已经很充分了,犹如 1949 年之
后的中国发展全都能用 1949 年之前的行为模式去解释一样。

　　港台学者在做研究的时候想必没有人考虑"内战史观"的
问题;当代力图修正西方普遍主义的华裔学者也不会有意识地
主张国情。但大家的研究却各自反映了某种不同的历史观。
在 1949 年之后成长的中国内地学者,到了海外后在回应西方
学者带给他们压力时,思考的问题往往是以国情为导向——因
为这正是他们所理解的中国;而过去港台学者所理解的中国是
在 1949 年之前的"尧舜禹汤文武周孔"一路下来的历史正统,
把当代中国放在这样一个正统观的文化氛围中去分析,就可称
为是"内战史观"。不论是"内战史观"或是"国情史观",都是因
应西方普遍主义模式而被激发出来的:一旦在知识上或其学术
生涯发展上不满于西方普遍主义理论或升迁体制,就要找寻逃
脱之路;甚至研究处于起步阶段的年轻学者都具有自己不能解
释或意识到的抵抗情绪——这些都促使 sinophone 的社群在西

方的理论模式之外去找寻理论资源。有的人逃脱不了西方对普遍主义模式的追求，所以就专注找寻西方理论模式无法解释但必须要逼迫他们进行修正的 anomaly（异例）。这也许还不算是逃脱西方中心，因为这样的一种中国中心是在因应西方中心的呼唤，是在抵抗西方中心之下发生的，以至于在做研究的时候，研究者要不断盯着 anglophone 的理论模式，他们写什么我们就要告诉他们不全是这样的，所以表面上具有中国中心的姿态，但这种中国中心不可避免地被锁在西方中心的对立面，而不是从中国的历史或是从中国的国情去发展"以中国为中心"的研究。最初，西方批判性的学者试图避免"以西方为中心"的历史，转而寻找"以中国为中心"的历史并借此来自我改造。后来，他们看到了这些华裔学者，发现后者可以做的和自己所做的不完全一样，所以在西方学者找寻中国中心的过程中，我们这些华裔学者就成为了辩论对象，但最终我们仍被期盼从事有利于西方普遍主义的理论发展的研究。

就算华裔学者是在大的、"以西方为中心"的自我反省中设问，但他们不管怎么做，都仍可能潜在地保留着某种 sinophone 的问题意识，比如我们不同的断代史观——有的人断自 1949 年之前，有的人则开始于 1949 年之后。因为我们断代的方式不同、所受的历史教育不同，所以我们思考问题的角度也不同。这种不同不是"以西方为中心"的中国研究所关切的。因此，同样是在因应西方中心的独霸而产生的反省，却不能结成一个共同的知识社群，以至于表面上大家都只能与"以西方为中心"的研究议程对话。

可是在 sinophone 社群之外,还有一批未"以西方为中心"思考的人,包括刚刚所讲的日本学者。日本学者在摆脱和解放传统汉学的基础上提出了"东洋学"。东洋是什么? 东洋概念的提出把中国和日本的界限变得很模糊。在"东洋学"看来,东洋就是受到儒家文化影响的一大片人群,孔子就应该是东洋人,而不是像我们所讲的那样孔子是中国人。在东洋的概念里,孔子的儒家到了日本,到了朝鲜,后来的发展都不一样。同理可以继续追问:为什么今天的中国人会把孔子说成是中国人呢? 在孔子的年代,哪里有主权国家的概念? 因此,他们认为,今天回溯说孔子是中国人是有问题的,于是得出孔子在历史上是东洋人。"东洋学"学者提出东洋的概念,当然不仅是为了消化中国,也同样是要面对西洋。在西方船坚炮利之下,被打开门户的不仅仅是中国,还有日本。甚至,日本门户被打开以后,因应的速度更快,也更需要解释自己的身份位置。这时,他们提出了相对于西洋的东洋是想强:东洋和西洋是平等的。西洋人觉得东洋人比较低等,因为东洋人没有神,没有接受过福音,但孔子传播敬天思想,有"天"的概念,因此,如果把孔子变成是东洋人,孔子的敬天思想就是东洋的敬天思想,这样和西洋的"天"就取得平等地位了,则东洋就不比西洋低等了。然后,孔子又发展成日本、中国、朝鲜的儒学,所以日本、朝鲜与中国也就平等了。

日本可以通过东洋,以中国为主要内容,取得和西洋的平等地位。假如不通过东洋,日本可能没有办法取得和西洋的平等地位,因为西洋把日本看做是一个东方国家。日本要证明自

己是西方国家,西方不接受。比如说,中日甲午战争之后,三国
干涉还辽;后来一战后,中国又签订《九国公约》,日本的航母数
量又被限制在美国的 3/5;在这两次战争之间还有旧金山大地
震,地震以后,美国人对移民加州的日本人倍加歧视。所以,日
本各界恍然大悟:西方不可能接受日本是西方的一部分,那么
要取得和西方平等的唯一可能就是透过更大的东洋进行努力,
从而就有了"东洋学"的开展。随着"东洋学"的进一步发展,日
本人又发现:中国好像落后得不可救药了。所以,他们一方面
希望"解放"中国,鼓励中国抗拒西洋;一方面对中国又极度失
望,随之就有了各种关于日中关系的论辩。于是出现一批日本
学者,他们觉得中国根本就不是中国,真正的中国在日本。这
些学者对中国的经史子集如数家珍,跑到中国来大量购买中国
的古书,俨然他们才是真正的中国文化的传承者,其中提出"文
化中心移动说"的内藤湖南就是"京都学派"最重要的代表。他
认为,中国已经发展到了古老的阶段,日本则处于年轻的兴起
阶段,所以,东洋文化要重新振兴必须依靠日本,证明只有日本
才是东洋文化的传承者。当然,这批人在日本的大正时期之后
居于少数。然而,直到现在为止,还有一些中国的学者非常推
崇他们的研究。

　　主流的日本中国学学者因应了法西斯的压力,发展和支持
"大东亚共荣圈"。他们要把大东亚变成是王道乐土,所以在满
洲进行试验,而"东洋学"的源起就在满洲。"东洋学"的鼻祖白
鸟库吉是"东京文献学派"的创始人,他曾留学于德国,精通多
门学科。他到蒙古、满洲做考古学、语言学研究,得出结论认

为,"天"的概念是由满蒙地区向中国和西洋传播开来的;满蒙是人类最早的"天"的思想的源起。这部分说明了为什么在大正时期之后整个日本社会对满蒙都充满了神秘与幻想——他们幻想满蒙是人类意识的发源地,所以要把满洲变成是王道乐土的试验地。在满洲建立的南满铁路株式会社比日本的任何研究机构都拥有更丰富的藏书和更好的设备。而且,本来反对军国主义的日本社会主义左派,后来在军国主义压力下都纷纷表态转向支持天皇。他们表示支持之后并未得到信任,于是就移民到满洲去做研究。当时,南满铁路株式会社的负责人还抱怨为什么要把这些有问题的左派都丢到"大东亚共荣圈"的基地。但是,这些人后来做出来的很多研究至今仍是中国近代经济史论辩的重要素材。

"东洋学"发展到后来就变成了"东亚学"。东亚是可以被占领的地域,日本就是东亚的主体。东亚的概念一旦变为地域概念之后,日本就可以提升出来直接面对西洋。日本人经常在问:日本究竟是什么? 日本的特色在哪里? 跟中国有什么不同? 经过了日本理论家层层的演绎,大概当时的一个时代精神就是:在人类世界中,唯一能够同时了解东洋又能够掌握西洋的只有日本。因为在当时的日本人看来,西方人不懂中国,但日本人懂;而日本人又懂西洋——中国人、朝鲜人、越南人都具有奴性,没有人能够学习西洋,只有日本人能学。所以,当时产生了这样一种自我感觉:只有日本人才能同时贯穿东洋和西洋。但随之而起的困惑是:既然东洋和西洋是对立的,日本人究竟应当是什么样的人? 为什么既可以是东洋人,又可以是西洋人呢？这类问题困扰着日本战后的中国学人，至今未解。倘若日本人在东洋的情境里是东洋，在西洋的情境里是西洋，那么，从东洋情境变成西洋情境的时候，怎么知道自己究竟是从东洋变成了西洋，还是从西洋变成了东洋了呢？所以，从逻辑上看，必然有个"我"既不属于东洋也不属于西洋。换言之，对日本人而言，有个"我"既不在东洋的情境里，又不在西洋的情境里——只有那个"我"才能管理转换的过程。这就是日本近代史上著名的"无"的哲学。

也就是说，日本人终极存在于"无"的境界里。中国人存在于祖先的境界里，都是要慎终追远，不会认为自己是"无"。什么样的一个民族会安于自己处在一个"无"的情境当中而不会觉得自己消失了呢？这个民族应该是对自己的存在感到极其稳定。日本的知识界俨然假定了自己是以这种方式存在的唯一可能——他们认为，日本是神国，而且是世界上唯一的神国，唯一的天照大神产生的后代。在脱离了东洋与西洋之后，日本好像就进入了神的境地，无所不往，完全解放，既东洋又西洋。日本知识界冥冥中的这样一个自我认识影响到了二战后日本的中国学研究者。日本著名中国学家沟口雄三提出了"以中国为方法、以世界为目的"的中国学。他批评日本有些学者照搬西洋科学理论来研究中国的问题，但他更为猛烈的批评则是：日本的一些学者经常陷于日本对中国愧疚的情境中做研究，以至于日本学者在研究中国的时候，根本不是在研究中国，而是在表达日本人自己的忏悔。中国国内许多学者觉得沟口雄三好，因为认为他是在鼓励从中国来发现历史，让我们受到尊重，

犹如赋予中国以主体性。但这不是沟口雄三的目的,他说要
"以中国为方法、以世界为目的"就是说研究中国的时候不能把
日本放在里面;唯有不把日本放在里面的中国学才可以使日本
真正摆脱中国。一旦日本可以摆脱中国,日本同样就摆脱了美
国或西方,摆脱了所有其他的文明境界。所以,研究中国的时
候应学会以中国本身的发展来谈发展,这样日本才能够真正地
进入到世界。那是什么世界呢? 就是能够退出中国、退出其他
所有文明的世界——那不就是"无"的世界吗? 所以,他在哲学
的境界中有一种追求,想通过他的追求转化成对日本的中国研
究的一种批判,但这还不是日本中国学的主流。

　　二战前发展起来的"无"的哲学一直到二战后都一脉相承,最
终发展出来一种关于亚洲的概念。亚洲是什么? 日本不是要建
立"大东亚共荣圈"吗? 但"大东亚共荣圈"变成帝国主义的事实
迫使左派的学者和哲学家都要反思:为什么会变成法西斯呢? 亚
洲不是很好吗? 如今,知识界有人主张要把亚洲变成是空的,
也就是把亚洲变成是"无"的场所。当亚洲变成了"无"的场所,
亚洲就不会变成西方,可是亚洲也绝对不是西方。在亚洲的概
念之下,有意识地做一个亚洲人,亚洲不是欧洲。但同样,亚洲
不是为了抗拒欧洲而存在的,因为亚洲是"无"的场所,可以允
许欧洲进入亚洲,而"空无"的亚洲获得"解放"后可以进入欧洲
的情境,也可以进入各种各样其他的情境中。所以,这就产生
一种大的隐喻:中国一旦亚洲化了以后,看中国就不能从中国
看中国,而要以亚洲来看中国。假如以亚洲来看中国的话,中
国就不再是一个民族国家了,而是整个亚洲的一部分,比如中

国的儒家文化和朝鲜、日本就形成一体了。上海、青岛、广州同
台北、东京、横滨、马尼拉、首尔就构成了"亚洲的地中海"。这
就是非常有名的"朝贡体系"理论。所以，中国不是中国，中国
消解了亚洲的各种表现形态，这时的中国被区域化了、基层化
了、部门化了、文化化了。

　　亚洲视野里的日本不再需要面对一个作为民族国家的中
国。于是，亚洲人和亚洲人之间为了战争责任而争吵不休的尴
尬不就可以化解了吗？日本人从历史经验中得到如下启示：如
果亚洲是一个具体的地理疆域的话，总有一天会重蹈法西斯主
义的覆辙；但如果亚洲是由中国来主导的话，日本就永远不能
摆脱中国。所以，如果亚洲变成是"无"的场所的话，由日本把
欧洲的文明引入亚洲，而亚洲本身也可以因为西洋化和传承的
程度不同发展成各种文明程度不同的区域。这样，亚洲各国的
差别就是地理、民族性、欧化程度、商业化程度的不同，就不存
在中国、日本、朝鲜的国家主义或民族主义问题了。亚洲主义
意识在20世纪90年代后迅速传到台湾地区，也迅速在日本兴
起。可以说，20世纪90年代是亚洲主义复苏的年代。

　　值得注意的是，对台湾地区而言，亚洲主义的政治含义更
为明显。虽然参与东亚或东洋研究的台湾学者未必有很强的
政治意识，但政治效果是很明显的：假如中国、日本、朝鲜都是
东洋儒家文化的一部分的话，那么日本学者和中国学者之间就
不存在战争责任道歉的问题了，历史问题也就化解了。所以，
把中国放进亚洲之中，把中国打开、把日本打开、把所有的民族
国家都打开，大家共同退到一个"无"的场所，就同时可以自由

进入到各个不同的情境中去。这样的哲学在 20 世纪 90 年代后的日本重新兴起自有其历史背景。

　　1949 年后的日本中国学是一种"对中国赎罪的中国学",主要由社会主义左派的学者主导。在二战前不是说中国是封建的、落后的,其历史是不会进步的而要靠日本来提携的吗? 因此,二战后这些学者就想尽办法,在中国的历史中寻找各种各样的蛛丝马迹,说中国是前进的,中国有历史发展的动力,中国远远超前于日本,所以中国先于日本进入了社会主义阶段。这是对中国赎罪的一种中国学,要重新把历史的能动性放回中国;但这种动力一开始是曾被日本主张"东洋学"和"支那学"的学者否弃的。到了"文革"之后,日本的中国学遭遇了极大的挑战。他们发现"文革"时期的中国好像跟二战后推崇的社会主义中国不太一样,左派学者一时为之语塞,不知如何辩论是好。尤其在 1978 年拨乱反正之后,日本原来拥抱社会主义的看似主流研究中国学的学者不知如何反映,这就产生了很多调整。80 年代,日本史学界又开始兴盛民国史的研究。民国史研究的就是从 1949 年到"文革"结束这段所谓的断代史,也就是把 1949 年以后当成一个崭新的历史时期,对这段历史采取反动立场。到了"文革"之后,他们又发现社会主义和想象的不一样,好像不能用社会主义来批判战前的历史,所以把断代史打开,原来认为 1949 年是个断代,现在转而研究民国史,认为民国史是和二战后的历史有联系的。这是 80 年代开始以后的趋势。到了 90 年之后,另一个趋势开始兴起,这就是我刚才提到的以"亚洲"来看中国。二战后,"亚洲"一度已经被日本知识界丢掉了。他们认为,"亚洲"是一个臭不可堪的概念,导致"大东亚共荣圈"沦为法西斯主义,所以不能再提东亚。但今天不一样了,日本的中国学者又开始在"东亚"二字上做文章,而且为之兴奋的大有人在。他们重新看到了亚洲的未来,看到了化解中日纠纷的一种知识观点。

民国史在时间向度上把中国打开了,亚洲史则在空间上把中国打开了。所以,民国史与亚洲史两个研究议程,可以说是在时空观点上对1949年至1980年日本中国研究的大反省。这样的反省正好碰到了两岸关系紧张,快速传到了台湾地区。很多台湾学者抓住了"东洋"和"东亚"的概念,企图摆脱民族国家的身份,寄望于这类研究。他们认为,台湾没有必要向往"台独"了,而内地也不需要还用统一的问题来逼问。亚洲主义的重新恢复给台湾学者很大的解放,特别是心理上的释放。

另一方面,进入21世纪以来,那些在大的政治历史发展情境下做研究的韩国学者、中国内地学者开始呼吁"天下"概念的回归。他们重新重视"天下",从"天下"的角度去研究中国历史的发展。这在表面上与"亚洲"和"东洋"的提法很相似,都打掉了民族国家的界限,但"亚洲"的概念强调多中心、多层次、多元性,化解了民族国家的问题,而"天下"的概念和"亚洲"的概念最大不同就在这里:它不追求多中心、多层次,而是在诉诸正统,找寻谁最古老、最经典、最原初。这样一个正统的概念与亚洲主义试图要强调边缘化的问题是迥然不同的。在"天下"的观念之下,韩国知识界就要辩称为什么韩国是真正的正统,日本人也应该努力证明为什么日本传承了真正的儒家文化,不少中国内地学者在批判自己政治社会发展的过程中会跑到台湾地区,把台湾罗曼蒂克化,标榜台湾才是真正儒家文化传承的地方。

一位主张东亚视野的台湾同仁有一次在德国演讲时说,韩国主张端午节是韩国的,很好笑;他接着说,德川时期的日本界也认为自己才代表中国,也很好笑。但他没有提到的是,他所在的台湾过去几十年一直认为自己才是中国正统的代表,这是不是跟韩国和日本的想法一样好笑呢? 如此一位鼓吹东亚的学者,对争取正统的行为当然很敏感,但到底他是反对正统的观念,还是潜意识里向往正统而不可得,这是值得大家反省的。

以英语为母语的国家的中国学研究者希望中国学者能够帮助他们修正西方普遍主义的理论模式,并称这类研究为"以中国为中心"的研究。但是,如果比照这些以英语为母语的社群再来看以"亚洲"为隐喻的中国研究,就会发现:那种把中国拖回"亚洲"加以化解试图从民族国家中的身份解脱出来的研究绝对不是"以西方为中心"的问题意识,但也不是西方社群所期待的"以中国为中心"。同样,回到以"天下"为中心脉络的中国中心研究主张中国和西方在根本上对世界的形成、人本体的存在形式等的理解都有所不同。这些不同通过中国历史文化的层层演绎形成了对中国的文化关怀,但它们不应该被理解成将社会科学理论普遍化的研究予以对待。后者是一种"天下"的观点,即回溯正统的观点、传承的观点。

总而言之,"天下"观下的中国研究强调传承——它强调这种传承是否存在或如何无所不在,在那些表面上看起来已经西化的行为的深层是否仍起着各种各样的作用。举个最简单的例子，比如说，民主制度。民主制度的目的是牵制政府为恶。但儒家文化认为领导人是有"德"的，怎么可以去牵制呢？假定政府为恶的制度是不是和儒家文化的需要相抵触呢？根据"天下"观的问题意识，以日本、韩国和台湾地区为主要基地围绕着中国内地的社群发展出了以"亚洲"为出发点的中国研究，或以中国的异例来完善西方普遍主义理论的研究。这三种研究取向就是我所讲的当代中国研究中的"三岔路口"。

"三圈说"

——中国人类学汉人、少数民族、海外研究的学术遗产 *

王铭铭

主讲人简介

　　王铭铭,1992 年毕业于英国伦敦大学人类学专业,获博士学位。1992 年至 1993 年,在英国伦敦城市大学从事博士后研究;1993 年至 1994 年,在英国爱丁堡大学从事博士后研究。现为北京大学人类学教授,复旦大学社会科学高等研究院特聘讲座教授、当代中国研究中心副主任,中央民族大学

　　* 本文由复旦大学社会科学高等研究院外事兼科研助理黄倩根据录音整理,已经作者本人审阅。

特聘教授、人类学民族学理论与方法研究中心主任,中国人类学评论网主持人,中国人类学会学术委员会主任,《中国人类学评论》主编,《人文世界》年刊主编,中国文学人类学会副会长,法国国际跨文化研究院学术委员,英国皇家人类学会海外会员,英国《国际文化研究》(International Journal of Cultural Studies)学术编委等职。主要研究领域为:社会人类学与文化人类学等。主要论著有《经验与心态——历史、世界想象与社会》、《中间圈——"藏彝走廊"与人类学的再构思》、《社会文化人类学讲演集》、《村落视野中的文化与权利——闽台三村五论》、《文化格局与人的表述——当代西方人类学思潮评介》、《乡土社会的秩序、公正与权威》、《走在乡土上——历史人类学札记》等十余部,译著有《社会的构成》、《现代性与自我认同》等数部。

时　间:2008 年 9 月 26 日 19∶00
地　点:复旦大学光华楼东辅楼 103 报告厅
主持人:任远(复旦大学社会发展与公共政策学院教授、文科科研处副处长、当代中国研究中心特聘研究员)
评论人:邓正来(复旦大学特聘教授、社会科学高等研究院院长、当代中国研究中心主任)
　　　　潘天舒(复旦大学社会发展与公共政策学院副教授、哈佛大学人类学博士)

在复旦讲座,我感到很紧张。我的讲座可能和大家昨天听到的不一样,昨天萨林斯教授讲得很严谨,一个字一个字写下来,然后读出来。我则没有一个预先的准备,只有一个提纲。刚刚吃饭的时候,邓正来院长已经批评了我的这个坏习惯,令人紧张啊!另外,这一次应该是我第一次在综合大学有这么多的听众,我十分感激,也很紧张。我一般只能在像云南民族大学那样的地方才有那么多听众。前一两个月到厦门大学做讲座,那还是我的母校,系里的负责人召集得很累,却只来了十来个人,而且都是本科生。今天我觉得非常兴奋,原因还有潘天舒教授在场。我非常荣幸有机会去哈佛访问,当年还被潘教授的导师安排住在据说是一个名人住过的房间里,现在宾馆的邀请函我还珍藏着。当时,每天都有潘教授相伴,谈天说地,今天居然能在复旦和他相聚,也感到很荣幸。

我尽量简短,把题目上谈的问题稍加介绍,留下更多时间,期待得到更多的讨论。

所谓"三圈"的谈法自从 2003 年以来在我写的文章里已不断地出现,但还从没有像今天这样系统地谈用它来形容中国人类学到底指的是什么。以此,我也希望得到邓老师和潘天舒老师以及在座的同事、同学们的指教。

我想"三圈"这个问题跟近些年来中国社会科学面对的一些问题和成就有密切关系。现在离 2003 年已经有五年了。2003 年,中国学者开始整理中国学术界"改革后"的"国故"。许多杂志邀请各学科的专家去写二十五年的情况,去思考我们二十五年做了些什么、有什么局限。五年过去以后,今年邓正来教授也主编了一本相关的书,蛮有影响的书,我荣幸地在该书里占一个章节的篇幅,但我今天要表示道歉:我给老邓的那篇文章是改革后中国人类学二十五年时写的,后来又加上两三句话,然后充当了"三十年",这个是非常遗憾的事情。但是中国学术界可能是为这二十五年或是这三十年感到过于光荣了。近来,多门学科都在出版总结这三十年成果的书,看来,总结这三十年已成为了一个风潮。我并不是说我们不需要总结,但是,采取什么样的方式去总结、怎样定位这三十年,这必须引起我们的重视。

我认为,用时间渐进积累的模式来看 19 世纪末到今天个别学科的积累,或者说看 20 世纪 70 年代到现在中国各门学科的积累,当然无可厚非,但也有些问题。以我们人类学界为例,过去出过关于人类学史的书,一本是王建民等人写的《中国民族学史》,另一本是胡鸿保主编的《中国人类学史》,还有老一代民族学家编的《民族学纵横》,它们都采用时间积累性的方式来写我们学科的历史。我读这些书受到很多启发。如我后面要谈到的,人类学(民族学),作为社会科学的一门学科,确实有不少积累的。但对于写知识积累的书,我有一些疑惑。时间积累性的论述要求被论述的知识体系是演化的,可事实好像并不如此。我认为,现在中国人类学的水平远远不如六十年前。

怎么说呢? 最近,我到西南比较多。原来在东南老家,很多信息很熟悉,坐井观天,就觉得"老子天下第一",觉得自己很牛。到了西南之后,我才发现自己的无知。我到过的村寨都有我前辈留下的足迹,他们论著中对这些地方的描述,其细致的程度、理论的含量、对整个文化整体的把握远远超过我今天所做的。1999年,我组织了一个"人类学再研究的课题",对二战期间滇缅公路沿线的三个村庄进行重新研究,追踪至今,试图发现它们自身的一些变化、研究者观念的变化及其可能带来的启发。感想其实比较深重。这三十年,虽然我们做了很多翻译工作、很多装模作样的调查研究,但事实上并没有说明什么问题,至少没有说明我们这门学科有什么发展。因此,我渐渐地相信,总结我们过去三十年人文科学的成就,不能不看整个中国从19世纪末到今天做了什么、有什么时代变化、有什么空间关怀。

我相信,从"三圈说"的角度来看这门学科有助于在历史的基础上重新展望未来,看看我们这个学科到底会变成什么样。

以上是一个简短的导论。在导论之后,我想说,"三圈说"听起来很像我前几年和一些朋友谈到的,也就是我在"世界社会科学高级讲坛"第一讲评论萨林斯时谈到的关于"天下观"的说法。十年来关于"天下"的论述出现了很多,首先是经济学界,再到人类学界和哲学界,现在已经渐渐冷淡下去了。今天,我想还是围绕相关问题来谈谈。要澄清的是,所谓"三圈说"的启发来自西方。我认为,西方人类学,如果不从其历史的积累看,而是从其视野看,则是对三个世界之间关系的研究。这三个世界就是我说的"三圈",分别是离西方最遥远的原始社会、离西方相对近些的古式社会或者古代社会以及欧洲近代以来的文明社会。我说的"三圈"是指这门学科在空间上所表现的世界观。

如果在座的没有学过人类学,对它可能不太能理解。时下中国学界对于人类学依旧没有一致的定义。我主编的《中国人类学评论》现在被北大图书馆列在生物学书架中。我们中国的核心人类学期刊《中国人类学学报》，是中国科学院古脊椎动物与古人类研究所的科学家发表文章的一个论坛。怎么可以说人类学是对原始社会、古式社会以及欧洲近代文明构成的"三个世界"的研究呢？而我自己比在座的年轻朋友们多读了几年的书，我的感想是：任何人类学的著作都在思考这"三圈"之间的关系以及应当如何看待这一关系。

从19世纪中期到今天，人类学家看这"三圈"之间的关系有一个历程。最早，我们学科处在人类学的古典时代，即用进化的理论去看世界。怎么解释进化论呢？我认为就是对这"三圈"之间关系的历史时间性的解释。也就是说，在进化论人类学家看来，这三个圈子有一种历史的时间关系：原始社会因为离西方最遥远，所以也最古老；古式社会（包括中国在内），也叫古代社会，和欧洲的古罗马是一个时代；而欧洲近代的文明则是最近代的，现在叫"现代性"。这三个社会形态构成一条时间的线，这条线是进化论的时间根据。

欧洲人类学的第二个时代是恢复"三圈"的空间秩序本身，但还是用时间来解释这三圈之间的关系。19世纪末期，人类学的时间性产生了一个巨变，"传播论"出台了。"传播论"大概产生于19世纪末期，在20世纪初期的欧洲非常盛行，到20世纪中期的中国，甚至是今天的台湾地区，仍有还健在的老一辈人类学家在追随它。"传播论"者认为，不见得离欧洲最遥远的地方就是在时间上最古老的，远方的文化很可能是落后的，但落后不是因为要准备进步到近代欧洲文明,而只不过是某些古代文明衰败使然。也就是说,今天看到的原始社会是古代辉煌文明衰败的后果。文明与不文明之间的关系是时间性的,但这种时间性不是递进式的,而是反之。

20世纪初期,"三圈"的关系产生了另外一个巨变,进化的和传播的历史观都被社会科学所取代。在19世纪的时候,人类学很接近于现在的人文学。但是到20世纪初期,开始社会科学化。这个时候,英国、德国和法国的人类学家分别从不同的角度论述人类学家该做什么。这三个国家也产生了不同的学派。20世纪初期人类学的特征是:不断对欧洲与原始社会进行对照,用自我与他者的反差来思考理论。随着自我与他者二元化世界观的出现,"三圈"里的第二圈就渐渐在人类学论述里消失了。法国人类学可能是例外,在这一人类学学派里,第二圈还是保留得比较完整;法国人类学与社会学对古代社会给予过集中关注。可是,国际上"主流"人类学为了理论建构,多数人类学家基本上是把这个阶段给抹掉了。这样一来,人类学所论述中的世界就剩下了文明与野蛮的两相对照。在英国,情况就比较严重。英国这个时候出现了"功能学派"。"功能学派"只主张研究简单社会,他们对于古老的复杂文明的研究十分排斥,总想寻找一些简单的可以与欧洲近代对比的原始部落来研究。

我们可以通过马林诺夫斯基对费孝通先生的评论来理解这个阶段的他者观念。马林诺夫斯基在1939年为费孝通的《江村经济》作序时评价道,费孝通先生的这本著作是人类学的一个里程碑。他是从两个意义上说它是里程碑：一个方面是土著人研究土著人的人类学的第一个里程碑（但这让我觉得是在侮辱我们，我们已经是文明人了，才不是土著人呢！）；另一个方面是说费孝通是第一个研究文明社会的人——在这个意义上，《江村经济》也是里程碑。那就是说，费孝通之前是没有人研究文明社会的。是这样的吗？我看这个说法只不过是针对"功能学派"自身而言。在"功能学派"内部，在费孝通之前，的确是由欧洲人研究野蛮的原始社会的；从费孝通开始，才有人来研究文明中的农民。但这并不意味着在 20 世纪以前没有人类学家研究过中国、没有人类学家研究过文明社会。20 世纪初他者观念的出现使得中间的古式社会消失了，因而才使中国研究成为里程碑。

应当承认，那个时代百花齐放，我刚刚说的只是一些粗浅的、不一定准确的说法；但是，如果仔细推敲，我们还可以发现，"功能学派"确实是建立在以上所说的他者和自我两相对应的观点之上的。

这个时代过去以后，各国的人类学可以说被法国人类学一网打尽。不同的人类学派都想从法国的人类学大师列维-斯特劳斯那里学到东西。昨天晚上给我们做讲座的萨林斯教授，他的导师叫 Leslie White，他很尊重他的导师，最近写了很多文章回忆他的导师，但是，他实际上是 White 的一个"叛徒"——萨林斯所做的就是"投靠"了法国结构人类学。当然，这种"投靠"是好的。好的学问为什么不可以"投靠"呢？这是没问题的。结构主义时代的人类学特点是什么？它在"三圈"解释上的特点是什么？也是基于前面一段的自我和他者的二分。但是,这个时候已经不再强调自我和他者的区分,因为列维-斯特劳斯引用的素材很多是来自于"三圈"中的中间那个圈,即古式社会。但是他的理论永远在关注原始思维(原始思维作为所有思想的基础)——这是通过所有亲属研究、神话研究来论证的。他想打破自我和他者两相对应的局面。可是,我认为,他在打破这种局面的过程当中也采纳了前面一个阶段的自我和他者两分的关系。

到了后结构主义时代,包括我们在座的任何一位人类学家都在对这"三圈"的内容进行重新认识。当然出现过很多论调,这些论调可以说都是反文化相对主义的,就是反对把人和人之间、文化和文化之间、社会和社会之间的区分看得那么重。这个时代,特别痛恨"他者"这两个字。当你看人类学的书,当看到"other"或者动名词"othering"的时候,其意思就相当于"妖魔化"。这个时候,如果总是在用他者的眼光看待别的文化便被认为是有问题的。那什么是没问题的呢？这里又有几个概念。人是需要生活的,人要生活,人要追求权力,支配他人,并有抵抗他人对自己支配的欲望。在任何人之间、群体和群体之间都是存在着关系的,比如说原始社会、古式社会和近代文明之间是存在关系的;但是,这种关系因为在政治、经济上是不平等的,所以不能简单地通过他们的文化去研究,而应该采用像马克思这样的观点来批判地看这三个圈子之间的关系。这个批判当然很多,最近少了。20世纪70年代的时候兴起的"政治经济学派"就对这三个圈子的关系进行了世界体系理论的解释。

直到晚近的 90 年代出现的全球化理论也是对这"三圈"进行解释。但是,这个时代的政治经济味道不一定那么浓厚,因为有的人类学家已经堕落成了只为基金会干活而不想别的的境地了。这样你写研究建议书,写上"globalization"(全球化),大概就很容易拿到经费,全世界的人类学家都经历了这个阶段。那么,什么是"globalization"呢? 可以说,这个概念的制作者试图用一个中性的方式来解释"三圈"之间的关系。这种"中性"可以说是靠基金会活着,并没有看到世界上确实存在这三个世界。但并不能简单地说是某个文化被另一个文化所"globalize",它是层层叠叠,一层又一层的,有的地方的文化历史比较深厚,有的地方的文化是没有历史的。所有的古式社会都是重视过去的,所有的神话社会也都是重视过去的,但是对于这种原始社会来说,过去就等于今天,而对近代欧洲的文明来说,未来才是最重要的。

在欧洲近代文明出现之后,以目的论为主导向的理性主义思想成为主流。理性主义很复杂,不是我今天可以讨论清楚的。一个可以在此指出的现象是:理性主义现在在世界人类学中占据了支配地位。在过去三十年来西方人类学的后结构主义中,理性主义支配地位的形成致使"三圈"关系的论述简单化了。理性主义是一种普遍主义的解释,它的观念体系往往来自于西方,与西方的政治经济学、权力、个体等观念相关,用这些来解释人文科学的问题,推己及人,我觉得是有问题的。

以上所讲,我借用自己的"三圈说""生硬地"解释了西方人类学的理论流变史。接着,我还想"生硬地"再度建构出一个新的"三圈",然后再把它套到"生硬"的理论认识当中去。这样,我们就可以清晰地看到人类学理论衍生的规律。我得出一个结论:任何一个国家的人类学,如果不讨论三个世界、三个圈子的关系是很难有理论上的启发的。而20世纪以来的西方人类学就变得越来越少有启发。"三圈说"的来源大概就是这样。

让我们再从"三圈"的角度看看中国人类学的民族自我中心主义的问题以及学科史的概况。

一般认为,中国人类学的历史已有一百年了(我们按照学科规范,把人类学传入的时间定为清末,而不管帝制时代已经出现的异文化知识,这样到今天人类学的历史有一百年出头),但我认为是更久。我们人类学的自我形象是什么？我觉得,在过去的一百年当中,中国的社会科学(包括人类学在内的社会科学)有一个不怎么令人喜悦的演变,那就是,它从19世纪中期的鸦片战争期间尚且具备宏大眼光渐渐"演进"成今日的民族自我中心主义的社会科学论述。19世纪末以来的中国社会科学与中国的政治经济"发展史"是不对称的、不成比例的。并不是说我们的国力越强,眼界就越宽广,到目前为止,看来是大致相反。我们可以设想一下,魏源在《海国图志》中表述的世界观在我们在座的任何一位学者当中存在吗？邓老师是大哥级的人物,但是我敢说,包括他在内的我们这代人都是非常悲哀的！我们渐渐失去了19世纪中期魏源们所具备的心态。我认为,今日我们的社会科学之所以很悲哀,是因为它大致可谓是美国式汉学的一个分论。我们的社会科学家不真正研究社会科学,而是看现在美国某个研究中国的汉学家怎么研究中国,再决定自己研究什么。固然,我们应承认,美国的汉学是非常社会科学化的,它跟法国的汉学、英国的汉学之所以不同,就因为它是社会科学化的汉学。所以,学习美国汉学还有点儿用,这是无疑的。但我认为这是有局限性的。而我们的社会科学家看美国汉学家在做什么,比如,国外有人正在搞妈祖研究,那我就搞妈祖研究;另一些在搞 medical anthropology(医学人类学)研究;那我就搞 medical anthropology(医学人类学)研究;还有一些在搞 social memory(社会记忆)、resistance(抵抗)研究,我就跟着搞。其他学科可能更为严重。比如,有研究中国政治学、经济学的学者总是围着美国汉学家的论述转。我们以为自己在搞中国学术,却不见得是。我们难以幸免于不这么模仿,不管是教授,还是学生。中国社会科学为什么是这样的呢?我看,中国社会科学就人类学而言,有一种民族自我中心主义,而这种自我中心主义却自我国际化——它到处找研究中国的踪影,在全世界搜罗哪里的学问中有中国的影子,就把它纳入我们国内的社会科学中。一百年以来的中国人类学、中国社会科学所走过的历程就是这样不断"中国化"、再"中国化"、再再"中国化"的,而没有像 19 世纪的西方人类学那样有一个"三圈"的世界观。

前面我说 20 世纪以来的中国人类学不像西方的人类学体系有层层叠叠的社会关系思考,那么,这个学科的历程大体又是什么样子的呢?我将粗略地分几个阶段来说明。

翻译是我们社会科学的起源。因为中国古代不存在社会科学,我们有社会思想,为了获得社会科学,我们的前辈就投身于翻译事业中了。在他们的翻译作品当中,特别是在严复的译作中,存在着巨大的复杂性,但复杂性掩盖不了一个强烈的追求——在这些文本中贯穿始终的是个"强"字。谁的"强"呢?当然是中国的"强";中国为什么要"强"呢?因为它弱。任何中国的学科史都在说这么一个道理。这个大概就是中国社会科学的起点。

其实,中国社会科学的"强学"追求并没那么糟糕。从一个角度看,它是很有世界关怀的。我们的前辈从日本转译西学来说自己的事,充分表现出他们还是有他者的关怀。翻译就是"他者为上"。

20世纪20年代中期,与国民政府筹备中央研究院同时,国人开始不满足于翻译了,想要建立自己的、跟西方一一对应的学科体系。今年年初,我曾带不少师生去四川李庄,那是中央研究院历史语言研究所抗战期间的阵地。历史语言研究所是干什么的?它里面有历史学、语言学、考古学、人类学等中国现代科学的奠基人,可以说是中国社会科学的一个汇集地。在小小李庄,存在许多被称为"第一个什么"的人。李庄的一个导游就向我们介绍说,李济是中国考古学的"第一铲"。中国考古学家的工具之一是洛阳盗墓贼的探铲,李先生拿的就是那个,但我们却说他是引进现代考古学的第一人,而没有说他在这当中继承了"传统"的哪些因素。像李济先生这样一个留学美国的人,要创造一个中国自己的考古学,借助的东西可谓多了,但他却主要以现代学科代表的面目出现。他是那个时代的一个典范。那时的学科带头人自己可以读懂外文,并不需要翻译,脑子中充斥着的是怎样运用中国的智慧和外国的智慧来奠定一个中国的近代的学科。这种倾向在抗日战争时期就得到了强化。

可以说,20年代中期以后,中国社会科学诸学科从"翻译启蒙"转入到了"学科建设"的阶段。此时,学科的民族自我意识更强了,尽管学者们相信的都是现代西方的东西。

50年代,人类学产生了一些变化。研究人的生物性的去了科学院,研究人的社会性的主要去了中央民族学院。为了处理民族问题,综合大学中的大量社会科学家被调到民族学院去,这就造成了一个以民族学为中心的社会科学的时代。当时的前辈先是研究哪些是少数民族这个问题,这叫"民族识别工作"。这个概念很有意思,容易出现争议——你是什么民族,这很难确定。正好斯大林先生是苏联的少数民族,所以对少数民族问题很有体会,提出了民族的标准,这个我就不讲了。当时人类学这个名称不许叫了,人类学家都活着,有一些去了台湾,到了"中研院",建立了"民族学研究所",今天这个机构还在,他们多数是50年代以前的"南派"。留在内地的都是诸如燕京大学这样的教学机构的师生。那些由教会等社团在华创办的大学很奇怪,虽都是"资本主义社会"的产物,跟外国有关,却往往产生"左倾"思想,其师生对新中国抱有很高的理想。像燕大就出现了吴文藻、费孝通,他们是反对蒋介石的,不可能去台湾的,这样就跟中央研究院分道扬镳了。留下这些人都在干什么呢?他们只能做做民族学、民族研究。先是民族识别,接着是社会形态研究。民族识别还有些道理,至少它还有一些标准,比如说的话不一样、文字和生活方式都不一样,自然是有理由区分的。但社会形态研究就很有趣了,像我刚才说的,它回到了西方人类学的 19 世纪,把西方人类学所说的三个世界套到中国来,在中国寻找原始社会、古式社会、近代欧洲文明相等同的社会形态,把 56 个民族有的放在原始社会,有的放在古式社会(如农奴、封建、半殖民地半封建社会),基本上很少放在欧洲近代文明那个时代。问题当然是有,有些少数民族早已进入了欧洲近代文明的时代。比如白族,社会形态研究者将他们所处的社会定义为封建社会,其实,在白族的名镇喜洲等地早有四大家族这样的资本主义商业力量,深受近代文明的影响。这个小镇经济上是全国性的,其四大家族曾支配当地的经济,而且跟上海有很密切的关系。为什么说它是封建社会呢? 至少比半殖民地半封建社会低半级嘛,如果说白族社会是半殖民地半封建社会,那就跟上海一样了,它有四大家族,和上海的"青红帮"什么的一样,那为什么要这样区分开来呢? 这当然是有一定目的的。我们在国内也建立了它的"三圈",这个我后面会谈到。我觉得我们这个学科是这样过来的,我们是在这样的历史中做人类学的。

我是中华人民共和国第一届人类学本科生,感到很荣耀。为什么荣耀呢? 因为以前都不让上以人类学为名的本科,1981年才允许人类学有本科,现在又被消灭了,而我当时本科读的专业就是人类学。现在这个专业的学生都得拿民族学、社会学、历史学的本科文凭,要拿人类学的没门儿,因为教育部没有这个本科,但研究生就有。我们这代大概就是这样成长起来

的。这样的成长背景会让我们有点儿激动，因为读的这个东西
名不正言不顺，有点像嫁给一个人之后，人家说你是"小老婆"。
"小老婆"总要争取名分，于是就比较激动，比较想把人类学搞
上去。过于激动也不好，像我这样，想搞这样那样的活动，结果
导致一些误会。人类学出现很多口号，有一种叫人类学西化的
口号，像我就曾经被认为是被西化的人类学者，有的人传我90
年代回来是要"清理门户"，说我这个人特别不友善，进入中国
人类学界就是要清理门户，后来又有传闻说王铭铭要来搞中国
人类学的本土化，因为当时我写了一些西方人类学的本土研
究，出现了很多很多口号。不过，激动也许也有好处——好处
是易于对所做的事业有积极性。过去三十年来，中国人类学就
是在激动下促成其学科重建的。过去三十年来，翻译工作做了
很多。现在几乎可以用汉语来教人类学了，这是改革以后人类
学的一个伟大之处。现在许多人类学经典之作都有了中文版，
使人感到很荣耀。第二个荣耀就是：我们现在自称为人类学家
的至少已有4500人，这个数字非常厉害。国内居然有4500个
人类学家！明年将会有世界人类学大会在昆明召开，要举办
5500人的大会。但是，据我所知能来的外国人不超过100人，
因此中国的人类学家应该是5400个，我就是1/5400。这当然
是个进步，这至少说明那么多人对人类学感兴趣。这个是第二
大成就。但是这个成就里面包含了问题。这个问题你们应该
都可以看出来，我就不用再多说了。第三个荣耀就是，在综合
院校普遍出现了人类学学科。解放后很长一段时期内，社会科
学在高校中基本上是很难生存的，只有人文学。改革开放以

后,社会科学在综合院校中得到建设,渐渐出现了有人类学存在的综合性大学。以前的人类学专业以民族学为名,出现在八大民族院校里。今天像复旦大学这样的综合性院校不是民族大学,都在搞人类学,这是一大进步。

中国人类学,一百多年来向来没有自己的杂志。但是,现在的人类学家都想把自己所在学校的学报改造成人类学杂志。举个例子,就是《广西民族大学学报》,它居然专门刊发人类学论文,成为中国人类学核心期刊。还有,我有个学生叫赵旭东,到了中国农业大学担任教授,居然还"混"上了学报的常务副主编,结果,现在《中国农业大学学报》的内容几乎和美国的《美国人类学家》是一样的。《民族研究》以前看到人类学的文章总是先灭掉再说,认为这是"资产阶级思想",但现在人类学的文章在那个杂志上很容易登出来。我也好不容易混了一个"985"专家,结果也办了一个杂志——《中国人类学评论》,也让我很有成就感。

繁荣是一面,繁荣下面还有另一面。现在学科还是存在很多问题的。人数太多、杂志太多的问题当然不是我们今天要谈的。我今天要谈的比较尖锐,这是受邓正来老师多年来的影响和刺激(他对中国社会科学贡献很大,大家不要小看他,他来复旦大学可是学术界的一件大事),如果说不对,请批评。

我们国家人类学发展近三十年,培养了很多人,我也推荐了很多人到美国读书。在国内,我带的博士生在学的就有二十几位,全国 5400 多个人类学者加起来,如果一个人带十个博士生的话,那就有五万多个博士生。五万多个博士要多少大学来养？我不知道。但是，我要说的尖锐问题是：我们中国的人类学没脑子，我们不思考，我们只实践。萨林斯教授昨天说了非常启发人的话：后现代主义认为人类学家只研究民族志，他们是为理论思考者提供素材的，理论的活儿都是文化理论家干的，人类学家就是搞民族志。萨林斯本人为我们树立了一个榜样，他不甘心只做一个没有思想的民族志作者。我们国内的人即使是做理论也是当做实践来做——我们不喜欢思考，我们喜欢用这种东西当做工具来谋求一种职业，来骗骗老外（当有什么国难的时候，老外同情的眼泪流出来之后，我们课题的申请报告往那儿一递，就有几十万元进来）。这就造成我们这门学科不仅是没脑子，而且没有独立的思考。我们都在模仿，甚至连模仿都不知道在干什么。我们只是在探听，有一个老外来了，我们在探听他在干什么。北京、上海当然好一点儿，如果像我这样经常各省去跑的人就会发现：我们的那些同行，教授、博导、院长、校长，看到一个老外来了就围着他问在搞什么，老外都很热情。比如，在座有位老外叫"啤酒"。"啤酒"先生在搞性文化，这句话让我听到了没关系，如果让其他人听到，全校的人不管是人类学、经济学还是政治学全部搞性文化了，就全部一拥而上。他们却不想想"啤酒"先生为什么要搞 sex，他们不想。他们就是只管我最近听说美国人在搞什么，我们也要搞啊。

这个问题很严重。但是另外一派的是搞"本土化"研究的，我们也有很多独立思考的人就看不惯这种人。一些民族学家骂模仿美国的人类学家，好像他们有独立思考，但是，很遗憾的是他们提供的理由往往也是来自外国的。

　　这些问题值得我们好好思考。我们在中国做人类学要像西方人类学家一样有胆量,构造一个自己的世界观。虽然我比"啤酒"先生"矮"一点,但是别的人并没有比他"矮",对不对?

　　回顾中国人类学,我们刚才很悲观,看到它走了这么一条"螺旋式"的路,是否可以就此认为我们的学科没什么希望了呢? 我觉得还是有值得我们乐观之处的,中国人类学是有它独特的学术遗产的。如果硬是用西学的"三圈说"来套我们的学科史,我认为,我们中国人类学界一百年来研究过的内容可以称之为"核心圈"、"中间圈"和"外圈"三圈。第一,说说对"核心圈"的研究。所谓的"核心圈",主要是指对乡民社会的研究,即人类学家对那些在当下国家中居于核心地位的人群的文化所进行的研究。这个典范很多,最重要的比如说林耀华、费孝通他们所做的一些工作。中国人类学长期以来形成了一个积累,特别是著名的"燕京学派"综合人类学和社会学方法对中国乡民社会进行的研究。这是个很好的传统。尽管这个传统在20世纪50年后被禁止(50年代是不能研究农民的,只能宣传模范村,直到改革以后,对"核心圈"的研究才重新开放),但即使是这样,我们在乡村研究中也积累了很多遗产,这个遗产无法一一论说。第二,对"中间圈"的研究积累了更多的成就,而且在50年代得到发展。我说的"中间圈"包括了更多,但我们可以简化地称为"对民族地区的研究"。在我看来,少数民族不是一个个孤独的群体,有史以来就生存在这个华夏中原的"周边",其流动性极大,无论是对朝廷还是对外的关系都极其重要。我们之前称之为"少数民族",但是他们的人数其实并不少。费孝通把这一块儿称之为"走廊",存在着很多流动。这是一个中外之间的圈子。20世纪20年代中叶以来,中国人类学,特别是"南派"的人类学出现以后,对这个圈子的研究使它变得非常重要,成果不可小视。在这里,我无法一一列举。第三,谈谈对"外圈"的研究。中国有人类学这门学科一百多年来,第一阶段都是在借用翻译,后面才有自己的学科。即使不算上翻译的阶段,我们也长期存在以中国人的眼光来研究外国的人类学家,像李安宅教授就是最早研究美国印第安人的华人人类学家,而且他采用的观点和美国人研究印第安人是不一样的。如果再说得大一点的话,我们都知道,大家认识费孝通教授大概都是因为他研究中国的农民,但是以我来看,费孝通教授对我们最有启发的书除了《乡土中国》之外,还有他对英国和美国的研究,而且这些作品都具有典型的人类学色彩,比如他对美国人的论述。许烺光对中、印、美文化的比较研究则更专业。许先生曾在"魁阁时期"跟随过费孝通,受其启发,他对西方、印度和中国的比较研究显然与费先生相互呼应。我认为对于"外圈",中国人类学家也作过重要的研究,积累了丰厚的遗产。

中国人类学在"三圈"的研究中获得了不少有价值的认识,这是毫无疑问的。但我们所研究的这三个圈子之间到底存在何种关系,我们对此却思考得不多。在我看来,如果对于"三圈"之间关系进行深入思考,中国人类学家则可以触及现存社会理论未深入触及的层次。

"三圈"有非常丰富的历史、文化内涵,其关系的实质在于一种等级文化。第一,这三个圈子上下关系在经济上得以表现:中央朝廷与"核心圈"的关系是赋税式的;"核心圈"和另外两个圈子之间的关系是"朝贡式"的。第二,从仪式、文化和文明上看,这三个圈子也得到了不同的定义。我们也是说上下关系。我们在文化上会把"核心圈"的人,不管其文化高低,称之为"化内之民";把"中间圈"的人称做"少数民族",将他们同"外圈"的人合在一起称做"化外之民";如果再细致点,可以用"生藩"和"熟藩"加以区分。第三,从地方行政管理的角度来说,这三个圈子也是不一样的。我们在"核心圈"使用的是严格意义上的地方行政体系,把这个地方看成是朝廷委任的官员所控制的地区;"中间圈"和"外圈"通常有"土司"和"藩王",至少在意向上是半独立的,有的是纯独立的(即使是纯独立的,也会被想象成半独立的)。比如,像英国这样的犬羊小国,只不过像我们土司那么大,怎么还自称皇帝、女王,大家都觉得不可接受。我们把世界的任何一个民族都当成是少数民族,政治体制上接近于罗马式的皇帝和王之间的区分。以上关于"三圈"的划分当然局限于正统关系。而人类学家还可以研究"地方性知识",可以分析不同的圈子对于世界的看法和想象,比如说,研究农民怎么看世界,研究夹在中原和外国之间的"少数民族"怎么样实践、怎样看世界。对于外国人,也可以这样研究。

　　"学科"究竟是什么? 现在的社会科学家会立刻答道,是近代欧洲传给我们的以国家为单位的研究方式。我们没有一门学科不是以国家为研究单位的,比如说中国什么什么的。为什么我们一定要套上一个"国"字、以"国"为单位? 这个事实使得我们的研究相对松散,使得那种相对于不以国家为单位的更为真实的世界观得到了压抑。实际上,没有人能在这方面做得很好。因为国际社会科学委员会实际上已经替我们指出:近代以来的欧洲社会科学,它的基础和实质都是国家学。按照这个标准,我刚才说的这些就是非国家学。当然它还有一定的历史基础,我们为什么连这么简单的事情都没有思考到呢? 就是因为社会科学给这个世界带来了太多的遗憾,我说的这个不仅仅是中国社会科学的遗憾,而且是欧洲中心主义政治观的遗憾。当然,关于这个问题,我们还可以探讨很多。

　如何理解在中国建立一种不同于欧洲中心主义的社会科学(也就是国家式的社会科学)? 有没有可能存在这种理解呢? 我认为从文化上看是有可能的。从体制上看有没有可能,我不知道。我认为欧洲的思想是基于欧洲和印度的思维方式建立起来的,它的边界大概是到达我国的西藏,往东则存在着另外一种体系,我们请了一些专家从考古学角度来看这两个体系。我也想从神话学角度来看,但最后我自己想得出的结论是:印欧的社会思想往往是以神为核心的,用神来理解所有一切,比如说来理解杜梅齐尔所说的王、祭司和生产者这三者的体系化结合。欧洲社会理论因袭这种神话结构,始终贯串对社会结构普遍性的信仰,其对三者进行的"分层"亦始终坚持一个一以贯之的原则,这个原则提供了分类的标准,同时也必须灌输到任何一类当中去。在这种情况下,"分"和"合"是合一的。我觉得在印度以东也存在另外一种社会理论的可能性。分类当然还是存在的,但是它强调的不再是一个东西贯穿到任何一个类别中去并以此寻找它的异同,而是看不同的东西存在的关系。中国社会科学有没有可能基于神话学或者是考古学的研究重新进行社会理论思考呢？在印欧式的神话之下，近代欧洲的国家学不是偶然的，它并不是像华勒斯坦所说的，是国家世俗化的成果，而是具有一个很长远的历史传统。这个历史传统是什么呢？就是认为神这样一种一致性必须穿越王、祭司和生产者这三类人。我国位于西藏以东的大部分地区可能不存在这种穿越的东西，而是存在一条一条的纽带，把不同的圈子和层次关联在一起。中国社会科学提出这"三圈"是要服务于寻找这些纽带。这个区分自身也许并不重要，但它可以告诉我们的是：可能存在一种社会科学不必以国家为单位而研究，而以过程和关系为重心，而且这种过程和关系都具有历史性，不像欧洲式的社会科学在时间上那么浅薄。这也是我认为历史的社会科学如此重要的原因之所在。

春秋战国的"国际关系"和中国的统一

——对国际关系理论的启示

赵鼎新

主讲人简介

赵鼎新,1982 年毕业于复旦大学生物学系,1984 年获得中国科学院上海昆虫研究所昆虫生态学硕士学位,1990 年在加拿大麦基尔大学获得昆虫生态学博士学位,后改攻社会学,并于 1995 年在麦基尔大学获得社会学博士学位。现为美国芝加哥大学终身教授、芝加哥大学中国研究委员会主席、北美中国社会学家协会主席、复旦大学社会科学高等研究院兼职教授。研究领域为：政治社会学、社会运动和历史社会学等。在《美国社会学》、《美国社会学评论》、《社会力量》、《社会学视角》、《中国研究》、《社会学研究》等国内外刊物上发表多篇有关社会学领域的研究性论文。其专著 *The Power of Tiananmen* 于 2001 年由芝加哥大学出版社出版，相继获得美国社会学学会 2001 年度"亚洲研究最佳图书奖"以及 2002 年度"集体行动和社会运动研究最佳图书奖"。

时　间：2008 年 10 月 27 日 18：30
地　点：复旦大学光华楼东辅楼 103 报告厅
主持人：邓正来（复旦大学特聘教授、社会科学高等研究院院长、当代中国研究中心主任）
评论人：任　晓（复旦大学国际关系与公共事务学院教授、国际问题研究院副院长）
　　　　任　远（复旦大学社会发展与公共事务学院教授、文科科研处副处长、当代中国研究中心特聘研究员）

一、战争的分析框架

在国际关系学科，大多数学者做的研究是现代意义的国际关系（international relations），我的研究和这种现代意义的国际关系理论有所区别，是通过研究中国古代各诸侯国之间的关系（inter-state relations）得出对现代国际关系理论的启示。

　　东周时期一个重大的特征就是频繁的战争。历史记载这一时期战争共有九百余次。迈克尔·曼认为,政治权力、军事权力、经济权力和意识形态权力是人类社会权力的四个基本表达形式。[①]围绕每一种权力,人类都会建立起相应的组织和权力网络。考察围绕这四种权力中的每一种权力而产生的冲突或竞争,我们会发现,军事竞争和经济竞争有一个共同特征,那就是竞争双方输赢的结果都很清楚,因此与意识形态和政治层面上的竞争相比,反复不断的军事竞争和经济竞争特别能促进以输赢而不是以对错为准则的"工具理性"的发展;同时战争需要粮食储备、运输等作为支持,需要先进的武器和技术,于是军事竞争就会促进社会资源的集中,并导致社会积累、技术、生产和运输能力的提高以及国家动员能力的提高。从这个意义上说,战争就会促进"工具理性"的光大和社会的"积累性发展"。事实上,在前现代社会中,战争冲突和经济竞争是"工具理性"的光大和社会"积累性发展"的两个主要动力。

　　春秋战国时期出现的霸权争夺、国家统一和战争促进"工具理性"这一动力的发展。在战争竞争的影响下,中国在政治上导致了春秋时期分封制的垮台和官僚制的产生;意识形态上呈现百家争鸣;在经济层面上出现了丰富的商品经济,同时军事技术和军事组织能力也得到了大大的提高。我今天要讨

---

　　① See Mann, Michael, *The Sources of Social Power*（Ⅰ）：*A History of Power from the Beginning to A. D. 1760*，Cambridge：Cambridge University Press，1986.

论的就是春秋战国时期"国际"关系性质及其变化,以及这些变化如何导致春秋霸权政治的垮台与促进秦始皇统一中国。

学者许田波比较了春秋战国时期国与国之间的关系和近代欧洲的国际关系。她的问题是:为什么中国在秦朝能达成统一,而欧洲即使是在拿破仑时代也不能完成统一? 她提出国际关系中有两大机制,即支配性机制和平衡机制。欧洲没有统一的原因是因为平衡机制在国际关系中占主导地位,而中国能统一在于支配性机制占主导地位。那么为什么支配性机制在中国内部各诸侯国之间的关系中能占主导地位呢? 她的解释是:为了在国际争斗中取得优势,竞争各国就必须采取对策。但是,在这一过程中,中国采取了自强性改革(self-strengthening reforms)和聪明的军事/外交策略(cleaver strategies,她这里指的是法家改革和在《战国策》中所描绘的纵横家的外交手段),而欧洲国家却都采取了自衰性的对应(self-weakening expedients)和相对"笨拙"的外交策略。① 中国的国家力量在自强性改革和聪明的军事外交策略中越来越强大,于是就迎来了秦帝国的统一;而欧洲却因为采取了自我弱化的对应和"笨拙"

---

① 这里"笨拙"一词是我对许田波观点的总结,她书中的原话是:"Although European powers pursued opportunistic expansion and practiced counterbalancing strategies, they rarely employed cunning and ruthless tactics against one another... as was common in the ancient Chinese system." (Hui, Victoria Tin-bor, *War and State Formation in Ancient China and Early Modern Europe*, Cambridge: Cambridge University press, 2005, p. 36)。当然,这话有很大问题。因为先秦战争是在战国后期才变得残酷起来的,而欧洲战争发展到了拿破仑时代后也趋于残酷,到了二战时则几乎变得疯狂了。历史有一个自己的发展过程。

的外交策略而在近现代的发展中失去了武力统一的机会。① 我
的出发点有所不同。我认为首先要注意到欧洲与中国国家策
略背后的社会基础不同。中世纪以来,欧洲国家力量始终很弱
小,国家既要和教会与贵族势力斗,又要和新兴的城市资产阶
级斗。在与这三种力量同时博弈的情况下,欧洲国家不可能采
取中国式的法家改革。而古代中国搞法家改革的时候,国家需
要面对的只有贵族,既没有资本家,也没有强大的宗教势力,所
以古代中国能够搞秦始皇式的改革,欧洲想搞也搞不成,这就
是结构性条件的限制。

　　另外一个是价值观在国际关系中的作用。欧洲国家之间
从第一个千禧年开始始终处于战争状态,但是欧洲却同时围绕
着战争产生了一系列调节国际关系的价值观,比如主权、正义
战争、国际法以及国际社会等观念。这些观念在欧洲国际关系
中始终得以保存并在国际交往中发挥着作用。但是春秋战国
时的中国不仅没有产生这些概念和相应的制度,到了战国时
期,各诸侯国之间的关系退化成了谁赢谁说了算,没有任何的
价值观可言,即所谓的"春秋无义战"(实际上是"战国无义
战")。这种无义战就导致了真正的"霍布斯状态"在中国的出
现,并催生了中国的统一。

---

　　① 根据许田波的描述,中国的自强改革政策包括:建立一支以征兵制为基础的国
家常规军、一种强有力的税收政策和促进经济发展的手段及一个以择优录取为基础的
科层制;而欧洲的自弱对策则包括:建立一支以雇佣兵和职业军人为基础的常规军,以
及一个在很大程度上依赖于金钱、贷款甚至是卖官的战争物质动员机制(Hui, Victoria
Tin-bor, *War and State Formation in Ancient China and Early Modern Europe*,
Cambridge:Cambridge University Press,2005,p. 34)。

二、战争的不同阶段

按照战争进程,我可以把春秋战国时期分为三个阶段:霸权期、转型期和全面战争期。霸权期伴随着霸主政治"国际关系"价值观的产生和衰落;转型期是霸权政治价值观的继续衰弱和强权政治的兴起;全面战争期就是各国大打出手,没有任何价值观可言。

首先来看看春秋战国时期各诸侯国之间战争的原因。我把春秋战国时期的战争目的归纳为 11 类。举一个例子来说明我的战争原因分类原则。比如"执行条约"(covenant Enforcing)指的是:盟国毁了盟约,于是就引发战争。如果是一个国家被打败,该国家被迫接受盟约或重新与进攻方建立新的盟约,这类战争目的也归为"执行条约"。但是有时候所谓"执行条约"明显是为了扩张,并导致了灭国夺疆,这时候我就会把战争目的归结为"领土"(territory)性战争。根据我的总结,霸权期为地域而打仗的占 12.9%,转型期则上升到 16.8%,全面战争期达 66.9%。而且从表一中可以发现,到了全面战争期,有 4 个战争目的没有了,从最初的 11 个变成了 7 个。总的趋势是以土地为目的的战争越来越多,其他目的的战争则越来越少。

表一　春秋战国时期导致战争的原因

事　　件	霸主期 （公元前 770— 公元前 546 年）	转型期 （公元前 546— 公元前 419 年）	全面战争期 （公元前 419— 公元前 221 年）
扩展地域	53(12.9%)	29(16.8%)	174(66.9%)
寻求霸权	190(46.3%)	71(41%)	30(11.5%)
地区力量制衡	19(4.6%)	0	31(11.9%)
保护盟友	28(6.8%)	8(4.6%)	13(5.0%)
国内冲突	9(2.2%)	45(26%)	3(1.2%)
抵抗外戎	45(11.0%)	13(7.5%)	2(0.8%)
王位继承	16(3.9%)	4(2.3%)	7(2.7%)
执行国际/联盟条约	33(8.1%)	2(1.2%)	0
国家尊严	13(3.2%)	1(0.6%)	0
联姻冲突	1(0.2%)	0	0
抢劫	3(0.7%)	0	0
总计	410	173	260

　　表二到表四是欧洲 1648 年至 1713 年战争目的的总结。[①]
1648 年,欧洲签订了《威斯特伐利亚和约》,在此之前,欧洲为宗
教争端打得一塌糊涂。1648 年是欧洲近代国家关系形成的一
个分水岭,此后主权概念出现,各国对他国人民的宗教采取了
容忍态度,国际社会(international society)的概念得以形成。
从表二中可以看出,1648 年至 1713 年,即《威斯特伐利亚和约》
形成和路易十四时期的欧洲,为地域扩张的战争占 23.5%。从
1715 年至 1814 年,即路易十四时期到拿破仑时期,为地域扩张
的战争占 26.3%。从 1815 年到第一次世界大战之间,为地域

---

①　See Holsti, Kalevi J., *Peace and War: Armed Conflicts and International Order 1648-1989*, Cambridge: Cambridge Uuiversity Press, 1991.

扩张的战争占 14％。百分比变化不大,并且还在下降。而中国
为地域扩张的战争百分比则始终是处于上升状态。欧洲战争
原因的发展趋势和中国也不一样。随着历史的推进,欧洲战争
的原因越来越多,在一些原有原因消亡时,新的战争原因不断
涌现。古代中国则相反,随着历史的推进,战争原因越来越少,
为地域而战的比例则越来越大。这里我想说明的是,为宗教或
者其他许多原因所发起的战争具有一定程度上的非零和性,而
为土地发起的战争只能是零和性的,因为当一个国家占领了某
一土地时,其他国家就不能将其占为己有了。这就是说,零和
性战争在春秋战国时的中国越来越多。在随后的论述中我想
说明以下两个相互依存的原因是导致春秋战国时中国零和性
战争不断增多的最为重要的原因:中国的法家改革大大增加了
各诸侯国的战争能力;中国在传统的霸权性政治秩序垮台之
后,没能产生相应的新的政治秩序。

表二　欧洲(1648—1713)导致战争的原因

事　件	发生次数	所占百分比
疆土	12	23.5
商业/航海	8	15.6
王朝/王位继承	7	13.7
战略要地/势力范围	5	9.8
国家/体制的保存	5	9.8
宗教保护	3	5.9
执行国际条约	3	5.9
殖民竞争	2	3.9
权力均衡/霸权	2	3.9
国际自由/新国家产生	1	2.0

（续表）

事　件	发 生 次 数	所占百分比
防卫/支持的联盟	1	2.0
商业/资源	1	2.0
其他	1	2.0
总计	51	100

表三　欧洲(1715—1814)导致战争的原因

事　件	发 生 次 数	所占百分比
疆土	24	26.3
商业/航海	13	14.3
王朝/王位继承	8	8.8
国家体制的保存	6	6.6
战略要地/势力范围	6	6.6
政策条文	5	5.5
殖民竞争	4	4.4
宗教保护	4	4.4
国家/帝国的产生	4	4.4
防卫/支持的联盟	4	4.4
国际自由/新国家产生	3	3.3
执行国际条约	3	3.3
保持国家/帝国统一	3	3.3
其他	4	4.4
总计	91	100

表四　欧洲(1815—1914)导致战争的原因

事　件	发 生 次 数	所占百分比
保持国家/帝国统一	17	18.4
疆土	13	14.1
国家/帝国的产生	9	9.7

（续表）

事　　件	发 生 次 数	所占百分比
民族统一/合并	8	8.7
种族战争	5	5.4
政策条文	4	4.3
战略要地/势力范围	4	4.3
商业/航海	4	4.3
王朝/王位继承	3	3.3
意识形态/自由主义	3	3.3
宗教保护	3	3.3
地区霸权的争斗	3	3.3
国家/帝国的产生	3	3.3
国家体制的保存	2	2.2
种族争斗	2	2.2
国际/王朝荣誉	2	2.2
自治	2	2.2
权力均衡	1	1.1
执行国际条约	1	1.1
力量展示	1	1.1
殖民争斗	1	1.1
商业保护	1	1.1
共计	92	100

（一）霸主时期（公元前 770 年—公元前 546 年）

周王室东迁后就不再能对各诸侯国实施有效的控制,于是,一些野心勃勃的诸侯国便开始扩张自身的领土和势力范围,由此开启了春秋战国时期。不过,在春秋战国时期刚开始时,诸侯国的国力一般都非常弱小,这典型地表现在下列方面:

诸侯国一般都只是仅仅控制着一到数座城邑及其毗邻地区的城邑国家。界于这些国家之间的地区只有稀少的仍处于原始部落状态或以狩猎和采集为生的人群、从他处迁移而来的蛮族或因各种原因从城邑中逃跑出来的人。绝大多数国家,即使像鲁、郑和卫等大国都还没有常备军。只有发生战事时,这些国家中的"国人"才会集中到太庙前,从那里领取武器,参加誓师等多种礼仪活动,然后出征。[①] 由于这个原因,春秋战国时期早期的战争大多只是在邻国间进行的短距离战争,并没有哪个诸侯国有能力将其他国家全部消灭掉,所以这一时期战争的目的除了领土扩张外,更多的是为了攫取霸权。从逻辑上说,某个国家一旦能够迫使其他国家臣服,自然会希望将自己的支配权力制度化,从而导致了一个支配各诸侯国之间关系的霸主体系的形成。在这一体系下,一个霸主国一方面会为其附属国提供保护,另一方面又会对附属国的政权继承、外交等一系列事务进行干涉和控制。反过来,附属国则必须在战争期间向霸主国提供后勤支持并派出军队协同作战。在这一时期,大多数霸主国还会通过为周王室提供保护并以周王室的名义行事从而提

---

① 《左传》隐公十一年(公元前 712 年)记载郑庄公在进攻许国之前在太庙向国人分发兵器,结果公孙阏和颍考叔为抢一辆战车还打了起来。又《左传》庄公八年(公元前 686 年)记载鲁庄公在太庙向国人发放兵器后带兵驻扎在郎地等候陈、蔡军队。再如,《左传》鲁闵公二年(公元前 660 年)记载卫懿公好鹤,"国人"不满,结果狄人进攻时"国人"拒绝交战,并在接受甲胄时说:"使鹤,鹤实有禄位,余焉能哉(派鹤去打仗吧,鹤享有官禄官位,我哪里会打仗啊)?"可见到公元前 7 世纪中叶时,卫国可能还没有常备军。

高其霸主地位的合法性。① 霸主体系在一定程度上延续了西周
封建体系。

　　大多数历史学家认为春秋史上的霸主政治时期相继出现
了五六个霸主国家,而其开场序曲是由郑国称霸奏响的。许倬
云在其论述春秋霸主体系时所使用的章节题目本身就很能说
明问题:"郑的霸位"、"齐的霸位"、"晋的霸位"、"楚的崛起"以
及"吴、越的崛起"等(Hsu,1999)。② 上述说法长期流行于世并
不让人觉得奇怪。历史学家对这一时期历史的理解都是以《春
秋》和《左传》的记载为依据的,而《春秋》和《左传》记载的历史
事件要么大多发生在鲁国,要么多少与鲁国有关。在《春秋》和
《左传》中,晋、秦、楚等国在鲁桓公二年(即公元前 710 年)以前
从未被提及过。这种记史上的片面性使后人认为霸主政治最
初出现在中原地区的国家之间。我认为,在整个霸主政治开始
时,大多数诸侯国只有能力对邻近国家发动战争,使得当时中
国大地上出现了四个战争区域,它们是:以齐国为中心的东方
(中原)战争区域、以楚国为中心的南方战争区域、以晋国为中
心的北方战争区域和以秦国为中心的西方战争区域。因此出
现了齐、楚、晋、秦四个地区性霸主。能"荣膺"地区霸主的国家

---

　　① 霸主国家这一策略的典型方式就是所谓的"尊王攘夷",进而"挟天子以令诸
侯"(《战国策·秦策一》)。"尊王",即尊崇周王天下共主的权威,维护周王朝的宗法制
度。"攘夷",即对北方游牧民族和南方楚国对中原诸侯的侵扰进行抵御。"尊王攘夷"
由齐桓公首倡,后为其他霸主国家所效仿。

　　② Hsu,Cho-yun,"The Spring and Autumn Period",*The Cambridge History of Ancient China:From the Origins of Civilization to 221 B.C.*,Michael Loewe and Edward L. Shanghnessy(eds.),Cambridge:Cambridge University Press,1999.

具有两个共同特征:第一,比起其他诸侯国来说,这几国都率先摆脱了周朝宗法制度的束缚,并促进了"工具理性"行为和文化在本国的发展。不过,并不是所有接受了"工具理性"文化的国家都能够崛起为霸主国家。比如,郑国在霸主政治时期之初就是一个非常实用主义的国家,却未能在中原地区保住它的霸主地位。第二,齐、楚、晋、秦四国之所以能够成为地区性霸主,也与它们有利的地缘位置有关——它们都处在中原的外围,从而受到周边敌国的威胁相对较少。

经过数年争斗后,齐、秦两国沦为二流国家,而楚、晋则经历了长达近百年的争霸。霸主时期的国际关系是有法则可依的:霸权体系内部的国家之间的战争不多,因为霸权体系内的两个小国打仗,大国是要管的。我们在历史著作中经常会看到,晋国攻打郑国不为别的目的,只是因为郑国打了许国了;晋国攻打齐国,也不为别的目的,只因为齐国打了鲁国了。小国之间互相欺负,霸主要管理。

晋、楚两国在争霸了一百多年之后,各自出现了危机,从而导致了霸主"国际关系"的垮台。根据《左传》记载,在各国争霸期间,晋国灭了十几个国家,楚国灭了二十多个,秦国灭了十一个,齐国也灭了十几个。灭国使得各国领土扩大,于是就带来了管理问题。当时流行的有分封制和官僚制两种方法。分封制就是诸侯国君把新占领土赐授给那些拥有战功的军事将领(史称二级封建化);官僚制则是建立郡县,任命专人管理。当时的各个大国都对这两种方法同时加以运用。相比之下,楚国的郡县制最发达；①而在晋国，分封制是主导形式。所有大力推行分封制的国家，比如晋国、齐国、鲁国、宋国和郑国，都遇到了同样的问题：当国主把土地分封给功臣或亲戚时，被分封方肯定感谢并忠于这一国主，但是数代以后，被分封一方的子孙对国主的忠于度就会下降，于是他们就会利用手中掌握的土地和兵权控制甚至是架空国主，就出现了所谓的封建危机，也就是孟子所说的："今之诸侯，五霸之罪人也。今之大夫，今之诸侯之罪人也。"②

楚国由于郡县制的发达因而没有遭受到封建危机的冲击。但是为什么没有明显封建危机的楚国也不能维持争霸局面了呢？原因很多，但主要是吴国加入了战争体系。楚国同晋国争霸，只有一个方向受敌，但吴国加入后，楚国就变成了两面受敌。吴、楚打仗，虽然动不动上千公里的行军路程，但由于长江中下游地势平缓，水上运输方便（其效率是陆路的 2 至 5 倍），军事效率因此却大大提高了。楚国为了和不断强盛的吴国斗，当然不愿意再和晋国继续争霸了。

（二）转型期（公元前 546 年—公元前 419 年）

公元前 546 年的弭兵大会标志着霸主时代的终结。霸主时代终结有两个特征：第一，当时霸主打仗，就和美国现在打仗一样，往往会带领着一帮小国。美国现在打仗，中国、俄国

---

① 参见李玉洁：《楚国史》，河南大学出版社 2002 年版。
② 《孟子·告子下》。

当然领不动,但可以领着英国、波兰以及不少东欧国家。弭兵大会以前,盟主喜欢领好多国家的军队一起去打仗。《左传》记录晋国在打仗时经常带领着十几个国家,这样参仗的国家就很多很多。据史料统计,在弭兵大会之前,每次战争的平均参战国数目是 4.0 个/次,弭兵大会之后降到了 2.4 个/次。晋、楚两国在弭兵大会后霸主地位的下降是极其显著的。第二,在霸主战争时代,以霸主为主导的结盟非常多,弭兵大会之后结盟次数大大减少。以弭兵大会后产生的吴、越两个新兴大国为例,以越国为主导的结盟记录仅有一次,[①]以吴国为主导的结盟记录仅有两次。[②] 这说明了大国已经没有了制约他国的能力。

　　弭兵大会以后,战争网络分为南北两大网络。南方网络的核心是吴、楚之间的争斗,而北方网络则围绕着晋、齐之间的斗争。在南方,楚国在吴国的军事压力下,很长的一段时间内一直处于低潮,但是吴、齐、越三国或者由于地域政治的不利因素(吴、越地处南方,很难利用中国东西走向的河道把它们强大的水军运到北方),或者由于军事力量有限(如齐国),均未能对整个时代的进程产生关键性的影响。因此,虽然吴、越、齐都曾想在历史舞台上一展身手,而决定春秋霸权政治垮台后的历史进

---

　　① 公元前 468 年(鲁哀公二十七年),越国与鲁国在平阳(今山东邹县西南)结盟。

　　② 一次在公元前 487 年,吴国攻入鲁国后,鲁国被迫与之结盟。另一次是在公元前 482 年(鲁哀公十三年),吴、晋及中原国家之间的黄池大会。但就在那一年,越国军队已趁吴国北上争霸之际袭击并攻入吴都,并于公元前 473 年消灭吴国。

展的却是危机深重的晋国。

在弭兵大会以后,晋国政治发生了很大的变化。晋国本来对外有楚国作为敌人,这样内部的贵族还能维持一个统一的局面,但弭兵大会之后,没有了楚国这一敌人,在两次封建危机的背景下,贵族之间的争斗就越来越厉害了。先是六家贵族打成四家,接着四家打成三家,即魏、韩、赵。这三个贵族集团成立了三个独立的国家,史称"三晋"。"三晋"在建国伊始就面临两大挑战。首先,作为封建危机的直接受益者,"三晋"国主比任何人都清楚封建危机的根源与危害。因此,尚在三家分晋之前,"三晋"已经在自己控制的领土上逐渐推行非世袭的、以郡县制为中心的官僚体制,并在土地所有制、税收与法制上作了不同程度的改革。分晋后,赵、魏、韩三家分别在自己控制的领土上继续推行官僚制改革,以确保曾让他们得益的封建危机在自己治下不再重现。

"三晋"中,魏国率先进行了以正在兴起的被后世称之为法家思想为指导的改革,并在较短的时间内从封建政体转变成中央集权的官僚制国家。改革之后,魏国国力大大增强,特别是官僚制消除了爆发封建危机的隐忧,于是开始野心勃勃地进行领土扩张。魏国的扩张对邻国造成了重大威胁,触动各国进行了一波又一波的法家改革。这种法家改革反过来又增强了国家的军事能力和扩张领土的欲望。这种改革与战争的相互促进构成了转型期之后历史发展的一个新的引擎,为全面战争时代的到来开辟了道路。

（三）全面战争期(公元前 419 年—公元前 221 年)

公元前 419 年(魏文侯二十七年),魏国在秦国势力范围的少梁构筑城池,将其势力延伸到黄河以西。秦国不能容忍其这一扩张,于是发兵攻打少梁,揭开了全面战争的序幕。全面战争的出现与法家理念指导下的改革有着极大的关系。自公元前 430 年至公元前 350 年的法家改革从两个方面改变了战争的性质。首先,诸侯列国在改革之后实力大增,能够在本国内动员大量的成年男性人口和其他巨额资源,将其投入到规模更为庞大、持续时间更为持久的战争中去。其次,一旦从与封建危机相伴生的一系列麻烦中摆脱出来,这些诸侯国扩张领土的欲望便急剧膨胀起来。于是,战争的主要目的从原来的争夺霸权转变为扩张领土。新的战争目的以及国家实力的增强共同促发了公元前 419 年之后(尤其是公元前 350 年之后)全面性战争的出现。整个春秋战国时期有记载的二十次伤亡人数超过两万人的战争中,最早的一次发生在公元前 405 年,最后一次则发生在公元前 245 年,但是却有十五次集中发生在公元前 317 年至公元前 256 年的六十一年间。当时中国核心地区的地域有限(150 万至 200 万平方公里之间),如此大规模战争发生在一块有限的地域下,形成了"一山难容两虎"的境地,为秦国一统天下开辟了道路。

秦国的统一首先得益于其成功的法家改革。秦国的改革较晚发生,因而能汲取其他国家改革的成败经验。其次得益于它优越的地理位置。秦国地处一隅,因此能实行一些中间地带国家不能运用的"远交近攻"的战略。同时,秦国处在中国地貌的二级地带,当占领了四川后,它能利用黄河、长江两大水系,犹如当今的高速公路,顺流而下攻击敌国,为其他国家所不能。最为重要的是,秦国的统一还得益于全面战争时期诸侯国间关系的无政府状态。全民战争期间,一个国家侵略他国不再需要有可以拿到桌面上的理由,所谓"春秋无义战"更精确地说应该是"战国无义战"。为什么战国时诸侯国之间的关系会变成霍布斯式的无政府状态呢? 这是因为霸主时期所具有的以大国控制小国并以信誉和道义为基础的"国际关系"在战国时期已不复存在。但是这一空白没有能让以法律为核心的现代型国际关系来填补。战国时,中国的"国际"关系缺少近代西方国际关系中所具有的三个制度约束:一是主权;二是国际法;三是格劳秀斯提出的国际社会概念(international society)。三个概念在中国完全没有,这就使得战争完全成了输赢问题,而不是对错问题。

西方则不同。比如,路易十四在一次争霸行为中占领了一个城市,从而违反了 1648 的《威斯特伐利亚和约》。这时,不同的欧洲国家,包括神圣罗马帝国、西班牙和瑞典王国及不同的封建领主,甚至连"光荣革命"后的英国都加入了反法联盟,直至路易十四屈服,国际秩序得以重建。这就跟一战、二战时一样,没打赢德国之前,盟国内部是不会刀兵相见的。而在春秋战国时期,反秦联盟往往在没打赢秦国前就分裂了。战国时期的联盟很少有超过两年的,基本上是几个月,即一场战斗的期限。往往是那六个国家让秦国逼急了,联合起来反秦,但是秦国稍作退让,合纵国家之间马上就开始闹矛盾,甚至是互相打了起来,这样就把合纵打击秦国的目标放在一边,使得秦国稍稍休息后又继续侵略。由此反复,秦国越来越强。这就是为什么当时中国各诸侯国之间平衡力量不够和支配性力量极强的真正原因。

在没有主权、国际法和国际社会概念的情况下,弱国之间的关系也不讲对错,即使形成联盟也是互不信任,一边搞联盟,一边搞名堂。燕和齐由于地理原因在很长时间内没有受到秦国的直接威胁。在齐国不战而降之前,齐国和秦国的正面交锋一共才三次,而且都不是主要交锋。在很长的时期内,燕和齐也总是在反秦联盟中三心二意,通过联盟,它们既想制约秦国,又想把"三晋"削弱。这就是为什么在长平之战期间,赵国短粮向齐国求救,而齐国却见死不救,后燕国也趁赵国新败去攻打赵国的原因了。① 又如楚国,有一次楚国和齐国联盟,秦国很怕,秦国就说给楚国六百里地,楚国居然同意了,然后秦国却说他们答应给楚国的是六里地,两国于是就打了起来,结果楚国大败。还有一次,秦国在连续攻击韩国和魏国多年并占领了韩、魏两国的大片土地后,准备把矛头指向楚国。为此,楚国派了他们的令尹,跑到秦国游说,指出秦国的对手是"三晋"而不是力量弱小的楚国,并且为秦国出了很多继续削弱"三晋"的主意。楚国的政治家似乎从来就没有想到,"三晋"完了之后就该

---

① 秦、赵两国之间长平之战后,赵国元气大伤。战后,燕国以为赵弱,率军近四十万分兵击赵。

轮到他们了。正是在每个国家都想把祸水引向别国的情况下，秦国可以成功地实施"远交近攻"的政策，各个击破。

在现代国际关系中，弱国往往会与强国结盟寻求保护。但是在一个缺乏任何国际关系准则的场合下，弱国与强国甚至在结盟后都得不到保护。如在公元前 318 年，韩国和秦国结盟。结盟之后，秦国将矛头转向楚国。但同时秦国却对韩国的两个城池垂涎三尺，于是就顾不得盟友关系把韩国那两个城池给占领了，迫使韩国重新倒向秦国的对立面。秦国之所以连自己的盟国也照样侵略，就是因为这一时期没有任何国际价值观和国际秩序可言。比如美国和英国搞诸如"北大西洋公约组织"这样的"连横"，假如美国因为其无比强大而在"连横"的时候还老想着英国的某个港口，想把它打下来占为己有——如果是这样，那么"北大西洋公约组织"早就不复存在了。

三、促进中国统一的其他原因

对于促进中国统一的其他原因，我这里还需要进行两点补充：

第一，古代中国的战争舞台很小。春秋战国时期的作战区域大部分处于黄、淮、长江流域即温带地区。同时该区域的西边是高山，东边是太平洋，北边是戈壁，南方是森林、炎热和病虫害，战争舞台因此被局限于 150 万到 200 万平方公里左右的核心区域。而近代欧洲的战争舞台始终是开放性的，即战争舞台随着战争规模同时加大。在拿破仑时代,欧洲的战争舞台已扩大到 2000 多万平方公里,这还不算欧洲国家之间在其殖民地中的冲突。比如说,从巴黎到莫斯科的距离是从临淄到秦国咸阳的三倍。这种距离的差别不但为行军和运输带来大量的困难,而且完全改变了战争的气候条件。拿破仑时代还没有铁路,当时法国的运输能力不见得会比秦国强。战争所面对的不仅仅是距离,还有气候和疾病等其他因素。拿破仑的军队在俄国是怎么失败的? 一言以蔽之,是被俄国的极地气候给冻败的。相比之下,中国的核心作战区域在北纬 28°到 40°之间,春秋战国时中国的平均温度比今天还要高出 1—2 度,因此当时的军队四季都能打仗,这就为秦国的统一提供了很大的便利条件。

　　第二,古代中国没有民族主义。春秋战国时,各国的百姓都没有民族主义意识,或者说,老百姓对谁来当他们的皇帝并无所谓。秦朝统一,从来没有听说过老百姓打过游击战争,由失落精英进行的暗杀活动倒是有一些。但是在欧洲,当拿破仑占领西班牙后,西班牙人就在英国的支持下搞游击战进行抵抗,把拿破仑的军队拖得焦头烂额。这就跟美国军队在伊拉克一样,美国军队的一个导弹价值达数十万美金,却时常只能炸掉伊拉克的一个小茅房,而伊拉克人仅仅用一些土炸弹就把美国军队搞得疲于奔命,每个星期的军费开支达数十亿美金。由于民族主义的缺乏,一个国家从老百姓到精英对国家就缺乏很强的忠诚感。这使得当时的各个国家就像一个个公司,而其中的精英就像公司里的雇员。随着秦国的强大,许多小国中的精英就流向秦国,秦国因此吸收了一大批人才。在《史记》和其他历史史料中,我们经常能看到以下的故事:秦国在打仗前搞挑拨离间,造个谣言说你们国家的将军要投降我了,与我们有什么勾当,等等,而其他国家的王还总是相信,于是他们就把有能力的将军撤掉,换上昏庸的统帅,结果打了败仗。历史学家会说这些国君是昏君,问题是为什么秦国代代都出明君,其他国家则经常出昏君? 个中道理其实很简单,如果我们造个谣说一个资产几十亿的大公司的总经理要到哪个街道工厂当厂长,谁会相信? 但是如果造个谣,说小公司的 CEO 要跳槽到大公司去了,如果这个谣言造得像的话,大家是会相信的。西方的新现实主义国际关系理论家喜欢把国家类比成公司,现在的西方国家还真不像是公司,而战国时的各诸侯国还真的像公司。西方的新现实主义和建构主义吵来吵去吵不清楚,实际上在西方还真是争论不清楚的,因为现实利益和价值观在现代国际关系中同时有着很重要的作用。但是古代中国等于为全世界做了个试验,看看把"国际关系"中的价值观彻底拿掉后"国际秩序"将会是什么样子。

论中国研究的方法[*]

曹锦清

主讲人简介

曹锦清,1982 年毕业于复旦大学哲学系,1986 年获得华东师范大学硕士学位。现为中国著名社会学家、"三农"问题专家、华东理工大学文化研究所所长、复旦大学当代中国研究中心特聘研究员。主要研究领域为农村社会学。主要论著有《黄河边的中国》、《现代西方人生哲学》、《当代浙北乡村的社会文化变迁》、《中国单位现象研究》、《平等论》、《中国七

---

 * 本文稿由复旦大学国际关系与公共事务学院博士生王升平、李新安根据录音整理,已经作者本人审校。

问》等。其中《黄河边的中国》对中央解决"三农"问题发挥了重要的决策咨询作用,并获得首届中国农村研究优秀成果一等奖。

时　　间:2008 年 11 月 10 日 18：30
地　　点:复旦大学光华楼东辅楼 103 报告厅
主持人:邓正来(复旦大学特聘教授、社会科学高等研究院院长、
　　　　当代中国研究中心主任)
评论人:张乐天(复旦大学社会发展与公共政策学院副院长、当代
　　　　中国研究中心特聘研究员)
　　　　刘建军(复旦大学国际关系与公共事务学院教授)

各位晚上好。这个题目是邓正来先生出的,很大。给我的时间又非常少,一个小时。讲"论中国研究的方法",我只能讲讲这些年做调查研究的一些体会,供诸位参考。

我准备讲三个问题:第一个问题是以中国为方法;第二个讲一讲研究方法中的"古今中外法";第三,讲一讲社会事实与社会心态。

一

第一个问题,以中国为方法,或者以中国为中心,或者以中国为立场。这个提法我最初是在十几年前读日本历史学家沟

口雄三的著作时见到的。当时我以为这个提法很新颖，也非常能切合我这些年来做社会调查研究的体会。1988 年华东理工大学成立文化研究所时，当时需要对这个所的研究方向、研究方法进行定位，我们提出的口号是"返回国情、返回历史、返回实证"。之所以这样提是因为 20 世纪 80 年代初弥漫学界的是概念应该如何如何、中国应该如何如何。这种关于应该如何如何的说法听多了，也听烦了。在我们看来，"中国应该如何"的判断要以"中国是如何"的判断为基础。而要研究中国是什么样，就要返回国情、返回历史、返回实证。

　　当时我们文化研究所几个人分成四个小组：第一个小组是研究中国的农村，我和张乐天当时在那个组里的。第二个小组是研究中国的小城镇。1985 年前后，费孝通主张"小城镇，大问题"，成立这个小组是为了应对当时蓬勃兴起的乡镇企业以及小城镇如何吸纳从农村转移出来的人口的问题。第三个小组是研究当时已经启动的国企改革。第四个小组我们想进行现代化比较研究。1992 年，我们完成了一个课题——"当代浙北乡村社会文化变迁"。然后到 1995 年，当时我觉得应该把农村研究推到中部去，所以就搞了黄河边的调查。2000 年，我的《黄河边的中国》一书出版。在这本书里面，我提出了如何来考察中国当代的事物，即"从内向外看，由下往上看"。这个研究方法是有针对性的。提出"从内向外看"是因为：改革开放以来，西学东渐的步伐以前所未有的速度在向前迈进，西方的学说、概念、理论大规模进入中国的学术界，大家借用这些理论、概念和价值来考察中国的事物。当时对这样的一个思潮，我讲了两句话:第一,大有必要;第二,它也内含着先天的不足。所以,必须辅助从中国的经验出发来看待中国自身的事物。而"从下往上看"是针对政府主导的自上而下的一系列政策。我们认为,这个过程中会出现各种各样的问题,所以要看到农村社会实际变动的情况。

有了上述两个经验,我十几年前看到沟口雄三提出"以中国为中心"或者"以中国为立场"来看待中国自身事物的时候,当然就接受了这个口号。我以为这个提法还很新,但前不久,我重读了毛泽东的著作,结果我发现这个问题其实在 20 世纪 30 年代末、40 年代初毛泽东就已经解决了。改革开放以后,对"文革",我们是全盘否定,这常常造成对毛泽东的全盘否定。但对于一个近代史上的思想巨人,如果仅仅因为他政治上的某些错误就对他整个否定,我们是要犯错误的。我读了他 1940 年到 1942 年"延安整风"运动前期的著作,结果吃惊地发现他早就提出了"以中国为中心"的口号。在"如何研究中共党史"一文中,他讲道:我们研究中国就要以中国为中心,要坐在中国身上研究世界的东西,我们有些同志有些个毛病就是一切以外国为中心,做留声机,机械地生吞活剥地把外国的东西搬到中国来,不研究中国的特点。不研究中国的特点而搬外国的东西就不能解决中国的问题。所以他当时就提出以中国为中心来研究中国的事物,反对王明的教条主义,因为王明是照搬马列主义,用马列主义的本本来套裁中国的经验。王明是要中国完全按照马列原来的本本去做,后来毛泽东把这样的一套做法叫做教条主义,叫做生吞活剥的理解马克思主义。

　　当然毛泽东自己也讲过"十月革命一声炮响,给我们送来了马克思主义"。如果把这句话加以扩大,中国自近代以来,我们这个民族被迫必须向西方学习,也应该向西方学习。所以我在这里想强调的是:我对这一个判断是加以限定的,我不希望大家以为我在提出"以中国为中心"来反对向西方学习。我是反对"以西方为中心"。所谓"十月革命一声炮响,给我们送来了马克思主义"是从宽泛的意义上来讲的。中国全面地向西方学习的过程是十分必要的,但是也带来了一个严重的弊端:西方的概念、理论甚至西方的历史进入中国以后,就要求在中国占据认识论上的制高点,甚至是价值论的制高点,要按照西方的理论、概念来改造中国,把中国的整个历史和经验当成一个有待改造的资料,使中国自身的经验丧失了申诉的权利。所以,我们一方面要向西方学习,另一方面也要考虑如何避免西方概念或者西方的价值观念对中国经验采取霸权者的态度。毛泽东提出要把马克思主义和中国革命实践相结合,如何结合呢? 毛泽东讲,"没有调查就没有发言权"。他把调查研究作为研究中国的原则提出来。这里我讲的第一个方法就是"以中国为中心",它意味着以中国为立场,意味着对于中国自身的历史经验,包括近代以来的经验,尤其是改革开放的经验,必须要加以重新梳理,不能用西方的理论加以套裁——这是关于"以中国为中心"的主要含义,它隐含着反对"以西方为中心"来考察中国自身的事物。

　　当然,我前面讲了我并不否认要向西方学习,我们民族有这样的宽容和谦虚心态向西方学习。我们曾经向印度学习佛教,这至少花了三四百年的时间。我们向西方学习,如果从利玛窦开始至今也不过三百多年的时间,如果从鸦片战争开始也不过只有一百多年的时间,如果从甲午中日战争开始也只有百来年的时间。这个学习运动到现在还没有完。但是我重点想讲的是,在这个学习运动中,只能把西方的理论、概念当做考察中国事务的一种参考,而不能把西方的理论、概念看做是一种普遍化的东西。如果把西方的概念看成是一种普遍化的东西并用来套裁中国的经验,那么我们就要犯错误。

我这里举几个例子。第一个例子是 20 世纪 20 年代末、30年代初关于中国社会性质的讨论。中国社会是什么性质? 近代以来是什么性质? 当时我们非常可怜,只有几个西方的概念,第一个概念是中国社会尤其是秦汉以后是"封建社会"或者叫"封建专制社会"。但是秦汉以后,尤其宋以后,我们的土地是可以自由买卖的,劳动力的流动也是自由的,封建等级制早就消除了。这能叫封建社会吗? 有人也说不像,那么叫什么社会呢? 因为宋以后的商品经济高度发达,所以有人讲,中国社会在秦汉以后已经变成资本主义社会。但又不像,因为资本主义怎么会搞了两千年而没有向西方那样发展到工业文明呢? 所以又找了一个词叫做"前资本主义社会"。那什么叫"前资本主义社会"呢? 因为没有准确的定义,后来说也不对。又在马克思的著作里面找了一个词,叫"亚细亚社会",于是兴起了关于中国社会"亚细亚"的讨论。"亚细亚"是否存在? 在印度是不是存在? 在中国是不是存在? 其实本来就是可以讨论的。中国不符合马克思讲的"亚细亚"的条件,比如土地公有制以及底层的村社制在中国都不存在,甚至于到今天,中国的传统社会,尤其是秦汉以后到底是什么社会依然处于无名状态。

我再举一个例子。改革开放以后,我们从计划经济向市场经济转轨。有人认为市场经济能够运行的一个先决条件是产权界定,他们认为改革开放三十年中出现了许多问题,尤其是农村出现了许多问题,大量的土地被地方政府圈占,很多农民失去土地。但如果产权清晰,这些问题就能迎刃而解。一直到十七届三中全会前,还有许多人鼓吹要把土地私有化、要把林地私有化、要把耕地私有化、要把宅基地私有化。据说,如果作为重要的生产资料的土地不能私有化,那么市场经济就不完备。

认为市场经济中出现了许许多多的问题都和土地的产权不清有关系,我认为这种观点也是食洋不化。第一,改革开放之初,尤其是1982年开始实行的土地家庭承包责任制是按照人口来均分土地的,这一制度尽管不符合经济效益最大化原则,但却是农民唯一能够接受的公平原则。所以改革开放的起点、真正的起点是农村制度的变动,尤其是土地制度的变动。这种土地制度不是按照市场的原则优化配置土地资源,也不允许土地私有化,而是按照人均来加以分配。当时从社会学和政治学的观点来说只能做这样的制度安排。土地直到目前还承担着农民的社会保障职能,所以我们在统计失业人口的时候,只统计有城市户籍的人口而不统计广大的农民工。我们在理论上和法律上是不承认农民工处于失业状态的,为什么呢?因为给了农民一亩三分地。土地不能私有化、宅基地不能私有化,是因为考虑到庞大的农民工这个群体。根据中国第五次农村普查,出乡打工的农民工有 1.3 亿,其中出省打工的 5600 万,在省内打工的估计有三四千万。如此庞大的农民工群体他们目前只能游走在城乡之间,能够介入工业化但却无法完成城市化。与其说这是一个制度性的安排,还不如说在中国当前的发展阶段只能采取这样的制度。如果土地私有,谁会失去土地呢? 承包制的小农,它能够稳定自己的土地吗? 一个大的天灾、一个大的市场波动、一次较大规模的负债就可能使农民失去土地。这种情况在历史上不断发生。譬如雍正年间,河南发生旱灾,因为旱灾,所以土地买卖的价格非常便宜,农民为了明天的粮米不得不出卖土地。结果大量的土地转移到当时有钱的晋商手里。这个消息被当时的中央政府、被皇上知道了,他采取什么办法呢? 他要求晋商把从河南低价购买的土地按原价卖给皇上,然后皇上买下来后又重新分配给农民,原来有几亩地现在还是有几亩地。如果不采取这个政策,大量的流民就会产生,整个社会就不得安宁。中国社会最大的问题是如果形成一个庞大的流民群体就会引起整个社会的不安宁。古代封建帝王都知道,为什么我们反而不懂得这个基本的道理呢?

　　这里的工业化和城市化都是指农村的人口向工业与城市流动而言。这个流动有可能是同步的,有可能是不同步的,也可能是超前的。像印度这样的国家,它的城市化率就高于工业化率,这使得城市近郊产生大量的贫民窟,贫民窟里住的是已经移居到城市的农民,大多处于无业状态。中国改革开放三十年之所以比较稳定,我觉得一个很重要的因素就是中国的城市

化率其实是低于工业化率。我们的统计有两个口径:一个口径
是依据农业人口和非农业人口。按照这个口径,非农业人口是
32%,农业人口占68%。而按照城市化率的口径来统计,所谓
城市化率就是把进城半年以上的农民工、进城读书的农民子弟
以及参军的军人都纳入城市化率,这样的城市化率就达到
44%,如果把城市化率减去这个非农的城市户籍人口,正好相
差12个百分点。这12个百分点就是1.45个亿,差不多就是进
城打工的农民工。农民进城打工,他们的就业是不稳定的,是
低薪的,而且也缺乏社会保障,现在政府也没有给广大的农民
工解决住房问题以及失业保障问题。

　　近期全球的金融危机已经影响了中国的实体经济,今后的
中国社会稳定与否很大程度上要看农民工的失业达到多少,而
且失业的人群往哪里流动,这是一个严峻的问题。所以根据中
国自身的经验看,中国有自己特色的工业化和城市化进程。中
国城市化相对滞后于工业化,这并不是一个缺陷,也不是中国
的耻辱,而是有利于稳定中国社会的,我认为是一个比较好的
制度安排。当然你非要从人权的角度说是不是剥夺了农民的
很多权利,那我也无话可说。但是我们必须要考虑中国目前社
会的成长阶段和城市的财政承担能力。

　　又譬如说,根据西方的一般经验说市场化必然会导向民主
化,所以现在有人认为出现了那么多的问题都是由于政治体制
改革滞后所导致的。总的判断来讲,我对此也不会提出过多的
异议,确实存在政治体制改革滞后的现象。但是如果把民主化
理解为单一的全民选举制度,那么在中国当下要实行13亿人

民主投票选举最高领导人的制度这会给中国的经济和社会稳定造成什么样的后果？这个我觉得是值得深思的。中国要民主化、法治化，但必须要考虑到中国自身的特点。

这是我讲的第一个问题，就是研究中国需要尊重中国自身的经验，尊重中国自身的历史。西方的经验可以参考，西方的理论可用，但只是作为一个参考。以中国为中心就意味着中国自身的经验有权利修正西方的理论。我把这个过程叫做西方理论的中国化过程，也是毛泽东讲的马克思主义的中国化过程。这个过程并没有完成，还有待于诸位的努力。

二

下面讲第二个问题。我这些年来进行了一些调查，在全国各地走，我有一个体会：是不是能够进行分类，在不同类型里面分别找到不同的个案来进行调查，然后我们在此基础上得出一般性的结论。1938年，费孝通从英国回来以后，他到云南调查，按照经济增长的不同、按照商品化和工业化的不同选了三个村子进行调研，然后试图得出关于农村、农业发展的一般结论。当然这个方法还是有些问题。所以在我自己的实证调查当中，对于如何从具体的研究中引申出一般性的结论也很困惑。然后我看了毛泽东在40年代初的一些文章，好像他也回答了这些问题。他如何回答呢？他提出了"古今中外法"。所以我讲的第二个方法是"古今中外法"。什么叫"古今"呢？就是把研究的对象放到历史背景里面加以理解。我不知道在自然科学研究中时间的因素有多么重要，但是在社会科学领域中，时间的因素非常关键。因为历史的时间并不等同于物理的时间。从历史的角度来讲，时间变量就特别重要。因为事物在时间中发展、在时间中变化。我们直接观察到的事物必须把它放到它的历史脉络中加以理解；否则，就不可能有真正的理解。

　　这里也举几个我在调查研究当中看到的例子。有一次我到开封包公祠参观，发现有一个碑，上面记载了包公前后150年里开封行政长官的名单以及任职的时间。我一算，平均任职的时间大概是十个月，包公在开封任职的时间也就是一年多一点儿，也就是说任期是非常之短。我知道宋以后不仅采取了三年一任的短任制（但实际上官员都没有满任就转任了），而且还采取了回避制——以家乡为中心500华里之内是不能做官的，以防止官员和地方豪杰勾结，防止地方权力做大，这是为强化中央权力的一个举措。因为唐中期以后到五代一直是地方权力过大，地方形成割据，中央权力衰微，所以到宋代就采取了短任制和回避制。

　　考察建国以后，我们调查了十几个县，我只调查县的一二把手。县级的任期三年，但实际任期满三年的甚少，平均算下来是1.7年，也强调回避制。1994年县级的任期从三年延长到四年。十七大规定，县这一级，包括乡这一级的任期延长到五年，并且同意连任两届，这样就可以做十年。但实际情况是，有的地方五年未到就已经转任了。这就是说，现在的某些制度放在历史长河里来看，有时历史的因素在当代并未消失，这个制度仍在运行,不管这个制度以什么样的名义、用什么样的名称。

另外关于土地制度,现在我们实行的仍是 1982 年的土地家庭承包责任制。这个制度起源于土地的集体所有和集体耕作制度,也就是人民公社制度。在这之前是土改,把地主和富农的土地均分给无地与少地的农民。在这之前是土地私有制。宋以后因为土地私有化以及土地流转的加快产生了一系列的经济和社会问题。士大夫们对此有大量的议论,一种议论就是要限制土地兼并;一种议论就是要恢复古代的井田制。我们过去读这些士人的议论总觉得他们食古不化,现在看来,正是宋以后的土地私有发展、土地流转加快以后产生了许多问题,这些问题和我们现在土地承包以及劳动力流转加快产生的问题有类似之处。古代士大夫推崇的井田制、公有制,其核心是要使农村的劳动力和土地有一个比较稳定的结合,这是社会稳定的基石。我们新近出台的《物权法》还规定农民的土地和宅基地不允许抵押。城市的房子是有抵押权的,为什么要剥夺农民的土地和宅基地的抵押权呢? 一个简单的理由是因为抵押是通向土地私有化的一个途径。农民失去了土地就像城里人失去了工作,但又得不到城市的社会保障,尤其是失业保障,那么他们就变成既失业又失地、失房的“三失”农民,他们将构成中国很大的一个群体。我们如何来安顿这个群体? 有人从农民的人权出发,站在道德的制高点上说土地的私有权是农民的人权。这个说起来也没有错,因为我无法反对这样义正词严的结论。但是要考虑到当代中国的现实,我们目前做这样的安排从历史来看确实也有充分的理由,除非中国的经济发展到一个完全新的阶段,中国的经济总量以及财政总量高到能为所有的农民提供保障,尤其是失业保障和养老保障都能够解决了。在那个时候土地能否私有化是另外一个问题,因为那个时候土地已经不承担责任,不承担农民的养老和失业的责任。

这是我举的几个例子,当然例子很多,再如现在中国行政区的划分。不要小看中国行政区的划分。我们只要从历史上来看,县级行政区是极其稳定的,为什么特别稳定? 为什么县级行政区在中国改革开放三十年当中对中国经济的发展起着极其重要的作用? 为什么城乡一体化的建设或者新农村建设必须以县为中心、为主体? 我觉得这也要从历史上来追寻解释。把制度经济学引进中国的张五常先生,平心而论,他最近说的很多话我听得很不舒服。但这次在美国的会议和在国内的会议上,他又有一通讲话。他说他仿佛研究出了中国三十年经济增长的原因在哪里。过去我们找了中国改革开放这样那样的缺点,腐败啦、犯罪啦、道德沦丧啦、城乡差异啦、环境污染啦,等等,他说从这些问题中可以得出一个结论:中国的经济应该崩溃才是。但事实上却没有崩溃。这个事实已经摆出来。这次金融危机以后,今后这一两年该怎么应对,当然还是一个问题。但这三十年作为一个历史时段、作为一个事实确实已经摆出来。他说现在我们要研究为什么增长,我们要找出理由来。他找来找去找到的就是中国三十年来县级之间的竞争,尤其是经济增长的竞争是中国充满活力的一个重要的因素。我觉得这个判断是有一定道理的。

这是我讲的"古今"。毛泽东叫"古今法",就是要把当代中国的很多经验放到中国的历史经验里面加以考察。当然,现实中存在着的历史因素往往在启蒙运动看来是封建的、落后的、愚昧的,要加以批判。我觉得传统中确实有愚昧的、落后的东西,包括官与民的关系当中确实有一些不尽人意的地方,权力的过度集中和腐败确实是大问题,但是,认为传统就意味着落后、愚昧,这是不能被接受的。传统自"五四"以来一直受到批判,但是它在暗中护佑着我们的民族。它使得我们的商品经济、改革开放还能够相对比较稳定,持续增长的同时还能保持社会稳定。这对有 13 亿人口的大国来讲是极其不容易的。

毛泽东还讲过"中外法"——这个"中外"不仅仅指的是中国和外国的比较,他的"中外法"还指要把你调查的全部经验、局部社区放到一个更大的整体中来加以理解。研究某个村或者乡镇,必须把这个村放在乡镇、把乡镇放到县甚至更大的范围来考察,当然最好能放到全国这样一个整体来考察。就是说你要考察的对象以及与这个对象相关的外部因素都要加以研究。

我这里也举个例子讲。这次我有几个研究生到湖北去考察。在某个乡镇,其中一个学生发现土地的流转已经发生了,包括房子的买卖已经发生了。300 多户中有将近 20 户的产权已经变了。那么对于这样一个事实,我们能够得出什么判断呢?我就告诉他,这是一个乡镇里的特殊情况,还是周边很多乡镇或者周边许多县都发生了呢?你必须要调查。如果在一个很大的区域内都发生,而其他的区域没有发生,那么就要进行比较为什么这个区域发生,否则你得不出结论。但因为时间的关系他就调查了一个乡镇,没有向外扩展,所以他提供的是一个个案,我无法从这里得出结论。而接着,我还要他下去调查谁来买这个地、买这个房,他说大部分是其他山区里的农民。那么那些山区农民的房子和宅基地又发生了什么变化呢? 是不是也买卖了呢? 那些卖掉土地和房子的人到哪里去了呢? 到城里去的获得了什么职业和住房呢? 我说这些相互关联着的事实必须加以追问。

如果我们从这些个案里面要得出一般的结论,就必须把个案放到更大的区间里面去加以比较研究,然后谨慎地得出结论。当然也可能作出某种假设,这个假设是从土地集体所有制变成土地家庭承包制,土地家庭承包制是不是从土地集体所有制到土地私有制过渡的中间环节呢? 如果是,对这个趋势我们通过法律的形式能不能加以阻挡呢? 如果不能阻挡,那么我们怎么来应对这个事实呢? 如果农民失地进城,进城又失业,那么是不是给那些农民城市户籍并给他们相应的城市保障呢? 如果给他们城市保障,甚至为他们解决住房问题,哪怕是只提供廉租房,那么是不是会引诱大量的农民进入城市呢? 这些都值得研究。这是我理解的毛泽东讲的"中外法",就是必须把局部放到一个更大的整体里面加以研究。

另外,还要把现实经验放到历史的流程里面去加以理解。经济学,也包括社会学,如果对历史缺乏认识、缺乏知识,尤其对中国自身的历史缺乏认识,那么这样它就只有一个面相,它就只有一个共时性的研究,而没有历时性的研究。所以,必须把共时性的研究和历时性的研究结合起来。对中国这样一个有历史感的民族来说,这一点特别重要。

除了历史的维度、整体的维度,还要加上一个维度,那就是理论的维度。社会科学的理论,近代以来全部来源于西方。没有这样的理论,我们就无法观察中国自身的事物,而有这个理论我们又常常误读中国的经验,这就是我们近代的悖论。有人说我不要这个理论,我从直接的经验上升到理论,从感性的知识上升到理性的知识。事实上不是这样的,从直接的感知上升到理论的可能性事实上是不存在的。整个研究的过程是实践和理论来回往复的过程。中国被西方打入近代,所以我们只能从西方引进科学技术,也引进社会科学知识。我们必须借用西方的理论来观察中国当代的社会事物和历史,这是不可避免的。

但是,我前面谈过,当我们用西方的理论观照中国经验的时候,要让中国的经验有一个申诉的权利。用我的话来讲就是,西方的理论和概念必须按照中国的语境加以语义学上的改造。通俗来讲就是中国化。如果这个过程不完成,输入的西方理论直接套裁中国的经验是要误读中国的。另外,如果把西方理论后面隐藏着的价值观念作为一个普世的观念予以接受,我们也会犯错误。价值观念从来不是普世的。价值观念的来源从来不是西方的,价值观念的来源只能是本民族内在的需求和当下实践的需求,价值来源于内部而不来源于外部。如果西方人权、自由、平等、民主是普世的,那么这个普世对西方中世纪是不是普世呢? 另外,这些概念在西方产生以后是不是也有一个内涵的演变过程呢? 如果有演变过程也就不是普世的。价值只能来源于民族的需求,来源于民族的实践要求。我们民族的实践要求,在近代是要实现富民强国,结束挨打、挨饿的历史。为了解决这些问题,我们可以输入西方价值的东西。法国大革命是以自由平等为口号来反对封建等级、封建专制的。但是孙中山就觉得纳闷,他说中国这一个社会,西方说我们是封建专制,专制应该是把老百姓管得死死的才是,但现实情况是,中国是一盘散沙,而之所以是一盘散沙是因为中国农民自由度太高了。他讲西方的革命是为了自由而革命,而中国的革命是要革自由的命。他说中国恰恰是乱在一盘散沙上,中国最大的需要是把农民组织起来,把中国人民组织起来。他说沙砾如何组织呢? 要加些水泥、水,这样就变成了水泥块儿,这样变成坚如一块才可以和西方斗争、和帝国主义斗争,我们才可能摆脱被殖民统治的命运。这差不多是孙中山的原话,但是孙中山的问题是:他没有找到一个把中国农民组织起来的办法。共产党找到了,通过土改把失地、无地的农民组织起来形成强大的力量。当然 1949 年以后就更厉害了,把所有城市居民都组织在单位里面,把所有的农民都组织在公社里面。我讲这个事情是在讲孙中山确实是西方化的,他对西方理论相当熟悉,他发现这些理论、概念进入中国以后就发生了惊人的变故,所以这些概念必须要按照中国的经验来加以重新解释。

　　所以,我讲我们的研究要有三个维度:历史的维度、整体的维度和理论的维度。理论的维度是对源于西方理论要按照中国的语境、中国的经验进行有效的修正,使它能切合和切中中国经验。我认为这是中国社会科学的一个重大任务。

三

最后，我想讲一讲社会事实和社会心态。我们研究中国社会，强调问卷调查或是田野调查，我们比较注重的是看到的经验事实或者统计上的一些数据，比如说城乡差异有多大、区域差距有多大，农村里面的人均收入的变化如何，等等。这些都是通过客观的研究，可以把这些事实收集上来，供分析之用。但是，我们必须把社会心态作为一个重要的社会事实，我们不能完全用实证主义的方法把人看成物。人就是人，人有主观性。推动人们行为的不只是客观的数据或客观的事实，说基尼系数到了什么程度，然后社会就乱，事实却可能是这两者之间关联度并不高。

人们对这些事实的主观判断特别重要。但人们的主观判断与经验事实之间是有联系的，比如说"瓮安事件"，这是一个多年积累的问题，地方政府要圈地，要招商引资，要搞工业，要增加 GDP，要增加财政收入，当然官员在这个过程中不会忘记要往自己兜里多拿一点儿，就是有腐败。官员看到了经济增长，也看到了老百姓由于工业发展，就业比过去好了，老百姓的钱确实比过去多了，房子也盖得比过去好了，他就以为天下太平了；他以为只要把 GDP 搞上去，把老百姓的收入搞上去，其他的问题就都解决了。这也是我们三十年来的一个很重要的主流想法。但是，老百姓收入增加和老百姓对自己生存处境的

判断是两码事儿：他对官员行为的判断、对矿主们的判断，这些
心理因素在一次大的突发事件中暴露出来了，这种心理积压成
为群体的心理，是导致爆发群体性事件的主要原因。人们对贫
富高度分化不满意，上层确实太富了，底层民众比过去是富一
点儿，但同时他们对暴富者炫耀性地使用财富、张扬财富十分
怨恨。这种怨恨平时弥漫着，一个事件群聚起来，就可以把整
个县政府砸得稀巴烂，使整个公、检、法瘫痪。所以，在研究社
会的过程当中，一定要注意社会心态——人们对自己的生存处
境、对周边的环境、对财富、对权力的主观判断，这个主观判断
是一个客观事实。这种主观判断是形成群体性事件的一个主
要原因，所以单把社会事实看成是可以量化的、可以观察的，这
是不够的。

　　那么如何去获知研究对象的心态呢？这确实是一个复杂
的问题。这就涉及晚近德国的一个学派，叫文化社会学派或历
史社会学派。他们提出一套与实证主义不同的研究方法，他们
说人不是物，人具有主观性，人赋予自己行为的动机、意义，在
社会学研究领域具有突出的地位。你不是研究人们怎么行为，
而是人们为什么这么行为，他赋予自己的行为一个什么意义。
这个主观意义怎么能作为研究的对象呢？如何来研究呢？他
们有一整套说法，非常复杂。时间关系，这里我不多说了。但
是中国的古话里面把这个东西已经说透了。第一个成语叫推
己及人，中国人讲推己及人，要将心比心，要设身处地，实际上
这也是人与人之间能够沟通的先决条件。但是，要推己及人而
不推错（完全有可能推错），所以又有一个成语叫"以小人之心

度君子之腹"——推错了。这里有没有一个能够使得人们之间的内在性直接沟通的办法呢？我觉得这里不存在一个方法，因为只有这两个人的经验、处境相同才能产生"同情"。如果两个人的处境或情境、语境完全一样，那两个人的交流也就是多余的了，这叫"此时无声胜有声"，就是心心相印，不要用语言了，这是交流的最高境界，一般人是做不到的。所以理解当中充满着误解，因为有误解，所以人类个体之间充满着冲突，沟通成为一个复杂事件。

我这里能讲的就是：作为一个研究者，我们应该增加自己的履历，要和各个阶层的人交朋友、相接触，开阔自己的心胸，增加自己的知识。这也是能够进入现场、能够得到不同的人信任的一个前提条件。如果你要入村调查的话，你要对农村有一个预先性的知识。如果连小麦和草都分不清楚，那肯定会被人笑话，人家是不愿意接待你的。你要知道一亩地大概多大、小麦的产量大概多少、一年几熟、需要投入是什么东西、产出怎么样、价格怎么样，估算这个农户或这一带的农户的一般收入多少。考察农户、村、乡镇，一个很重要的方面就是考察他收入的多寡、来源以及支出——支出的多寡以及支出的方面。如果没有预备性的知识，你是调查不出什么名堂来的。

社会事实在我这里既是可以被外部观察到的那些事实，也包括我们眼睛一下子看不到的而在人们内心存在着的那些主观性、主体性、态度和动机。社会心态或社会态度的调查要列为社会研究的一个重要方面。据费孝通的学生说，费孝通晚年一直自我检讨，他说他那么多年的研究主要关注的是社会生态,而没有去重点关注社会心态。这个问题,我在中原调查的时候就意识到了——当然我这里不是说我比费先生有先见之明,但我确实是把社会心态放在很重要的位置。费孝通的学生传达的费孝通晚年的话更加深了我的这个判断。其他还有一些具体的调查方法,我这里就不讲了。

时间关系,我就到此结束。谢谢大家!

中国现代思想史上的政治正当性[*]

许纪霖

主讲人简介

　　许纪霖,1982 年毕业于华东师范大学政治系,获法学学士学位并留校任教;1985 年在该系在职攻读中国近现代政治思想史硕士研究生,1988 年获得法学硕士学位。现为华东师范大学紫江特聘教授、华东师范大学思勉人文高等研究院常

　　* 本文稿由复旦大学国际关系与公共事务学院 2008 级博士生王升平根据现场录音整理而成,未经作者本人审阅,但复旦大学社会科学高等研究院研究人员孙国东博士根据许纪霖教授的同名长篇论文审校了全文。

务副院长、复旦大学社会科学高等研究院双聘教授,兼任上
海历史学会副会长兼秘书长、中国史学会理事、上海哲学社
会科学联合会委员、香港中文大学《二十一世纪》杂志编委。
主要研究领域为:20 世纪中国思想史和知识分子研究。主要
论著有《无穷的困惑》、《智者的尊严》、《中国现代化史》(主
编)、《寻求意义》、《许纪霖自选集》、《另一种启蒙》、《中国知
识分子十论》、《启蒙的自我瓦解》(合著)、《近代中国知识分
子的公共交往》(合著)等;另有学术论文近百篇,分别发表于
《二十一世纪》、《历史研究》、《近代史研究》、《国外社会科
学》、《学术月刊》等学术刊物上,有 6 篇论文被译为英文、法
文、日文和荷兰文,在美国、英国、澳大利亚、法国、日本和荷
兰等国的外文学术书刊上发表。

　　时　间:2008 年 12 月 23 日 18：30
　　地　点:复旦大学光华楼东辅楼 103 报告厅
　　主持人:邓正来(复旦大学特聘教授、社会科学高等研究院院长、
　　　　　当代中国研究中心主任)
　　评论人:章　清(复旦大学历史系主任、教授)
　　　　　陈明明(复旦大学国际关系与公共事务学院教授)

　　谢谢老邓,谢谢各位复旦的同仁和同学们!我很荣幸能够
到复旦大学社会科学高等研究院做这样一个演讲。当然我更
开心的是得到了双聘教授的聘书。我记得三十年前,那是"文

革"结束后第一届高考,当时我的第一志愿填的就是复旦大学,可惜没考上。那么,没有做成复旦的学生,三十年后做了复旦的教授,看来还是和复旦有某种缘分(笑)。我自己也是复旦的女婿——我太太是复旦的。这当然是题外话。

今天在这里首先要表达的是对邓老师挂帅的复旦大学社会科学高研院的一份迟到的祝贺,因为在这个月初,高研院正式挂牌成立,宾客盈门,但是遍插茱萸少一人,老邓的兄弟里面可能就我一个人因为在日本开会没有来喝这个喜酒。所以我想,今天再忙,也一定要赶在2008年结束之前来向老邓亲自表示我的祝贺。当然,以这样一种报告的方式来表达我的祝贺,也许是一个比较恰当的方式。

我是研究中国知识分子和思想史的,所以今天报告的题目大家可以看到是关于中国现代思想史上政治的正当性。为什么要做这样一个题目呢?我们都知道,著名中国思想史的权威学者张浩教授讲,晚清以来中国发生了重大的危机,这种危机可以分两种:一种是社会政治的危机,另一种是心灵秩序的危机。危机怎么会发生的?简单地说,是秩序背后的正当性发生了问题。也就是说,两种秩序背后都要有正当性。今天我谈的主要是社会政治秩序的正当性何以发生危机。晚清到民国差不多一个半世纪,中国的思想家如何试图克服这个危机,最后又如何陷入新的危机。这是我今天要报告的主题。

首先,同学们可能会想,什么是政治正当性?简单地说,政治正当性是一个国家的立国之本和国家最高的统治原则,也是一个政治共同体和政治权威所赖以建立的认同的基础。也就是说,政治不能仅仅建立在暴力的基础上、强迫的基础上,它要使得不仅是统治者乃至被统治者都要认同一些基本的信念和规范,而这些为统治者和被统治者共同接受的东西就构成了政治正当性的基础。这个问题我们现在正在做研究,我所在的教育部人文社会科学重点研究基地——中国思想文化研究所,有一个重大项目研究的就是中西思想史中的政治正当性。我是这个课题的负责人,同时承担的是近代中国这块的研究。今天报告的是我对这个问题研究的论纲——虽然是论纲,但也已经成文了,有将近五万字。今天,在一个小时的时间里,我是很难把五万字报告完的,我只能把一个大要讲一下,然后抽出其中一个比较重要的问题来讲。

　　首先我们来讨论一下,政治正当性的问题可以说是一个现代性的问题。为什么这样说呢? 在现代之前,政治何为正当这个问题本来不成为一个大的问题。因为,传统社会的政治正当性是不证自明的。来自什么地方呢? 来自超越的世界。在西方,中世纪来自于上帝,神的意志就是现实秩序正当性的最主要来源;而在古希腊,就是来自列奥·斯特劳斯所说的“自然正当”。中国虽然没有上帝,但是中国有自身的超越的世界,这就是我们所熟悉的“天”——天命、天道、天理,它们构成了传统中国政治正当性的源泉。所以,这个在传统秩序中不成问题的问题在现代性发生之后、在超越的世界崩溃之后就突显出来了,成为现代性的核心问题。这也是这些年中外政治哲学和思想史界关心的一个热点问题。

　　政治秩序的正当性按照其来源不同可以分为三种模式:第

一种正当性来源于政治秩序的规范性,即一个政治共同体所赖以存在的核心价值和政治秩序的基本规范是否为统治者与被统治者所共同认可;第二种正当性来自于政治权力的认可性,即公共权力是否被最高的主权者或政治主体授权,赋予以他们的名义实行公共统治的权力;第三种正当性来自于权力的效益性,即统治者是否有能力实现被统治者所期待的政治效绩,比如国家富强、民生改善、秩序稳定,等等。所以,我们说政治正当性从其来源来说有三种。这三种来源虽然都可以构成正当性,但它们之间不是不可以比较的,它们在质量上是有区别的。简单来说,第一种,规范的正当性是最高的,是属于最稳定的。也就是说,如果老百姓都认同整个政治共同体的基本核心,那么哪怕是国家遭到诸如金融危机、生活水准下降这样的冲击,一般来说也不会产生大的震荡。其次是权力的来源,这是次稳定的,即认可的正当性是其次。最不稳定的是第三种,就是看效益、看统治的政绩如何,这是最不稳定的。政绩好了,老百姓认同;政绩一不好,马上发生动乱,这是最不稳定的正当性来源。

　　从中国传统来看,对政治程序的正当性论述比较多的主要是儒家和法家。这两家很有意思的:儒家比较注重的是统治的规范性,比较多的从统治者的主观意愿来衡量统治是否合法合理,是否施仁政,是否符合天道;法家则更着重统治的实际效益,也就是我说的第三种,就是是否可以实现富国强兵。我这里想说的是,无论是儒家和法家,都很少讨论第二种,即公共权力的认可性,也就是谁授权的问题。这个问题不是不讨论,而是说这不是他们论述的核心。这就是中国传统秩序对中国政治正当性的论述。这里当然很复杂,但我现在没有时间讲,只能简单提一下。

　　重点要放在晚清以后。晚清以后出现了一个大的变局,就是李鸿章经常说的,三千年未有之变局。为什么三千年未有?我们知道,中国两千多年的历史,改朝换代非常频繁,之所以三千年未有,不仅是王朝更替了,最关键的是整个秩序背后的政治正当性基础发生了动摇。过去讲"天不变,道亦不变",但是晚清以后变天了,不仅变天了,天已经没有了。天命、天道、天理被一些新的东西替代了。这就是我待会儿要讲的公理,就是汪晖教授在他四卷本的《现代中国思想的兴起》里讲到的公理。也就是说,晚清以后,在政治正当性这个问题上,中国的整个大格局发生了变化。简单地说,这个变化体现在五个方面。

　　第一个方面是对政治的理解发生了变化。在儒家古典思想中,政治仅仅是道德的延伸,内圣外王,政治背后的正当性标准不是政治本身,而是德性。但是到了晚清以后,现代所发生的一个变化是(西方也一样):政治与道德发生了分离,政治具有了自主性。这个自主性意味着什么?首先就意味着:政治不需要再向上帝、天命、天道这些超越性的源头负责,政治成了世俗性的事业。于是,政治的正当性就成了一个严重的问题。上帝已经死了,天已经死了,人成为这个世界的主体,那么,人何以来自我立法?何以来确定这个世俗世界的政治秩序的正当性呢?这是一个大问题,也是现代政治的一个核心问题。可以说,今天政治乱象叠生,其中有一个问题从理论上来说今天一直没有得到合理的解决。

　　第二个变化是超越的正当性变为世俗的正当性,这和前一问题是有联系的。我前面讲过,传统中国整个政治秩序背后的正当性来源是来自超越的天命、天道和天理,特别是宋以后,宋明理学所奠定的天理的世界观成为了政治正当性的源头。但是到晚清以后,天理的正当性发生了颠覆。也就是说,政治是否正当,不是再从这些超越的世界里面去寻找它的源头,而是转向了人自身的历史。人自身的历史怎么来看? 我们知道,晚清出现了新的历史观,就是进化的历史观、文明的历史观,这些历史观我们也可以把它理解为新的政治正当性的源头。现实秩序的政治性不必再去寻求超越的天命、天道、天理了,而要从人自身的历史、从天理的演化来看正当性何在。所以,我们可以看到,世界观发生了变化,而按照晚清的康有为、梁启超、严复的论述,进化论背后有一个核心的世界观。这就是汪晖教授反复认证的,叫"公理的世界观"。这个世界不在于天理,而是以公理作为整个世界的核心价值和标准。我们要注意的是,世界观的变化是一个最重要的变化。传统中国的世界观以天理为中心,这就意味着整个世界是一个以宇宙为中心的有机的世界;但是,到了晚清以后,当转变为一个以公理为中心的进化的世界以后,这个世界就不是一个以宇宙为中心的有机世界,而变成一个以人为中心的、机械论的物理世界。所以,政治秩序究竟何为正当现在有了新的标准,就是是否符合这套公理,就是所谓历史演化的法则和目的——就是说历史演化自身是有目的的,要从人自身的历史来寻找正当性的源头。

　　第三个变化就是现在我们非常熟悉的个人自由和权利成为衡量政治是否正当的基本价值与尺度。我前面讲过,古代中国的政治正当性是建立在关系的基础上的,也就是说,他是一个德性的世界。天是有德的,所以整个政治秩序也具有道德性。过去,"德"是政治正当性的基本价值和尺度,但是差不多是从明朝阳明学出现以后发生了一些变化。这个变化就是说,个人自由这类观念开始出现,慢慢演化,特别到晚清以后,在西学的刺激下就演化为近代中国的自由和权利的观念。和个人同时出现的是民族国家观念。我这里只能提一下,没有时间展开讲。近代中国的个人是和国家同时出现的,就是梁启超所说的个人——他说的个人更多指的是国民(主要是受日本明治维新思想的影响),这个国民和国家思想的源头也是来自欧洲。国民和国家是一个硬币的两面,是一体的,所以中国的个人和民族国家在晚清是同时诞生的。那么,这里我们就会发现:政治秩序是否正当现在发生了一个变化,这个变化就是落实到个人、落实到国民,就是你是否可以为国民提供一个自由发展和个人权利的机会呢? 如何来保障个人权利的落实呢? 于是就产生了关于立宪这些重要的问题。

　　第四个变化就是到了近代以后,权力的来源成为政治是否正当的核心问题。我前面讲过,无论是儒家还是法家,权力的来源问题不是重点讨论的,但是到了晚清以后由于民权运动的突起,在天命、天道消解以后,使得权力的来源成为一个核心问题。政治正当性的核心问题不再是如何统治——中国古代政治思想比较多地考虑的是如何统治的问题,但是现代变成是统

治者的权力是否能得到人们的授权和同意。过去儒家讲民本
主义、以民为本,那是一个如何统治的问题,但到近代以后转变
为民主的正当性,叫做人民主权论。是否由人民掌权,这就成
为一个核心问题。过去,人民是被代表的客体,现在变成政治
的主体。这是一个很大的变化。但是这个问题也很复杂:你说
人民掌权,那么人民的意志究竟是什么? 由谁来代表? 这个问
题也有非常复杂的讨论。我在后面会就这个问题详细展开论
述。我想说的是:中国政治正当性有一个变化,就是从晚清所
说的公理转向后来"五四"时期流行的公意,即卢梭所说的
general will,最后再变到民意。这个变化我一会儿也会详细
讲。它其实是政治正当性背后的客观性越来越衰落,而主观
性、流变性越来越强——这后来就给儒家的民本政治提供了一
个重新翻牌的机会,因为只要有谁自称代表了民意,谁就获得
了政治正当性。

　　关于第五个变化,也是我想特别说的,国家富强成为国家
政治正当性的重要来源之一。国家富强、富国强兵是法家的主
要观点。但是我们知道,法家一直不是中国思想的主流,主流
是儒家。虽然在统治的方式上,传统政治通常是外儒内法,但
这仅是就统治的方法而言的。就统治的目标而言,儒家所倡导
的统治方式是建立在"义"的基础上,而不是建立在"利"——效
益——的基础上。在这一点上,法家一直是主流,儒家一直是
潜伏着的。当然,在某些历史时期,如王安石变法、张居正变
法,儒家会暂时成为国策的主流,但大部分时间都不是主流。
可是到了晚清发生了变化。晚清从经世致用开始,然后到洋务

运动。洋务运动讲什么？讲富国强兵。我们也可以把洋务运动看成是一个王朝自我拯救的最后一次努力，也就是重新巩固王朝统治的正当性。他们讲什么东西？不是讲过去那套比较虚的"义"，而是强调功利主义的东西，讲富国强兵。所以，从洋务运动开始发生了一个变化，就是越来越多的知识分子开始注重所谓经世致用和西方传过来的功利主义的标准。所以，过去儒家比较重视的是民生，但是洋务运动以后比民生更重视的是什么？是富国强兵。这也是当年清流派和洋务派争论的焦点问题：到底是以民生为中心，还是以富国为中心。但是我们可以看到，实际上是洋务派大胜。功利主义的潮流使得国家的富强成为中国政治正当性的一个非常重要的来源，所以只要一个统治能够带来独立和富强、带来稳定的统一秩序，通常都会得到一个短暂的拥护，得到某种政治统治的合法性。

　　所以，我们可以看到，实际上，近代以后，整个政治正当性有上述五个变化的趋势。这五个变化的趋势简单概括的话，我们可以说，新的政治正当性是以一种去道德化作为时代标志的，并且建立了世俗主义的目的论作为知识背景，由此形成了三个重要的正当性的轴心。哪三个轴心呢？一个是自由的正当性；第二个是民主的正当性；第三个是富强的正当性。很有趣的是，这三种正当性形成了近代中国思想史的三种非常重要的思潮，就是自由主义、民主主义和国家主义。这三种价值都是好东西啊！个人自由、政治民主、国家富强，这都是现代性的目标。问题在于：不同的主义在以何种目标优先这个问题上是有不同选择的——自由主义当然选择个人自由的优先性，国家主义强调国家富强,民主主义强调人民当家做主。在这个意义上讲,这些思潮之间的分歧是一个以什么目标为优先性的分歧。

我们知道从清末到民国有一个问题争论一直非常激烈,就是民权与国权这个问题。自由主义内部也发生了分化,最后的分化就是:到底是要民主还是要宪政。民主和宪政我待会儿要讲,这两个也是不同的价值取向,但它们在中国却形成了紧张。有时间的话我会认证说,到了20世纪40年代,最后的结局是民主压倒了自由,宪政屈从于威权,这和整个历史的发展是有一个内在关联的。从整个现代中国思想史来看,我们会发现,知识分子们更多地纠缠于民权和国权问题的争论,从晚清到民国一直没有停止过。换言之,他们纠缠的是一个什么问题呢?我前面讲过,就是纠缠于权力的来源或者说纠缠于权力的效益性来讨论政治正当性问题。但是政治正当性的一个更为核心的问题——国家的核心原则,统治规范——这个问题不是没有讨论,但相比较其他的却被忽视了。所以,这样一个关于政治正当性的最核心的问题就是:立国之本是什么? 整个国家大法是什么? 国家大法要建立在一个什么样的规范性的基础之上呢? 这些问题一直没有得到解决,就使得中国从辛亥革命到1949年长达半个世纪的时间里形成了政治动荡的局面。而种种乱局背后有一个原因就是国家一直缺乏一个稳定的、制度性的权威。为什么会缺乏权威,因为国家的立国之本没有解决。

我前面差不多花了半个小时的时间先把我整个思路简单交待了一下。当然,这里面问题非常复杂,我不可能全部展开。我想,在接下来有限的时间里,我只能着重谈两个大的问题。

什么问题呢？一是"五四"以后，政治正当性的基础发生了变化，它是如何从公理到公意再转到民意的；二是再谈一下关于民主如何压倒宪政这个问题。

从晚清到"五四"之前，关于政治正当性的问题一直围绕着民权与国权、国家富强与人民主权而展开，一些基本的东西都发生了变化。为什么会有"五四"？明年就是"五四"九十周年了，最近陆续收到一些会议通知，都是要开关于"五四"的会议，中国社科院的、北大的、韩国的，等等。明年是 2009 年，晚近以来的中国历史似乎是逢九必有大事，所以"五四"是一个新的讨论热点。"五四"是年年谈，能不能谈点新的呢？我自己也在思考这个问题。这里首先提出的问题就是为什么会出现"五四"？我们知道，民国初年，中国曾经有过一次机会，一次现代民主的实践，多党制、议会制、民直选等都出现了。所以中国不是没有过民主，世纪之初有过民主实践。但为什么这些实践都失败了，当然有一个原因说是袁世凯强权，这是过去讲得比较多的。另外一个问题是民主制度本身的一些问题。民主本身的问题很复杂，简单地说，有一个重要的问题是：制度有了，但是制度背后没有文化，没有民主制度所需要的这套公共文化，公共文化背后又需要有一套政治的价值，新的政治价值这个东西不是没有，而是没有形成整个社会的共识。因此，我们还是穿新鞋走老路，新的制度下面还是按传统政治的方式在运作，文化是旧的，因此民主制度自身发生了变质。

所以，当政治的、制度的创新发生挫折以后，民国初年的一批知识分子就发现问题不仅在制度，更重要的是在背后的文化。这个国没有这个国本,那时候章士钊、张东荪就提国本。中华民国建立了,这个"本"是什么？你不能按大清王朝的"本"来理解新的民国。政治正当性的核心原则是什么？当时《东方杂志》主编杜亚泉讲,民国成立以后,最令人忧虑的是人心之迷乱;表面看起来是国家在乱,实际上是人心很乱。为什么会乱？因为"国是"不存在了。这背后其实是说,天没有了以后道要变,但新的"道"是什么,我们却莫衷一是。所以才有"五四"时期的陈独秀讲,要从政治的觉悟到伦理的觉悟,要开始探讨"国是"的问题,这也就是我们所说的政治正当性的"本"是什么。

不是说晚清没有讨论这个"本"。晚清从严复到梁启超都建立了一个在进化论基础上的公理——我前面说过,公理成为一个新政治秩序的本。在 1919 年"五四"前,这个公理也继续在流行,也是认为政治的本在于公理。"五四"的知识分子还相信世界主义,相信世界上有普世价值。这个普世价值当时表现为公理,所以把一战理解为是公理战胜强权。但我这里要说一下的是,"五四"时期的知识分子除了"公理说"之外,他们讨论的政治之本还有另外一个说法,即"良知说"。"良知说"和"公理说"我们也不妨把它看成是宋明以后理学和心学的二分法的延续。我们知道,朱熹的理学强调的是天理,而阳明学更强调的是良知,就是阳明学的心学。这个传统传承到了"五四"。我们可以说。"公理说"的外在形式是取了"天理说"的形式,这些公理就像天理一样,虽然没有超越的价值,但是像天理一样是客观的、普遍的。

我这里举一个例子,"良知说"的代表是李大钊。李大钊在

1916年有一篇很有名的文章叫《民彝与政治》。李大钊在这篇文章里讨论的就是我们今天要讨论的核心问题:政治之本是什么?他说这个"本"最重要的是在民彝。什么叫民彝呢?民彝就是内含在人民内心中的价值观,是一种善的本性。我们也可以把它理解为是一种良知。李大钊就讲,民彝就是现代宪政和民主制度之本。也就是说,民主宪政制度背后的"本"不一定来自外在的客观的公理,它更重要的是来自人的内心、人的良知。那时讲良知还不否认客观公理的存在。李大钊也讲公理,但他认为良知和公理是通的。这个"良知说"从这里开始慢慢发展,慢慢替代了"公理说"成为近代自由学说的一个很重要的来源。为什么到"五四"后"良知说"会慢慢替代"公理说"呢?这里我们要引进另外一个概念,就是我刚刚讲的"公意",即卢梭提出的 general will。

这里我相信有不少是学政治学的同学,你们应该比较熟悉卢梭"公意"的说法。简单地说,卢梭要解决的是一个核心问题,即:现代政治虽然以个人自由为基础,但是现代政治要解决的一个更核心的问题是如何组合成为一个共同体、一些分散的个人如何整合成共同体。仅凭各种个人的意志能整合吗?在卢梭看来,个人意志相加只能形成众意,众意不能是一个政治共同体的基础所在。卢梭认为,政治共同体最后要形成一个单一的共同的意志,这就是公意。公意和众意的区别是什么呢?众意是各种私意的相加,但公意却是各种私人利益中共通的部分,这就是公共意志。关于这个问题到今天为止讨论还是很热烈,有很多人继续在研究这个问题。这个问题虽然一度被批判为极权主义的来源之一,但这个问题却始终没有被消解。这是为什么? 一个共同体它不仅要靠制度,而且它背后要有核心价值和公共文化,这个东西就和公共意志有关。

晚清中国的思想家们已经注意到了公意这个问题,梁启超在1901年的时候已经注意到公意这个说法。他说,公意是体也,法律是用也。他就用体用之学来解释,说法律背后要有一个体,这个体就是公意。我们要注意到的是,梁启超那时所讲的公意还是有客观性的,是有实质内容的,也就是说公意是一个世俗版的天意,甚至公理和公意是相通的。但是到了"五四"以后发生了变化。"五四"的时候,你们去看《新青年》和其他各种文献,公意的问题被很多思想家所讨论。除了李大钊之外,陈独秀也讲,然后是高一涵,讨论非常多。为什么他们那个时候对公共意识这个问题非常注意呢? 这和刚刚我说的民主政治实践的失败有关系。因为他们那时本来以为选举出国会议员——人民选举出国会议员,就能代表公众的利益了。没想到最后这些国会议员都变成猪仔议员了,都被收买了,而且出现了大量的贿选。张朋园先生今年出版的一本书就是专门讲近代以来几次国会选举的。他的研究发现,最廉洁的一次还是晚清咨议局的选举,到民国初年这两次国会选举,一次比一次腐败,贿选、卖票等层出不穷。这表明到民国初年的时候,这些议员们不是政为公,而是政为私,民主被各种互相冲突的私意摧毁了。而所谓国会要为公,这个公变成一个非常抽象的交易。因此,在中国文化传统里面特别强调天下为公。公何以来? 因此,卢梭的公意就被提出来,作为一个核心问题讨论。

但这个时候我们要注意的是,从李大钊所提出的民彝政治后的公意开始与"良知说"相通,并逐渐与"公理说"脱钩。什么意思呢?公意更多地具有主观的内容,而不再具有某种客观性。公意成为一个最高的立法意志,这个立法意志就是人民自身的主观意志。它内在的规定性是人民自身的所谓良知,即人的意志——可选择的意志;而外在的形式则更多地表现为社会舆论,也即公共舆论。所以,我们可以看到"五四"时候的公共意志从公理到天理发生的变化,这个变化就是失去了原来公理所具有的客观性。

我们可以做这样一个总结。传统的天理具有三重性质:第一个性质是超越性;第二个性质是客观性;第三个性质是普适性。晚清以后讲公理就失去了超越性,公理就不再是一个外在的超越世界,而是人自身的一个进化世界所形成的,但是公理毕竟还保持着客观性和普适性。但是到"五四"时期讲的公意就已经不具有普适性了,为什么不具有普适性呢?我们知道,卢梭讲的公共意志,他指的是一个民族国家对其自身的一个方向性的选择,这个思想后来经过西尔斯然后到施米特发生了一些流变——施米特把它说成是一个神秘人物的一次决断,这个决断不是普适有效的,只是对于某个民族国家来说是如此,每个不同的国家有不同的决断,可以有不同的公意的选择。所以,公意一定是民族的,不是普适性的;它不是世界主义的,而是民族主义的,它更多的是一个民族国家内部的人民自身的抉择。那么问题是谁来做这个抉择?

所以,我们发现很有趣的一个现象是,1919 年巴黎和会的失败,"五四"运动后发生了一个很重要的变化:本来,陈独秀他们都相信,第一次世界大战是公理战胜了强权,都相信威尔逊是公理的代表者,没有想到中国的利益被这些公理的代表者所出卖,所以使得陈独秀等一批知识分子开始觉得强权战胜了公理,没有公理,公理是虚空的,他们开始对公理产生了怀疑,对公理的所谓普适性产生了怀疑。所以,"五四"后开始讲的公共意志,大家要特别注意的就是不再具有普适性,而是强调民族自己的决断是人民意志的体现。

　　所以,这里我们会发现一个情况就是:慢慢地,到了"五四"后期,特别是1925年以后,一个新的概述出现了,也就是民意,人民的意志、民众的意志,它替代了公意,成为一个新的流行的概念。那么到了民意,我们会发现,连公意所仅存的客观性也没有了,而变成了一个所谓人民意志的自身的选择:我往什么方向选择,选择什么? 这就是1925年以后各种主义兴起的原因。"五四"的时候虽然有主义,但还不是一个主义的时代;"五四"以后成为一个主义的时代,主义满天飞。胡适说,少谈些主义,多研究些问题,但还是阻挡不了主义,他虽然强调要多谈些问题,但他自己也在鼓吹着主义——实用主义、自由主义。所有的主义都宣称自己是代表人民的,这是无法动摇的。政治正当性动摇之后,几乎所有的主义都宣称自己代表民意,民意究竟是什么,已经说不清楚了,因为既没有像天理那样的超越性的保障,也没有像公理那样有普适性的保障,甚至还不及公意,因为公意还有客观性,民意完全是主观的。因此,到了主义满天飞以后,谁只要最终获得了霸权——葛兰西所说的"文化霸权"，谁就可以宣称代表了民意。所以，各种各样的民粹主义也好，权威主义也好，通通打着民生牌、民意牌，民意成为了政客们随意涂抹的一套主观的建构而失去了客观性的制约。然而可悲的是，各种意识形态成为新的政治秩序的一个所谓合法性的论证，其背后都有一种民意支撑。所以，我们从这里就可以看到，从公理到公意再到民意，从这样一个概念的发展来看，我们会发现现代中国政治正当性的危机在哪里。从这里，我们可以找出一些思想史的源头。

最后，我想谈谈到了20世纪40年代时民主何以压倒了宪政这个问题。要谈这个问题首先要引出权威和权力这两个概念。这两个概念是否可分、如何分有很多说法。但我这里想引入汉娜·阿伦特的经典性看法。她对权威有一个非常独特的理解，她把权威和权力加以区分。她讨论的是美国革命为什么能够成功、会成为现代民主政治的典范这个问题。她讲，美国今天的这套政治制度有一个源头，是来自古罗马。虽然古罗马是共和制，但她说古罗马的权力属于人民，而权威属于元老院，由元老院来代表共和国，由元老院来解释法律，捍卫共和国的基本原则。但是权力是属于人民的，人民还保留着公民的选举权，她认为这是权威和权力的二元。她认为美国的革命是继承了古罗马的共和精神，使得近代的美国革命建立了这样一套宪政体制：权力属于人民，但是权威属于宪政。人民有权力，你可以选择民主党或共和党，但是关于共和国的基本体制和宪法却是美国这套制度的权威，这个权威的具体体现是有一个美国独特的三权分立的制度，最后由谁来掌控呢？司法。所以，我们一定还记得 2000 年的选举,小布什和克里之争,最后佛罗里达的选票非常微妙,谁都宣布自己胜选,最后由谁来判定啊? 由美国最高法院、大法官投票,由他们来解释宪法、维护宪政体制。所以,阿伦特认为权威、权力的二分是美国革命非常成功的地方,也是美国整个宪政的基础。

我想把这套理论引申过来看中国。我前面讲过,"人民主权说"自从晚清建立起来后势不可挡,没有谁敢违背"人民主权说",人民主权成为政治正当性的核心来源。但这仅仅是权力的来源问题,另一个问题是权威何以奠定呢? 这个问题当然和宪政有关。

宪政这个问题不是不重要,晚清像梁启超所代表的立宪派非常注重这个问题。早在 1898 年,梁启超就在《新史学》里面讲到,西方的立宪之道重在宪法。所以梁启超虽然非常多变,经常有昨日之我与今日之我之战,但他有一个东西是没有变的,那就是立宪。在他看起来,国体不重要,因为国体主要是解决权力的来源问题,是共和国人民掌握主权还是君主立宪,君主掌握主权还是人民掌握主权,他觉得这不重要。重要的是什么? 重要的是政体,即权力是否侵权、权力如何制衡,这当然要靠宪政。因此,梁启超一直重视的是这个问题。在这个意义上讲,无论是我们说的立宪派也好,改良派也好,他们非常注重的是宪政这个问题,宪政为核心的法制。

但是我想说的是,立宪的声音虽然不绝于耳,但是在民国初年时,立宪的声音却被淹没在另一些声音中。民国初年比立宪更响亮的声音是什么? 就是民权与国权的争论。权力集中在地方还是集中到中央,内阁制还是总统制,这都是权力的分配问题。所以那一时期一直重视的是权力如何分配。那些声音不是没有，但一直不是主流的声音。近代中国以后的政治发生的一个根本症结是什么呢？就是只有权力之争，一直考虑政治的权威问题。所以，后来无论是新老政客还是军阀，他们通常都是用合法性来冒充正当性。正当性就是关于立国之本的问题，合法性就是"我"的统治符合法统，所以政客们总是说只要"我"的统治符合法统，"我"的权力的合法性问题就解决了。但是，他们没有解决一个核心问题，就是宪政体制——有宪法但没有宪政，宪法只是一纸空文。整个法统的地位建立不起来，整个社会舆论也是这样，更多的是纠缠于这些，很少注意到法统背后的正当性危机。这就产生了一个民主与宪政之间的紧张性。民主和宪政不是说绝对冲突，比如说在美国，民主和宪政这两个问题就通过一个二元结构得到了制度性的解决。而清末民初的思想家也没有把民主和宪政两种目标区别开来，他们是非常笼统地作为一个共同的目标去追求的。但是从晚清开始，可以说一直到今天，民主的声音远远高于宪政的声音。

　　40年代，我们知道有一次民主宪政运动，是1943年开始的，因为当时的国民党要还政于民，搞民主宪政。有一个学者作过一个分析，他发现虽然说是同一个运动，但这个运动中有两种声音：一种声音更强调民主，而另一种声音更强调的是宪政，认为更重要的是要建立一个宪政体制。结果到1946年，蒋介石那时打下了张家口，气势正盛，于是他就单方面把共产党撇开，宣布召开制宪"国大"。宣布召开以后，中间这批自由主义知识分子就很尴尬了：到底是参加还是不参加？那时候就发生了分裂。这个分裂中有一个很典型的例子,当时有个小的党派叫国家社会党,后来改为民主社会党,有两个党魁,这两个党魁都姓张,被称为"二张",一个叫张东荪,一个叫张君劢,这两位本来是视为兄弟,都曾追随梁启超,但是到这一刻就分裂了。为什么会分裂呢? 张东荪是一个民主派,相信东欧式的民主,他认为最重要的是权力掌握在谁手里,现在共产党不能参加国民大会,权力不是为人民所共享的,国民大会就是一个伪"国大",当然不应该参加。所以他觉得作为一个政治秩序来说,民主最重要,权力的来源最重要。但张君劢不这么想,因为他是一个宪政派。在他看来,最重要的是要有套宪政体制,现在好不容易要搞宪政了,谁参加不参加不重要,只要这套宪政体制建立起来,权力得到制衡,在国家基本大法之下进行即可,所以他去参加了"国大"。当然他参加"国大"还有一个私心就是蒋介石承诺以他所起草的宪法作为基本的宪法。我举这个例子就是说,民主和宪政本来是一根藤上的,但是在中国具体的历史背景下变成了两股道上跑的车。40 年代以后,宪政已经无人说了,因为变成了所谓的伪宪政,提的更多的是民主,民主潮流浩浩荡荡,不可阻挡,人们更关注的都是权力属于谁的问题。所以,我们现在可以理解了,明年也是中华人民共和国建国六十周年,为什么要叫中华人民共和国,而不叫中华宪政共和国——我们 1949 年建立起来的这个共和国不是以宪政为其制度正当性,而是以人民主权为特征的国家。为什么? 我想答案就在这里。

好,谢谢各位!

"人"是怎么不见的

——对基础教育存在的若干问题的思考

黄玉峰

主讲人简介

　　黄玉峰,现为上海市复旦大学附中语文特级教师、复旦大学高等研究院兼职教授、华东师范大学中文系硕士生导师、上海写作学会副会长、上海作家协会会员、上海诗词学会理事、上海语文学会理事(中学组负责人)、复旦大学书画篆刻研究会理事。曾任上海教育电视台《诗情画意》总策划、总撰稿,上海电视台纪实频道《文化中国》主讲嘉宾。从 20 世纪 80 年代末,便开始对高中语文教学中所存在的问题进行思考,发表了许多独到的见解并付诸行动,亲自做了大量试验、实践。被《中国青年报》等报刊誉为"中国语文教学的'叛徒'"。主编有《新语文写作》、《怎样写好高考作文》、《高考作文分档评析》、《阿爸教作文》、《阿爸教做人》、《阿爸教现代科技》、《阿爸教读书》、《育人之道》、《六朝山水诗派》、《诗情画意》、《东方情商》、《历代书信名篇中的智慧》(三册)、《高考复习战略丛书》、《说李白》、《说杜甫》、《说苏轼》等;参与编写《新语文读本》、《教师人文读本》、《教师修养丛书艺术卷》、《说话的技巧》等,并发表散文、随笔多篇。

时　间:2009 年 2 月 23 日 18：30
地　点:复旦大学光华楼东辅楼 103 报告厅
主持人:邓正来(复旦大学特聘教授、社会科学高等研究院院长、
　　　　当代中国研究中心主任)
评论人:王德峰(复旦大学哲学学院教授)
　　　　骆玉明(复旦大学中文系教授)

各位老师、同学:

晚上好!

首先感谢复旦大学高等研究院院长邓正来教授给我一个机会,能让我在这神圣的讲台上谈谈我对基础教育的一些看法。感谢王德峰教授、骆玉明教授在百忙中为我的讲演做点评。感谢诸位抽出宝贵的时间来听我的发言。谢谢大家!

先自我介绍一下。我是复旦附中一名普通的教师。自从

1967年踏入教育殿堂,到今天,我已整整教了40年的书了。40年中,我18年在松江,22年在复旦附中,现在64岁了,还站在课堂上。可以说,我是教了一辈子的书。

在40年的教学生涯中,我对中学教学有了较深的理解。90年代初,我发表了一篇题为"还我琅琅书声"的文章,文中写了一首打油诗:"学生不读书,教师在演戏;悠悠十二载,腹中空如洗。"当时我根据自己的体会对中学教学进行了反思,并且在自己有限的范围内进行了一些改良,造成了一点儿社会反响。《中国青年报》冰点新闻以整版篇幅称我为"中国语文教学的'叛徒'"。杨澜采访我时问我,这几十年来你最得意的事情是什么?我说:我最得意的是:一、我这一辈子能做个教师;二、我这一辈子还没有被评到过先进。我的简历大致如此。

当邓院长提出要我给大学生讲讲基础教育问题后,我就追问自己,给大学生讲的理由是什么?也就是为什么要做这个讲座?然后再是讲什么?怎么讲?我终于想出了三条理由:

第一,各位都接受过基础教育,留下了应试教育的烙印。了解一下自己到底受的是什么教育,以便反思自我。真正明白通识教育的重要意义。

第二,各位都是精英,将来要对社会上的各种问题发表看法。教育问题是绕不过的。今天听听一位中学教师的声音,也许会有利于你们的思考。

第三,陶渊明说"悟已往之不谏,知来者之可追",你们以后都要为人父、为人母。我的讲座,也许有一点参考价值。

接着的问题就是讲什么了。

一、引　言

今天我讲的题目叫"人"是怎么不见的。这个题目是我突然想到的。

有一天,我在升旗仪式时站在台前,看着下面黑压压的一片,听着"起来,不愿做奴隶的人们……中华民族到了最危急的时候",我突然想:我们的孩子们是不是已经站起来了？我们的教师是不是已经站起来了？

现在几乎没有哪一个校长说不要"以人为本",没有哪一个教师说不要"以人为本",也没有一个家长说不要把孩子培养成人,但是实际又是如何呢？

2008年10月4日,山西朔州二中一位年仅23岁的年轻教师郝旭东倒在血泊中了。杀死他的是一位名叫李明的16岁的高一男生,他为什么要动刀呢？

事发前,他花65元买了3把刀带到了学校,他还写下了三百余字"死亡笔记",其中有这样的话:

> 我就是个坏学生,……我恨老师,更恨学校、恨国家、恨社会……我要发泄,我要复仇,我要杀老师。……我的人生毁在了老师手上。……我已经对生活失去了信心,我活着像一个死人,世界是黑暗的,我只是一个毫不起眼的'细胞'。不光是老师,父母也不尊重我,同学也是,他们歧

视我，……我也不会去尊重他们，我的心灵渐渐扭曲。我采用了这种最极（端）的方法。我不会去后悔，从我这个想法一出，我就知道了我选择了一条不归路，一条通向死亡的道路，我希望我用这种方式可以唤醒人们对学生的态度，认识社会，认识国家，认识到老师的混蛋，让教育事业可以改变。

看到这段话的时候，我真是惊呆了！为什么一个16岁的花季少年对老师、对学校有那么大的仇恨？

然而，这样的事太多太多。为了读书，儿子杀母亲、母亲打死儿子的事屡屡发生；因为反感读书，未成年的孩子自杀的事更是时有发生。造成这种结果的原因当然是多种多样的。我们不能全部归咎于教育，然而教育的缺失肯定是原因之一。我只想追问，我们的教育怎么了？教育的最终目的是让人自由生长，是让人性升华，是让人快乐，而我们的教育却给人带来痛苦，我们的教育是不是出了问题？

二、捆绑着孩子的五条"绳索"

（一）第一条"绳索"是"功利主义驱动"

我们的教育的确是出了问题。我认为，有五条"绳索"捆绑着我们的孩子。

第一条"绳索"首先是教育目标出了问题，教育成了功利主义的工具。一切由功利主义在驱动。

教育的终极目的到底是什么？教育的终极目的是使人有健全的人格、健康的心态，有一颗善良的、充满爱的心，当然，还要有健康的身体。也就是要活得快乐，活得幸福，活得更有质量。

巴金曾对文学下过定义。他说，什么是文学，文学就是让人变得更好，让世界变得更好。我们不妨套用巴老的话说，教育是什么？教育就是要让人变得更好，让世界变得更好！

而功利主义最大的危害正是在于牺牲健全的人格、健康的心态以及对社会的责任与对他人的爱，专在技能上、智力上进行强化训练。

教育不能搞功利主义这个道理，其实古今中外有很多哲人都说得很清楚。一位学者说：大自然造人的时候，只造了人的一半，另一半是靠教育。人的本能中有着一种求知的需求，由教育来完成。教育是为了人更完善。孔夫子说："古之学者为己，今之学者为人。"也就是说真正的学习是为了自身的修养，成为一个完善的人。他还说："行有余力，则以学文。"做人是首要的，有余力才去学知识。康德说，什么是教育的目的，人就是教育的目的。爱因斯坦说："用专业知识教育人是不够的。通过专业教育，他可以成为一种有用的机器，但是不能成为一个和谐发展的人。……否则，他——连同他的专业知识——就更像一只受过很好训练的狗，而不像一个和谐发展的人。"爱因斯坦在这里并不是说不要专业知识，而是说不能以此为终极目的。联合国教科文组织国际教育发展委员会

1972年就对教育下了定义："培养自由的人和创造思维，最大限度地挖掘每一个人的潜力，这就是最后的目的。"关于这个问题，我觉得有一个人说得特别好。这个人并不是以教育家著称的。他写了一篇文章叫"位育之道"，文章引了《中庸》里的几句话，"致中和，天地位焉，万物育焉。"他的意思是：教育就是要使每个人找到自己的位置，并在那儿得到充分的发展，所谓"安其所，遂其生"。也就是说，教育终极目标是为个体的发展，是"人"的充分发展，不是为了做"工具"的。如果每个人都得到充分发展，国家自然也会发展。说这话的人叫潘光旦，诸位大概知道这个人，是个社会学家，但大多数人不知道他在教育方面有着深刻的思想，他是梁启超的学生、费孝通的老师。法国教育家卢梭250年前就明确地说：大自然希望儿童在成人以前像个儿童的样子。如果我们打乱了这个秩序，我们就会造成一些早熟的果实，它们既不丰满也不甜美，而且很快就会腐烂。

以上这些论述有一个共同点，都是强调在人的教育上必须要符合"天道"，让它符合天性地成长。为此，要有一颗平常心。

鲁迅在"我们今天怎样做父亲"一文中对教育的目的也作了比较明确和精彩的论述。他说，我们要"用全副精力，养成他们有耐劳作的体力，纯洁高尚的道德，广博自由能容纳新潮流的精神，也就是能在世界新潮流中游泳，不被淹没的力量"。鲁迅的话讲得很明确，但大家注意到没有，他的话与前面几位有点不同，当时救亡是中国的第一目标，所以他强调了"在世界新潮流中游泳，不被淹没"这一点，加进了竞争的成分，加进了考虑民族利益、国家利益的因素。

但是,1949年以后,我们的国家实际上走的是一条功利主义的道路。首先是国家功利主义的路线。是政治挂帅,强调的是"教育为无产阶级政治服务,教育与劳动生产相结合",培养的是"德、智、体全面发展的社会主义的劳动者"。它的着眼点不是在于培养人,而是在于能不能够成为为国家服务的"一种有用的机器"、"一种服务于政治的劳动工具——劳动者";不是在关心人的成长,而实际上是在压制人的和谐发展、健康成长,要求做一颗革命机器上的一个螺丝钉。后来,政治挂帅不行了,又来了分数挂帅,一切为了应试,一切为了分数,所谓在分数面前人人平等。人成了分数的奴隶,进了高校后又成了"考证书"的奴隶。

总之,对国家来说,是要做革命机器上的一个螺丝钉;对个人和家庭来说,是为了找一个好工作。急功近利、唯利是图,就是不考虑怎么成"人",不考虑人的完善,不考虑人的成长规律,不考虑求真、求善、求美。把"人"丢了,"人"不见了。

功利主义是自上而下的。教师服从校长,校长服从教育局长,教育局长服从他的顶头上司,一切都与他们的利益——政治、经济、名誉、地位有关。

就这样,在国家功利主义和个人功利主义驱动下,我们的孩子每天被压得透不过气来,从小就在巨大的精神压力下为分数而起早贪黑,奋斗不止;每天有多少孩子厌学、逃学,用各种形式,甚至用杀害教师的手段来进行反抗。

（二）第二条"绳索"是"专制主义坐镇"

这个国家功利主义和个人功利主义是通过应试教育实现的。不知道大家知不知道如今的应试教育的出考卷和批考卷是怎么回事儿？诸位都是应试教育的过来人，是应试教育下的胜利者，深受其苦，也深得其"益"。不过也许你们不知道自己是怎么进来的。我想一半是靠聪明和拼命，一半是靠运气。我说这话，各位不要生气，我是有根据的。

我参加过高考命题，也担任过多年的高考作文阅卷组组长。我们中心组的五个高考阅卷组负责人总要把卷子做一遍，结果往往是二人错了，三人对了；或是三人错了，二人对了。几乎没有一道题大家的答案完全相同。有一次我们的答案竟奇迹般的完全一样，但打开命题人的标准答案一看，怎么样？全错了。你想想，如果说连我们的答案都不对？那么，怎么要求学生呢？

举个例子：上海卷某年出了这样一道题：

请阅读下面这首诗，回答问题：

送春　（朱弁）

风烟节物眼中稀，三月人犹恋袷衣。

结就客愁云片断，换回乡梦雨霏微。

小桃山下花初现，弱柳沙头絮未飞。

把酒送春无别语，羡君才到便成归。

问：这首诗通过什么和什么（用诗中的句子）写出了春天的

什么？

标准答案竟是：通过"花初现"和"絮未飞"写出了春天的"短暂"。

试问：花刚刚开，柳絮还未飞，你怎么就知道春天的短暂？好比孩子刚刚出生，你怎么知道他是短命的？

其实这首诗，并非写春天的短暂，而是在写作者思乡。所以后面写道："把酒送春无别语，羡君才到便成归。"这是羡春，是思乡！不是在写春天之短暂！可是标准答案就是如此，它是霸王条款，无理可说。古诗如此。现代文的阅读更不必说了。

不仅阅读题，连作文也有统一的标准、统一的答案。有一年考试，题目是对冰心的一首小诗写评论：

　　"墙角的花，当你孤芳自赏的时候，世界就变小了。"

　　　　　　　　　　　　　　　　——冰心《繁星春水》

出题的人一定要同学们批判孤芳自赏的花。

有的同学赞美孤芳自赏，说这种洁身自好的精神，总比同流合污好，却一律打不及格，说是没有读懂原诗。照理"诗无达诂"，只要言之有理都可以，为什么不能这样理解呢？何况，冰心自己想表达什么你也不知道。

总之，专制主义就是通过高考这个指挥棒，训练你迎合出题人的意见，揣摩出题人的意图，只要你听我的，怎么做都可以。

美国当代教育家库姆斯警告说，教育不该被迫在聪明的精神病患者与具有良好适应能力的笨蛋之间作出选择。

　　真是不幸言中,我们的教育正是如此。什么是"聪明的精神病患者"? 李明、马加爵、卢刚,还有刘海洋他们是精神病患者,再加有些轻生的博士生、硕士生。何谓"具有良好适应能力的笨蛋"? 就是上面提到的这种种现象。我们的高考就是这样几乎把一个个有灵性的人培养成了能"适应环境的笨蛋和庸才"。

　　在这种情况下,我们的同学们确实已经失去了独立思考的能力。在那无休止的题海中,孩子们的学习乐趣被剥夺、生活乐趣被剥夺,独立的人格没有了,不会思想了,只会人云亦云。

　　长期以来,我们一直用斗争的理论去教育孩子,用爱憎分明去武装他们的头脑。教材中有多少对敌人要像秋风扫落叶那样残酷无情的文章,有多少要与敌人划清界限的标准答案。教育孩子要横眉冷对千夫指! 教育孩子革命不是请客吃饭! "人不犯我,我不犯人,人若犯我,我必犯人。"我怎么知道是别人犯了我呢? 不把事实的真相告诉他们,却要他们完全照标准答案答题。

　　所以更可怕的是,几乎完全不会将心比心,完全失去了同情心,失去了宽容精神。

　　马加爵,大家都熟悉。可你们是否知道马加爵现在在哪里? 他的阴魂还在游荡! 他至今还没有入土为安! 法院要他的父母来领他的骨灰,你们知道他的父母说了句什么话吗? 他们说,我们不要他的骨灰,我们就当没生这个人!

　　我们再追溯到1991年11月1日,在美国爱荷华大学也发生了一个杀死同学的事件,杀人者叫卢刚,是北京大学的留美高才生。他与他的同学在同一个导师手下读博,都希望留校任教。结果导师留下了另外一位叫林华的同学。卢刚恶从胆边生,买了枪在例行的研讨会上把同学打死了,把导师打死了,把曾经不同意他得奖的老师也打死了,把副校长和她的秘书也打死了,最后把自己也打死了。这件事震惊了美国。爱荷华是一个偏僻的地方,是个世外桃源,人们平和、善良、纯朴,据说百年来没有听见路上有吵架声,现在竟发生了这样的事件!但更震惊的是枪杀案发生后不久,卢刚的父母收到了一封信,信是副校长安妮的家属写来的。信的大致内容是:这几天我们沉浸在失去亲人的痛苦中,安妮是一个多好的人啊!但我们知道这世界上最悲痛的是你们二位老人,你们把孩子送到这里却发生了这样的事!如果有需要,我们会尽力帮助你们。

我们再来看看"赵承熙事件"。韩国学生赵承熙杀死了32个同学老师以后,他们是怎么对待的?在悼念死者的仪式上,放着的不是32个灵位,而是33个!在赵承熙的灵柩前,人们写着这样的字:赵,我们对不起你,你得到的爱太少了!

请大家比较一下,差距何止千万里!他们是把敌人当人看,而我们呢?"恻隐之心,人皆有之。"我们硬是失去了作为一个人所应有的同情心。陈寅恪先生在给王国维的纪念碑写的碑文中说:"先生之著述,或有时而不章,先生之学说,或有时而可商,惟此独立之精神,自由之思想,历千万祀,与天壤而同久,共三光而永光。"人不同于动物是有思想,思想没有了,也不成其为人了。

在这样的教育下,孩子们失去学习的兴趣是必然的。

其实早在 17 世纪捷克著名教育家扬·阿姆斯·夸美纽斯在他的《大教育论》里就指出过,当时的一些学校成了青少年智力的屠宰场,每一个青少年恨不得从教室里即刻逃跑,他们在教室里度过了令人沮丧的岁月却所获不多。请听听先哲的警告,这难道不是在说我们吗?

(三) 第三条"绳索"是 "训练主义猖獗"

何为"训练主义"? 即为了一个功利的目标,制定出一整套周密的训练体系。学校成了车间中的流水线,每一位不同学科的教师几乎在干同一件事——锻铸、雕凿符合"标准"的零件。美其名曰灵魂工程师。刚才我们讲了"'人'怎么不见了"的最根本的原因,就是我们所设定的教学目标根本上不是为了培养人而是为了制造螺丝钉。既然你是为了制造螺丝钉,是为了让他们听话,把你拧在哪里你就待在哪里,那么一切所谓的学习都将是被动的。既然要想做一颗螺丝钉,就必须接受灵魂工程师的塑造。如果你要做一颗大的螺丝钉、一颗重要的螺丝钉,那还要通过考核,更要接受训练。这就更要孩子们学会迎合、学会揣摩。

于是应试教育应运而生,要听话,要根据统一的标准,不能有自己的思想,更不能有独立的思想、叛逆的思想;只要能够按照上面的规定动作做就行了。于是,就要接受训练,训练主义自然也应运而生。确实,现代社会分工细密、专业繁多,但不应成为机械训练的理由。教育的本质仍是"人",要培养具有思想、感情的活生生的人。

　　训练主义的本质是要速成，就像流水线那样。可是，人的精神成长不是一朝一夕就能达到的。以语文为例，语文学习的规律是积累。韩愈说："无望其速成，无诱于势利，养其根而俟其实，加其膏而希其光。根之茂者其实遂，膏之沃者其光晔。"而如今，我们却违背了教育最基本的规律、人的成长最基本的规律。超越学生的学习阶段，急于灌输各种思想，《学记》中提到教学不能"凌节而施"、"学不躐等"，而今天为造机器、工具、螺丝钉就必须来个"教育大跃进"。

　　今天，我们的小学生从一两年级开始就在搞分析。一种理解、一种声音、一个标准答案。有一次，我听一位浙江的特级教师上《邱少云》一课，课上这位老师着重分析了文章中三次出现"纹丝不动"。通过不断提问、比较，说明这个词用得怎么好。分析得头头是道，用了整整二十分钟时间。就是这样大量的分析、启发，所谓热热闹闹的课堂占去了小学生的大好时光。小学生是记忆力最强的时期，是最应该积累的时期，不去接触真正有价值的东西，不去记一些一辈子受用的东西，去搞"假大空"的分析，这就是基础教育的现状。

　　同样，初中、高中也是如此。本来，我们语文教学的任务是要建构学生的语文系统，这个系统分三个子系统：(1)汉字的认字和写字系统(古人所谓"通经必先识字"、"多识于鸟兽草木之名")；(2)汉语的听说读写系统；(3)母语文化生成系统。而这个大系统的基础的东西是传承前人的文化成果。在这里，读、记、背是绕不开的。只有大量的积累，积累的语言、思想、感情才会起潜移默化的作用。但现在作为人文学科的主要内容，我们的语文是被异化了。语文课成了数学课,母语课成了外语课。教的不是语文,而是非语文。上课不读书,下课不看书,为了应付考试,几乎是天天在分析、天天在做习题。讲语法、讲"用法",言者谆谆,听者藐藐,一知半解,似懂非懂,唯独缺少真正的读书与学习,更没有探求真理的兴趣与愿望。时过境迁,一点儿东西也没有留下。所以,我说:"悠悠十二载,腹中空如洗。"

再比如,外语学习,考的是学母语人都做不出的那套东西,无怪学了十几年,还是个哑巴英语。何况外语是不是需要这么多人学?现在,几乎是所有的孩子都要把大部分精力花在学英语上。再比如数学。有没有必要在小学里学这么难的数学。何况我们的数学是在做大量的数学习题,而不是去体验数学思想。苏步青的孙女是我的学生,我去家访,苏步青教授对我说,你应该呼吁,数学的难度要降下来,特别是小学要加强语文课。"$\frac{1}{2}+\frac{1}{3}=\frac{5}{6}$",小学生要搞很多年才搞清,到了中学一下子就懂了。而我们小孩子最佳的学习母语、学习传统文化的时光错过了。

复旦大学曦园有一个亭子,朱东润先生写了四个篆字"书声琅琅"。朱老教导同学们要学会读书。现在的学生上学不再读书,要么在听老师、同学分析,要么就在做习题,而且语文课一周只有四五节,只有两个半小时。我再也没听到从学校里传出那么动听的琅琅书声。读书人不读书,成了习题人!天天在做练习,做不完的练习,小孩做到十点半,中学生做到十一二点,甚至更晚。

连作文也是搞训练。上海作文题 2006 年是《我想握着你的手》、2007 年是《必须跨过这道坎儿》、2008 年是《他们》。这些题目都可以用一个模式来套,都可以写关心弱势群体。2006年写:我想握住民工的手;2007 年写:必须跨过与民工差距这道坎儿;2008 年写:他们是一群民工的子弟。而事实上,写这样文章的人也确实得了高分,还在报上宣传。这样的题目只要事先准备几篇,还有什么不能应付的? 还需要读书干什么?

对于应试作文的套路,不但上海考试卷如此,全国考试卷和其他省市考试卷也如此。

江苏的王栋生老师收集了用同样一句话做开头的套文:那句话是"屈原向我们走来":

> 2004 年江苏省的高考作文题是《山的沉稳,水的灵动》。考生写道:"屈原向我们走来……他的爱国之情像山一样沉稳……他的文思像水一样灵动……"
>
> 2005 年江苏省的高考作文题是《凤头、猪肚、豹尾与人生的关系》。考生写道:"屈原向我们走来……帝高阳之苗裔,他的出生正是这样一种凤头……当他举身跳入汨罗江时,他画出了人生的豹尾……"
>
> 2006 年江苏省的高考作文题是《人与路》。考生写道:"屈原向我们走来……他走的是一条什么样的路呢? ……"
>
> 2007 年江苏省的高考作文题是《怀想天空》。考生写道:"屈原向我们走来……他仰望着楚国的天空……"

2008 年江苏省的高考作文题是《好奇心》。考生写道："屈原向我们走来……那是为什么？我感到好奇……"

这样的作文题怎么能引导同学们独立思考，怎么能促进同学们刻苦读书，完全是可以投机取巧的。

我们再看一看先进国家的作文高考题，比如法国 2008 年的考题：

文学类考生选择题（三选一）

（1）若有所悟是否就是对于思想桎梏的解脱？

（2）艺术品是否与其他物品一样属于现实？

（3）解释亚里士多德在《尼格马科论伦理》中有关"责任"的论述。

科学类考生选择题（三选一）

（1）欲望是否可以在现实中得到满足？

（2）脑力劳动与体力劳动的比较有什么意义？

（3）解释休谟在《道德原则研究》中有关"正义"的论述。

经济社会类考生选择题（三选一）

（1）人们是否可以摆脱成见？

（2）我们可以从劳动中获取什么？

（3）解释尼采在《人性的，太人性的》中有关"德行"的论述。

美国芝加哥大学的作文题：

想象你是某两个著名人物的后代，谁是你的父母呢？他们将什么样的素质传给了你？

新加坡高考作文题：

　　科学提倡怀疑精神，宗教信仰镇压怀疑精神，你对此认可多少？

　　对比一下，我们真是汗颜啊！这样的题目，没有读过许多书、没有独立的见解是无论如何写不出的。当然，这里有国情关系，学生、教师所处大背景不同。老实说，拿法国的这些题目来让我们高中教师写，未必有人能写出多少东西来。我自己就无话可说。由于长期的布置习题、批改作业、讲解习题，教师们也成了机器。

　　训练主义害了多少人！我们的教育创造了一个像在马戏团里训练动物、野兽的那样一个环境，通过统一的高考标准，通过这样的教育，把每个人训练成为没有思想、没有个性、没有独立人格的工具。还谈什么创造能力、实践能力？在这种违背人成长规律的教育下，还谈什么自由的思想、独立的精神？当然，我们的"人"就这样不见了。杜威说，教学犹如买卖，只有教师积极地卖，没有学生主动地买，买卖没做成，也不会有真正的教学与教育。

　　这是不是训练主义结出的恶果、毒果？答案只有一个：训练主义使我们不会思考、不敢思考。

（四）第四条"绳索"是"科学主义横行"

　　在教育界，几乎年年有新的举措、新的理论，而且往往很多打着科学的旗号来折腾。一会儿一期课改，一会儿二期课改，不知道什么时候又要来三期课改了。而每一次所谓课改又会提出一批口号,出现一批"专家"。

18世纪有位法国哲学家叫拉·梅特里写过一本小册子《人是机器》,他在里面说:"事实上,所有别的注释家们直到现在只是把真理愈搞愈糊涂而已。""人们只是由于滥用名词,才自以为说了许多不同的东西,实际上他只是在说一些不同的词或不同的声音,并没有给这些词或声音任何真实的观念或区别。"

以我之见,这二十多年来,几乎所有专家们的理论其实也并未为教育理论增加什么新东西。就语文教育而言,反而把问题越搞越糊涂,离真理越来越远。什么成功教育,什么尝试教育,什么优化教育,什么红色教育绿色教育,什么什么教育;教育论文铺天盖地,而且都把它说成是符合科学的、先进的教学理论。有多少篇是有用的?他们不过是在制造一批一批文化垃圾、教育垃圾罢了。朝令夕改,美其名曰与时俱进。老教育家吕型伟说这叫教育的"多动症"。

在我看来,与其说教育是一门科学,不如说它是一门艺术。因为它的对象是活生生的人!它是启迪人的灵性的工作。那些一刀切的所谓科学理念往往坏了教育。我们还是返璞归真的好。

下面我想特别提出来讲几个当今基础教育界流行的"科学"的观点。结合语文学习特点来剖析一下。

1. 关于授之以渔与授之以鱼的问题

有人说,教育要授之于渔,不要授之于鱼。这话听起来很有道理,重要的是要学到抓鱼的方法,方法会了,以后自己抓鱼吃。但是我要问,抓鱼的方法怎么学到,是老师可以凭空传授的灵丹妙药吗？比如，如何读书有很多方法，每位有成就的人都是好读书、会读书的人，但你问他读书方法，他能讲得出吗？他能传授给你吗？好比：打网球，你不去打，教练仅仅教你打的技巧，你学得会吗？古人云："操千曲而后晓声，观千剑而后识器"、"积学以储宝，酌理以富才"。你自己不去读书，怎么学会读书。其实，大多数老师自己也不见得都有"打鱼"的本领和方法，他不过在教学生"做习题"的技巧而已。

2. 关于减负问题

现在媒体上把"减负"叫得整天响。教育部门有规定，谁增加学生的负担就采取一票否决制，不能评级。教育是复杂的事业，最忌笼统地提口号、搞一刀切。

对减负我们不能机械地看，关键在于是否让学生学得有收获、学得有兴趣，有收获、有兴趣自然就觉得轻松愉快。像现在那样，为了考卷上的几分之差，不断地、反复地进行低层次的操练，必然会感到烦躁，感到压力大。

而且，对"减负"不能笼统地看，不是说所有的"负担"都要减，人总是要有负担的。读书是苦中找乐的过程，该有的负担不能减少，而不该有的、无效的负担则不但要减少，而且要取消。例如大量的教辅、无穷无尽的习题，等等。

以语文学科为例。我认为学生从小学到初中再到高中，阅读的量要增加。有些课文看一两遍就够了，不必没完没了地分析、讨论、探究、做作业。但现在的问题是：常常无中生有，要求学生把课文里没有的东西讲出来，还硬要编成古怪的习题，美其名曰提高分析能力。同学们为了做习题便去买大量的教辅材料,看了答案,又发现与自己做的完全不同,于是更失去了兴趣和信心。如此恶性循环,那才叫真正加重负担!于是,我们看到了这样一种奇怪的现象,一方面教师为了不撞枪口而表面上不得不减少课时;一方面又为了提高所谓的成绩拼命在加班加点,并且号召学生们去补课、找家教。因为他知道如果真的减负,成绩下去了,校长那儿也是一票否决制。这种政策叫"逼良为娼",号召大家说假话、做两面人。口头上讲减负,实际上搞加码。这是大家都心知肚明的,公然讲假话,讲一套、做一套,而且习以为常、见怪不怪。

3. 关于死记硬背问题

打人文底子,是饶不过要背、要记的。死记硬背是可以内化为人文素养的。但要看你记什么、背什么。设想一下,一个能背出一千首诗歌、两百篇古文、读过几十部小说的人语文素质会不高吗?

语文学习的规律是"死去活来,先死后活"。犹太人叫生吞之功。现在是打着反对"死记硬背"的旗帜,搞"支离破碎"、"碎尸万段",没完没了地分析,考莫名其妙的题目。不是让学生读原著,而是让他们背你的答案。其实那些教辅材料的答案只是编材料的人的意见而已。这种习题非但无益,而且有害。它阻碍了孩子们独立思考能力的培养,使学生对学习更反感。这种低级的、误人子弟的东西不是"减"的问题,而是应该完全抛弃。

为了提高人文素养,学生一定要积累、背诵一些中国古代的诗文。积累是会有负担的,但这个负担对于学生来说很有必要。我教学四十年,深知拼命做习题与提高语文水平无关;而大量的阅读、背诵,大量地积累,语文水平便自然提高了。韩愈云:"无望其速成,无诱于势利。"表面上是增加负担,其实恰恰是提高语文水平最有效、最便捷的途径。关键是要讲效率,凡有效率的做法才是可取的。

我们知道学习可分为接受学习、机械学习、意义学习、被动学习、主动学习、创造性学习,这六种学习都有用。教师讲解、学生听是接受学习,是世界上至今为止最基本、最有效、最简便省时的学习,它是不可取消的。在六种学习中关键是主动学习、意义学习,如果学习是有意义的,那么,不管教师讲还是自学都会有效,否则都无用。

4. 关于师生互动的问题

现在上课一定要强调师生互动。而且搬出很多理论,规定上课的几个环节,强调学生必须要有多少问题。这又是一种形式主义。关键是心动,是有所得;只要有所得,一讲到底也不妨,一句不讲也不妨。相反,课堂再热闹也是枉然。如今上课叫"作课",犹如过去唱戏,"作秀"、"作科"、"作介"。

5. 关于传承与创新问题

对中小学生来说,主要是接受性教育。过分强调创新并不利于他们的成长。现在连小学生也在奢谈创新,搞什么研究性学习、实践性学习,那是拔苗助长。

19、20 世纪的英国哲学家怀德海在《教育的目的》一书中写道:"在中学阶段,学生应该伏案学习;在大学里,他该站起来,四面瞭望。"

这就是说,在小学、中学阶段主要是传承性学习,到大学才是创造性学习,这是一种智慧。他强调,大学应该重视培养学生的智慧。他告诫人们:"凡是不重视智慧训练的民族是注定要失败的。"

我们强调不要在中小学提倡创新,并不是说不要保护孩子们的灵性。恰恰相反,科学主义是打着科学的旗号扼杀孩子们的灵性。他们提出,对于学生的思想要正确引导。说写文章一定要有思想性。

有个小学生写了这样一篇作文:

> 星期天,我到公园去玩。公园里有很多树、很多花,树是绿的,花是各种各样颜色的。老奶奶、老爷爷们有的在打拳,有的在下棋,有的在跳舞,有的哥哥姐姐在抱着讲话,听不见他们在说什么。我买了一根棒冰,是赤豆的。后来我小了一泡便就回家了。

这是多么天趣盎然的文章!可是被老师说成没思想性。老师说要写有意义的事,要有思想性,不能看到什么写什么,想到什么写什么。因为科学主义告诉我们的教师,要引导学生写健康的东西,什么能写什么不能写,应该开头写什么,中间写什么,最后写什么。就这样,可怜我们孩子的思想幼苗被掐断了。难怪一个小朋友写了一篇文章,叫"做个孩子不容易"。我见了如获至宝,马上登在《童心童言》上,并且编到《教师人文读本》里。

在教育问题上,我以为还是具体一点儿,多研究具体的问题,少讲一点儿空洞的理论,少讲一点儿伪科学。

（五）第五条"绳索"是"技术主义助阵"

提倡科学主义的结果必然是一切教学活动的技术化、规范化，变成可批量操作的行为，凡事一刀切，什么都是量化。

上课有模式、程式：复习旧课几分钟，讲解几分钟，提问几次，用多媒体要占多少比例，老师批改作业几次，上面是不是见红，红的有多少？

评职称要看论文数量、字数多少，是哪一级刊物发表的、是不是有书号。只要在核心刊物上发表的、只要是有书号的，哪怕文章再烂也能评上。

还有，行为规范要量化：黑板不干净扣几分，早操时讲话扣几分，并且要按时检查。弄的学校像警察局，教师、学生像小偷、像犯人。

我们常常把某些教师的经验上升为普遍真理，还说是科学管理。科学主义与技术主义实际上是同一个东西：一是形而上学的理论指导；一是形而下的机械操练，目的都是一个：试图找到"举一反三"的好办法，将教学纳入"科学的轨道"。

1889 年，美国教育心理学家之父詹姆斯说过，一些教育心理学家和专家都想把科学实验室里的东西拿到课堂里来试验，他认为这不行，因为教室不是实验室。教室里，面对的是人，所以要将科学原理转为教学经验"需要居间的力量"，所谓"居间的力量"就是要有人能将理论融会贯通地用到实践中去，这个人既有理论又有实际能力。他批评当时的美国教育界有一种"科学化的冲动"，他说"科学的冲动只会给教学带来混乱"。想一想就可以明白,科学的原理要验证,实验的数据首先要求实验的条件保持不变,结果可以反复出现。而教室里的学生是一个个活的生命体,每一分钟每一个个体都是不同的,都在变化之中,你如何来设定科研的条件? 如何来应对课堂里每一分钟的教育?

再从实践看,语文课(其他课也一样)规定每一分钟该干什么,要加以控制,这里有没有将学生的情况计算进去,如何计算? 上课绝不是演戏,绝不可能有固定的程式,单用固定的模式上课,再精彩的课也会引起学生的厌烦。科学主义技术主义也许适用于搞课题、写论文,但绝不适用于真正的课堂教学,教学要符合规律,力求科学有效,"课堂教学"最大的特点是师生可以交流,可以共同探讨问题,更需要艺术。所谓"善歌者使人继其声,善教者使人继其志"。需要教师能做到"游刃有余,左右逢源"。总之,课堂里情况千变万化、学生各式各样,法国有位哲学家说:"你可以期待太阳从东方升起,而风却随心所欲地从四面八方吹来。"我要说,你可以大致设定一个教学目标和计划,但明天你课堂的学生会随心所欲地提出各类问题,而这些问题你无论如何也是不会全部预计到的。你怎么能科学有效? 你只能依靠教学中的智慧与艺术来处理这样的问题,这就需要我们花更大的力气。

上面我讲了五条"绳索"。在这五条"绳索"的捆绑下,朝气蓬勃的少年郎成了猥猥琐琐、谨小慎微、唯答案是从的学习的奴隶、习题的奴隶,成了老师的奴隶、考试的奴隶、教辅书的奴隶,甚至成了出版商的奴隶。总之,这五条"绳索"捆绑住了我们的学生：

> 功利主义：浮躁浅薄，急功近利。
>
> 专制主义：扼杀个性，奴化教育。
>
> 训练主义：制造工具，剥夺灵性。
>
> 科学主义：貌似科学，堂皇迫害。
>
> 技术主义：专讲技巧，反复操练。

就这样，独立的人格不见了，独立的思想不见了，自由的精神不见了，"人"不见了。更为可怕的是，在这样环境中成长的学生养成了一种双重人格：他们知道"该"说什么和"该"做什么。例如，当教师们、校长们大呼"素质教育"的时候，他们知道实际上校长们要的是分数；当学校教育他们为人要忠诚、讲诚信时，他们知道为人需乖巧，要找关系等等。杜威说，我们在学校的课堂上进行"关于道德的教育"，而整个社会、整个成人阶层对他们进行的才是真正的道德教育，前者在后者面前一分不值。

三、教学主体的缺失

然而，是谁来具体操作这五条"绳索"？也就是说，是谁来拉动这五条"绳索"的？是教师？那位杀死郝旭东老师的高一新生最恨的是教师，在死亡笔记里，他最想杀的也是教师。因为，教师是教育行为的具体执行人、贯彻者，是应试教育的帮凶。

教育本质上是教师的活动,没有教授就没有大学,没有教师就没有中小学,教师是一切教学活动的执行者、实践人。学校校长出国一周、一月、一年半载,学校教学工作照样运行,但缺了教师一天也不行!

作为知识分子,教师应该是有独立精神的人。然而,现在教师的现状如何?普遍的情况是他们失去了独立性,缺少教学的理想和应有的责任感,成了应试教育的忠实执行者、"传声筒",同时也成了这种教育体制的替罪羊,甚至成了帮凶。

然而如上所说,教师并不是不知道要培养"人",也不是不知道教育要"以人为本",但是说起来他们也是万般无奈,那把达摩克利斯剑悬在头上,上面有教育局、有校长、有年级组长盯着,边上有家长盯着,前面有高考指挥棒,下面有一心想在高考中夺得好成绩的学生。升学率不高,校长要找到你,家长要找到你,学生要找到你,你自己心里也不安,你的一举一动不得不受牵制。你只好加班加点以应付高考为首要任务。否则,你一个小小的教师还能做些什么呢?

再说,就个人利益而言,你的评职称与你的工作成绩息息相关,你的成绩就是学生的考试成绩、升学率。你何必与这巨大的力量对着干呢?即使装装样子也好。

而且,说实在话,许多校长、教师在多年的应试教育的环境中生活,对此已经驾轻就熟、见怪不怪。他们已经习惯于成为对对答案的机器,已经没有了高屋建瓴的能力,他们本身已是整个机器的一部分。我敢说,如果不搞应试教育,如果让我们的学生充分地、自由地生长,这些教师是不是还能胜任,是不是还能站稳课堂,是大有疑问的。

教师的修养至少包括"道德修养"与"文化修养"。而今天的许多教师,包括年轻教师,往往正是中国应试教育的产物。如今,他们要培养的是和他们一样的学生了!他们只有技术,缺乏艺术;只有知识,缺乏气质;只有能力,缺乏魅力。只愿做题目,不愿做学问;只会纠缠于字面,不能深入于意旨;只会要求学生作文,自己却常常不如学生;只能关注学生成绩,不能注重塑造人格;只顾眼前利益,很少远大理想;读书不多,修养不够,问其琴棋书画、诗词歌赋、梅兰竹菊,皆茫然不解,兴趣几无……

不过,我们也不能苛责他们,他们就学于应试教育,从教于应试教育,绩效考核,战战兢兢,起早摸黑,受苦受累,岂是心愿?加之教师经济条件不好,要买房、买车,不得已挣外快、搞家教,明知家教大半骗人,反正有需求,我也有付出,于是心安理得。更有甚者,有的老师与出版商、书商合作,卖书给学生,不问教辅书质量好坏,只问是否有利可图及利益大小。

可我们的学生只知道"老师是为我们好"。只要是老师推荐的、布置的,自然不惜金钱买来。那些教辅大多是粗制滥造、错误百出的垃圾。每到高考一结束,撕书、烧书的事在校园里到处都是。就这样,应试教育在我们教师的手中不但得到贯彻,而且得以强化。

然而,真的就完全无能为力了吗?我想也不是的,我有两句话:第一句,以素质教育对应试,则应试胜;以应试教育对应试,则应试败。第二句,大环境不好,我们可以创造良好的小环境。

毕竟教室门一关，你是起主导作用的，直接影响学生的是你。我曾听有些大学老师对研究生说，选学校不是主要的，选导师才是最主要的。我觉得这话很有道理。大学如此，中小学也是这样。如果你能从根本上提高学生的素质，学生学得热火朝天，有兴趣，站得高，那么，应付高考，即使不比别人高多少，也绝不会落在别人后面（我们的文科实验班最近得到好消息，45个人中有16人已直升复旦）。

教改教改，教改的关键还在教师；没有教师，不但没有教改，也没有教育。所以，我总觉得教师的作用是很大的。而起作用的关键是六个字：亲其师，信其道。现在，在应试教育的大背景下，毕竟有很多教师在应试教育中挣扎，希望对现状有所改变。

我就是在拼命挣扎的教师中的一个。

四、我的挣扎

下面，我简单谈谈近十余年里我做的一些改良。

美国教育家华特说，语文的外延和生活的外延相等。我坚持了这个大语文的原则。返璞归真，用传统的语文教学方法不断拓开语文学习的天地。

首先是向课堂上要效率。我遇到的第一个问题就是教材。现在的课本薄薄的只有二十几篇，其中古文五六篇、诗歌四五篇。说实在的，即使把这些文章全吃透也少得可怜，何况其中还有一些实在是不能作为范文的。而很多经典的东西却没有进入我们的课堂。为此,我的做法是该简的简、该删的删,增加大量的经典名家名篇,包括一些好的时文。

其次在教法上,我坚持重语感、重积累、重语文实践、重感悟的开放式语文学习。把课堂还给学生,绝不搞形式主义。

其实,教学是没有一定模式的,所谓"教无定法"、"教亦多术",根据不同的对象、不同的课文,有的可以一讲到底,有的可以让学生自己看,有的可以讨论,都无不可,而主要的还是要学生自己看、自己读、自己体会,教师是起一个组织者、引领者、示范者、共同学习者(陪练)的作用。

比如,我的一些具体做法是:

《沁园春》:引进各种说法。

《项链》:讨论人物精神——进取、诚信、忍耐等。

《包身工》:对当年做过包身工的人进行调查。

《边城》:读全文。

《鸿门宴》:读史记。

就重点而言,我着重抓精读和泛读两个方面。

精读。这是最原始、最传统、最有效的语文学习方法,读、背、抄、默、复述,在这一过程中走近课文、走近先哲,使其言如出吾口,使其意如出吾心,从而积累素材、培养气质。

泛读。这是打开眼界、打开心胸不可或缺的。我们开设阅读课、开列必读书目,读名著、读经典,把"羊"放到水草丰茂的地方,让他们主动吸取。在广泛的阅读中与文学巨匠进行心灵的交流、精神的对话;在广泛的阅读中享受无穷的乐趣,形成强烈的读书兴趣,养成爱读书的习惯。

　　在精读和泛读的基础上,我们进行同学间、师生间的宣讲、讨论、交流,让学生上讲台,让学生互相驳难,而教师也成了他们中的一员。

　　为了把读书的成果积淀下来,我们还指导学生先写读书笔记,进而自然而然地写研究性的文章。在写论文的过程中锻炼独立思考能力,开启"自作主张"的精神,强化学习语文的兴趣,培养收集材料、整理材料、提炼观点、阐述观点的能力。我们班级还曾搞过论文答辩活动,请了北大、清华、复旦、交大等十多位大学教授以及一些重点中学的教师对我们优秀的论文进行答辩评议。

　　过去教育部制定过教育大纲,现在名称改成"课程标准",这当然是一个纲领性文件,是应该遵循的,但这是对一般学校学生的要求。每个学校都有他的特殊性,完全应结合自己的特点有所变通。有人批评这叫"超纲",我以为如果能"超纲"也没有什么不好? 只要对学生的发展有利就是好的。

　　比如,我要求学生学写古诗、学写格律诗。学生在读了大量诗篇之后、读了"声律启蒙"之后就学着写起来,每个人都写,写了一首又一首,写得非常起劲儿。虽然,诗写得并不一定合格律,但是在写诗过程中还是享受到了成功的乐趣。

　　再次利用一切机会把语文学习延伸出去。

　　这样做,当然要占去很多时间,所以我们尽量利用间隙,比如进行早读。我恢复了早读的传统。读出声来,大声读,是学习语文的一个最原始的方法,但也是启蒙教育中最好的方法。现在每堂课只有40分钟,每周4堂语文课,除去两周一次的作文课,除去名目多样的考试测试,真正上课的时间所剩无几了。我们每天坚持 20—25 分钟的早读,一学期从诗经到古诗十九首,读熟了很多诗文,积累了大量语言和思想资源。

另外,我们搞很多语文活动,比如听讲座、逛书店、观话剧、看展览、练书法、学国画、学篆刻、演小品、办刊物、学采访、编文集,生活有多丰富,我们的语文学习就有多丰富。特别值得一提的是我们还搞了以下一些活动:

(1) 引进时代活水,把学者、教授、专家请来做讲座。复旦、交大,上海社科院、华师大……大学的知名教授我几乎都请过,请学有专长的人来讲。比如请金文明讲《石破天惊逗秋雨》、《守护语林》。平均两周一次或是三周一次,让同学们接触到当代最前沿的东西。

(2) 编辑班报、班刊、《读书信息》《读书做人》,进行读书交流。让同学们轮流当主编、编委,锻炼他们的实践能力。

(3) 文化集训。"读万卷书,行万里路"。每学期结束,我们总要搞一两次文化集训,集中一两天、四五天、七八天乃至更多的时间,听讲座、学书画、外出旅游。文化旅游到实地去触摸文化、触摸历史,获得历史的现场感。在外出途中,同学们关系更融洽、思维更敏捷,写出了大量的诗歌、散文。有一两天时间,我们就走近的。比如,我们读了《项脊轩志》,就到安定、到归有光读书和教书的地方去;读《再别康桥》,我们就到徐志摩的故乡海宁硖石,还请来陆小曼的学生给同学们讲一讲。只有半天时间,我们就到市内,比如华山路蔡元培故居参观访问。远的到浙东、浙西,到山东、河南。每次外出都提前做好充分的准备,由同学分头准备好各种材料。我们一路走,一路看,一路写,同学们浸润在中国文化中。比如这次我带的高一新生,不到半年已两次外出,带他们去了宁波、绍兴。到天一阁,到大禹陵,带着他们读碑文、看楹联。起先由我点标点解释,到回来这天,要同学们自己来读,大家一起看,居然能把一篇没有标点的碑文大致读下来,基本读懂,没有错误。

　　学旅回来后,同学们写了大量的散文诗歌,还有写古文、古诗的,我是要求他们每人至少写一首。他们大多每人写了几首。有些诗歌确实写得很不错。我们不妨举一两首:

于越怀古

（倪佩芸）

义胆忠肝出远谋,谁知鸟尽良弓休。

龙山万古精魂祭,不若范公荡小舟。

游兰亭

（沈剑柔）

梦游兰亭千百回,今朝有幸识真颜。

暗香小径入幽苑,浓影轩亭树巨岩。

佳丽情浓醉古道,鹅儿戏水步人前。

如山学业暂丢却,偷得人生三日闲。

　　如果做班主任那更是有利。我做班主任时,写品德评语也别出心裁。用一句箴言概括该学生的特点,然后下面加注、加疏。我曾给一个同学写了这样的一句话:如果你是一尊有缺点的雕像,你将更完美(因为这位同学太完美了,似乎什么缺点都没有,同学们总认为他有点做作,所以个个都敬而远之)。其实处处有语文,只要你有心,就能想出各种办法来提高。当然,最最要紧的还是养成读书的习惯,成为一个有追求的文化人、读书人、学人。

以上是简单的回顾,四十年来在我身边发生的事情实在是数不胜数。

总之,我想说的是,在这样的教育制度下,教师也并非完全无所作为的。相反,"板荡识忠臣"。从另一个角度看,越是难越能有所作为。

五、结束语

中国教育的痼疾非一日之寒,也非一处之病。有人把所有的教育问题都推在当今的体制上,我不这么看。体制固然有问题,但不是唯一的。教育走到今天,有历史原因,有社会原因,社会有责任,甚至我们每个人都有责任。光是批判是没用的。应试教育的存在有一定的合理性,有它存在的土壤。

当今中国人这么多,还这么穷,僧多粥少,资源有限,生活资源、工作资源都有限,还要为饭碗操心,为工作奔波。人多且穷,只能争,只能抢。怎么抢?定出一个游戏规则,就叫应试教育。要争,必然没有平常心;在饭碗还不牢的时候,要人自由自在地成长,要有平常心不现实。连基本物质条件都不能满足,而要人们去追求精神享受,奢谈提高人的素质更难。

邓小平说，我们最大的失误是教育的失误。教育是计划经济的最后一个堡垒，是重灾区。我已经说了，以我们的力量是不可能改变现有的教育体制的，而且教育存在的问题也并非都出在体制上，假设现在教育投入加大一倍，假设给教师工资都增加一倍，假如教育体制全面回归到 1949 年前，问题是不是就都解决了呢？我看还是不可能一下子解决的。教育是人做的，积重难返，就像民族的素质一样，由来已久，不可能在短时期改变。

20 世纪 80 年代，中国大学生提出了一句非常令人感动的口号：振兴中华，从我做起！今不妨借用之，我们只能要求自己有一点儿理想，有一点儿责任感，有一点儿担当精神，从我做起，在这个小环境中做一些改变：振兴教育，从教师做起。

令人欣喜的是，如今已经有许多教师正在发愤努力、刻苦学习，为了中国的教育大胆探索，奋然前行。

诸位都是高才生，是精英。60 年代，我曾报考复旦，但名落孙山。你们都是优秀的人才，如果你们能进入到基础教育，如果你们能担当起来，一步一步、一代一代地改，我想，也许我们的教育还是有希望的。

上海能出很多有国际视野的企业家，也应该能出真正的世界级的教育家；上海有很多先锋派艺术家，也应该有很多特立独行的知识分子；上海在各个领域都需要有很多真正的实干家，教育领域更需要实干家。教育事业是一项神圣的事业！如果在座的同学将来毕业后能投身基础教育事业，干出一番事业来，那么，百姓幸甚！民族幸甚！世界幸甚！

现代性的儒学化与儒学的"当代化"

——21 世纪的中国发展与儒学绿色政治理论①

乔尔·K.卡西欧拉

①　原文标题为"Confucianizing Modernity and'Modernizing'Confucianism",参见
Daniel A. Bell and Hahm Chaibong（eds.）,*Confucianism for the Modern World*,New
York：Cambridge University Press,2003,p. 28。这本书中所用的短语在词序上与本文
标题相反,并且不是动名词的形式。此外,我在"modernizing"一词上加上引号,以便警
告读者——我并没有在通常意义上（"making something modern" or "having the
attributes-especially values-of modernity"）使用这个词;我绝对没有采取这种通常意义。
实际上,我提出相反的建议:我们需要儒学帮助我们克服现代社会的各种缺陷以及由此
而引起的各种社会和生态问题。我借用了贝淡宁（Bell）和韩在凤（Hahm）的短语,并且
在一个更为宽泛的"updating"或"making more contemporary"的意义上使用这个短语;
这种意义考虑了现代"高技术生活"方面的因素,但没有模仿误入歧途的现代消费社会
的价值基础和各种社会机制。我将在文章中讨论这一点。

主讲人简介

乔尔·K.卡西欧拉(Joel K. Kassiola),美国普林斯顿大学政治哲学博士。现任美国旧金山州立大学行为主义社会科学学院院长、政治学教授。主要研究领域为:西方政治思想史、政治理论、政治哲学、环境政治理论、后现代主义及政治学方法论。其主要论著有:*The Death of Industrial Civilization: the Limits to Economic Growth and the Repoliticization of Advanced Industrial Society*; *Explorations in Environmental Political Theory: Thinking about What We Value* 等。

时　间:2009 年 3 月 27 日 18:30
地　点:复旦大学光华楼东主楼 2801 室高研院通业大讲堂
主持人:邓正来(复旦大学特聘教授、社会科学高等研究院院长、
　　　　当代中国研究中心主任)
评论人:郭苏建(复旦大学特聘教授、社会科学高等研究院副院长)
　　　　刘建军(复旦大学国际关系与公共事务学院教授)

未来的二十到五十年,(消费者资本主义和儒家文化的复兴)两种命运之间的斗争将同时发生在政治领域和文化领域。更重要的是,政治斗争的结果与文化斗争的结果密切相关。……然而,如果儒学复兴,那么中国的政治将会转向仁爱统治(中国的文化将会集中关注于道德,而不是转向物质主义)。所以,在将来的二十到五十年,儒学将

会和西方文化来一场决战。因为这场战争关系到中华民族的未来,所以这将是一次生死决斗……中国最为显著的特征不是它广袤的国土,也不是它庞大的人口,而是那一直演化了数千年的悠久而不朽的文化。

——康晓光①

子曰:温故而知新,可以为师矣。

——孔子②

一、导　　言

我非常高兴并深感荣幸回到上海和复旦大学。在 2006 年第一次访问中国期间,我参观了这所著名的学府;在那次访问期间,我会见了一些学术官员,讲授了一些课程,并且在包括复旦在内的五所中国名校中做了演讲,同时也在北京的中共中央党校做了一场演讲。我和我的旧金山州立大学教员同事所遇见的所有教员和学生都热烈欢迎我们;想起这种热烈的气氛,我依然激动万分。基于上次的中国之行,加之各种全球环境危

---

① Kang Xiaoguang, "Confucianization: A Future in the Tradition", *Social Research*, Vol. 73, No. 1, 2006, pp. 112, 119.

② Confucius, *The Analects*, 2. 11, trans. by D. C. Lau, New York: Penguin Books, 1979, p. 64. 这本书是我们所拥有的唯一一本关于孔子思想的(由孔子弟子记录下来的)著作。我在本文中使用常规的符号体系——以篇号加段号的形式——来引用这本著作。因此, "2.11"表示"第 2 篇第 11 段"。此后,为了便利,所有对《论语》(*The Analects*)的引用都援引自 Lau 翻译的这个版本。

机的紧迫性以及这种紧迫性在中国的具体表现(在 2009 年又加上全球经济危机),我自己发生了一些转变,改变了我的研究计划。我花了三年时间阅读关于中国环境和政治困境的各种文献,并且几次回访中国,与一些包括上海、北京的大学师生和政府机构官员在内的听众一起分享我的想法。

今天我要特别感谢邓正来院长和复旦大学社会科学高等研究院的邀请。邓正来院长和复旦大学社会科学高等研究院赋予我这次在各位面前发言的荣誉,也赋予了我与这个享有盛誉的研究院的卓越成员们一起就 21 世纪的中国发展和我们所有人所居住的(环境意义上的)有限地球的重要话题分享我的想法的机会。这一话题不仅对所有中国公民及其领导人具有极其重要的意义,而且也对整个世界具有深远的意义。这是因为在上海和全中国所作出的各种决策将会产生各种各样的生态、经济、政治和社会后果。

二、环境危机是一个规范性的政治危机

在今天的讨论中,我首先明确陈述我的核心观点。我从事环境和政治理论的交叉研究已有三十五年左右。这种交叉研究的核心观点是:人类的各种价值和政治是环境危机的根源。只有我们承认这一事实,并且要求政治思想理论实现这样一种根本变化,即我们的各种社会价值以及建立在这些价值之上的社会实践和制度发生根本的变化,才能防止令人害怕的全球环境灾难。请允许我进一步阐释这个观点。

　　我关于环境的研究和思考以及绿色政治理论领域的基本
原则是：环境危机并不像大多数人界定的那样是一个技术或科
学领域的危机（这些人认为，科学或技术领域的突破将会解决
所有这些问题）。与此不同，我思考的基本前提是，环境危机根
源于价值危机，因此，环境危机必然且不可避免地是政治危机，
而不是技术危机，也不是科学危机；这是因为政治必然涉及价
值判断以及这些价值分歧导致的各种冲突的和平解决。正是
基于这一洞见，我坚持政治理论（即一门关于各种政治价值以
及如何实现这些价值的研究）有必要在处理现代消费主义"生
活方式"、文化或文明问题方面发挥主要作用。这种消费主义
"生活方式"、文化或文明已经导致了许多严重的环境问题，这
些环境问题给当前整个人类，尤其是给中国带来各种严重的威
胁。中国领导人现在也承认了这些严重的威胁。[①] 因此，除非
通过恰当的价值变革来承认和回应环境危机的现代价值基础，
否则我们这些地球上的居民都将会误解环境危机的性质及其
基本规范性基础（这种规范性基础必须发生根本的社会变迁），
并且承受各种可怕的后果。为了避免生态灾难，我们必须进行
理论聚焦和分析工作。

　　在以前发表的一篇题为"西方工业文明的困境和 21 世纪
的中国之路"的文章中，我的结论是：中国不应追随美国社会和

---

　　① See Wang Yi, "China's Environmental and Developmental Issues in
Transition", *Social Research*, Vol. 73, No. 1, Spring, 2006, pp. 277-291; Elizabeth
Economy, *The River Runs Black: The Environmental Challenge to China's Future*,
Ithaca: Cornell University Press, 2005. 这些文献生动地描述了中国存在的各种严重的
环境问题以及由此引起的对中国公民健康和中国经济的各种威胁。

经验所提供的工业发展过程与模式及其现代价值（西方启蒙基础）；我在那次讨论中简明地概括了美国社会的各种环境问题、社会问题和价值基础问题。此外，我主张（引用那篇文章的话来说）："我们必须开始想象和探索替代错误的与有害的工业主义模式的各种方式，同时提供必需品以满足中国 13 亿人口的各种需求。"①在那篇文章中，我还提出，中国有必要追寻各种非西方的、非工业的、替代性的绿色价值，并且在这些后工业价值基础上创建各种社会制度和政策。这些后工业价值的特征不是工业文明对各种环境限制的根本拒绝（这一点是致命的），也不是诸如以下错误思想那样的谬见：认为经济能够在不带来不利生态后果的情况下无止境地增长；认为这种经济增长和由此引起的物质主义消费以及忽视环境对这种增长和消费的各种限制，构成了现代工业社会的最高社会价值（这种社会价值既不可能，也令人不快）。

我相信，如果我们打算避免全球环境灾难，那么我们必须矫正西方现代工业和资本主义意识形态所创造的这些致命的社会幻觉，必须创建一套替代性基本价值和社会制度来取代这些致命的社会幻觉，必须想象和创制一种新的后现代的社会秩序。这并不必然意味着排除过去的理念（我前面所引那篇文章的一个小标题是"传统之中的未来"），也并不必然意味着以可持续的而又公正的全新方式生活。自两千四百年前滥觞于苏

---

① Joel J. Kassiola and Xiaohang Liu, "The Dilemma of Western Industrial Civilization and China's Path in the 21st Century", Sujian and Baogang Guo (eds.), *Challenges Facing Chinese Political Development*, Langham, MD: Rowman and Littlefield, 2007, p. 151.

格拉底和柏拉图,政治理论的基本任务一直就是推进这种价值分析、评估和替代。

　　在我前面所引用的那篇文章的结尾,我提出,中国的领导人和公民可能是真正的世界先驱与领袖——在致力于采取某种基于不同价值和制度的非西方的、非工业的绿色社会范式和结构方面。我以前也提到一些与标准的西方的、工业的、自由的消费资本主义价值构成鲜明对比的传统的中国儒家价值。有利于这种必需的价值变革和文化转型的一些传统的中国儒家价值包括:民本——以老百姓为本位的政策;利民——促进人民福利;均富——财富平等;以及最后一个,也许是最为重要的一个——价值和谐——人与自然相和谐。①

　　在那次讨论的结尾,由于篇幅限制,我没有提供关于中国如何能够成功应对这场具有世界意义的价值和制度变革之挑战的具体建议。然而,那次讨论过了三年以后,也就是当世界似乎在一些气候学家发出可怕警告的十多年后终于被全球气候变化威胁所唤醒之时,我想把今天的讨论集中在具体建议这一点上,即在追寻和促使其他国家采纳一种非西方的、非现代的、非物质主义的价值体系与文化方面,中国如何才能担当世界领导者的角色。我想向我极其尊重的从事公共政策和发展研究的中国同行们提出一个建议:探讨——尽管有些简单——中国如何才能带头走向新的未来,而这种新的未来必须为世界

---

　　① Joel J. Kassiola and Xiaohang Liu, "The Dilemma of Western Industrial Civilization and China's Path in the 21st Century", Sujian and Baogang Guo (eds.), *Challenges Facing Chinese Political Development*, Langham, MD: Rowman and Littlefield, 2007, p. 152.

创制出一种替代现代消费主义政治经济体的模式,虽然这种现代消费主义政治经济体非常成功地积累了巨大的物质财富,但是在环境上是不可持续的,也不能扩散到世界范围。一些环境主义者谴责这种主流的、现代的、西方的工业化文明——这种工业化文明现在达到了它生涯的最后阶段(由于自然资源和地球容纳废弃产品能力方面的各种环境限制,这种工业化文明要么发生变革,要么带来灾难)。这些环境主义者对现代性提出了批判,认为这种现代性在基础上是有缺陷的,在生态上是不可持续的。现在一些有洞察力的思想家也承认了这一点。

再者,这种主流的环境主义立场完全建立在这样一种基本主张基础之上,即无节制的消费社会和由此引起的环境危机之间的因果关系将会迫使发生必要的、激进的社会变迁,以避免各种环境灾难的威胁,并且因此创制出一种在环境上可持续的公正社会秩序。一位早期的环境政治理论家明确提倡这种根本性的社会变迁,以避免环境灾难,达致可持续性。他曾写道:

> 根据我的判断,当今世界最重要的现实是现代工业文明的不可持续。即使很多世界领导人没有意识到这个事实,这仍然是事情的真相……在我们的周全考虑下,我们的社会将会转变为一种可持续社会模式吗? 抑或,我们顽固不化地拒绝变迁,最后社会基本支柱的倒塌迫使社会发生变迁呢? 抵抗变迁将会迫使我们沦落为社会变迁的受害者。为了强调,我再重复一遍:抵抗变迁将会迫使我们

沦落为社会变迁的受害者。①

实际上,每天发布的各种可怕的环境退化报告都清晰地说明了这一点,并且(迫使这一点)刺激了社会变迁。② 由于其极端的环境恶化状况,中国在环境领域扮演了一个消极的典型角色——官方报告每年数十万人因大气污染而面临死亡,每周发生一千次与环境有关的抗议事件!③ 因此,在近四十年关于环境的社会运动之后,尤其是在中国、在其人民和领导人之中,最终可能达致一种全球觉醒状态,接受有必要发生全球社会变迁的重要观点,以避免环境灾难;这与美国形成了鲜明的对

① Lester W. Milbrath, "Envisioning a Sustainable Society", Joel J. Kassiola (ed.), *Explorations in Environmental Political Theory: Thinking about What We Value*, New York: M. E. Sharpe Inc., 2003, pp. 37, 40-41.

② 关于我们生态恶化状态的具体情况,参见如下组织发布的年度或两年一次的环境状况报告:世界资源研究所(The World Resources Institute)、世界银行(The World Bank)、世界自然基金会(The World Wildlife Fund),等等。关于气候变化和全球变暖的全球挑战,我所想起的最近报告是:David Spratt and Philip Sutton, "Climate 'Code Red': The Race for a Sustainability Emergency", Friends of the Earth, February, 2008, www. climateordered. net.

③ 关于学者对中国极端的环境恶化状态的评论,请参见 Kristin A. Day(ed.), *China's Environment and the Challenge of Sustainable Development*, Armonk, New York: M. E. Sharpe Inc., 2005; Elizabeth C. Economy, *The River Runs Black: The Environmental Challenge to China's Future*, Ithaca: Cornell University Press, 2005; Judith Shapiro, *Mao's War Against Nature: Politics and the Environment in Revolutionary China*, New York: Cambridge University Press, 2001. 关于中国环境恶化状况的一个年度报告,请参见 The Woodrow Wilson International Center for Scholars' China Environmental Forum Which Produces the Annual, *China Environmental Series*。最近的辑刊是 2007 年第 9 辑,这一辑发布了一些新的、真正可怕的信息:中国很可能超过美国成为世界温室气体排放第一大国;中国政府承认,中国没有实现能效目标;中国第三大淡水湖泊太湖爆发"蓝藻事件";国际奥委会宣布,尽管北京空气质量有所改善,北京空气质量对于奥林匹克耐力运动项目来说可能还不够良好;三峡大坝附近出现大规模河岸塌方,300 万居民需要重新安置。

比——根据民意测验和公共政策,美国人民和领导人这两个群体都远远没有形成环境危机的社会意识,也没有接受这种环境危机。世界领导人(包括新任美国总统奥巴马)和全球公民都不情愿但不可避免地意识到,我们的地球在物质上不允许整个人类都像美国消费资本主义社会和其他发达国家的公民那样生活。一个最近访问中国的人观察到了中国可怕的环境状况,他说道,如果中国的人均收入达到美国的水平,那么我们将会需要好几个地球来支撑中国。他的评论十分简洁地说明了在各种环境威胁基础上发生社会变迁的紧迫需要。

这个尖锐的评论符合环境主义者长期以来一直坚持的一个说法:现代工业消费世界观、价值和生活方式在全球范围内的不可持续性。[①] 我们只有一个据以为生的地球,这似乎是一个显见的事实。然而,现代消费资本主义的全球霸权意识形态从根本上拒绝承认这一生存事实和由此引起的对经济增长的各种限制。最后,人们被迫需要陈述这一显见的事实,并且遵照这一显见的事实采取行动。对全球环境运动来说,有效交流——将不受限制的经济增长作为一种社会目标和最高政策目标的——国内政策和全球政策所带来的危险信息,在提倡其

---

① 关于以这一点为其主题的一个最早政治理论著作,请参见拙作 *The Death of Industrial Civilization*：*The Limits to Growth and the Repoliticization of Advanced Industrial Society*,Albany,New York：State University of New York Press,1990。以这一点为主题的其他环境政治理论著作的介绍请参见我主编的 *Explorations in Environmental Political Theory*：*Think about What We Value*,New York：M. E. Sharpe Inc.,2003,pp. 222-223。

绿色思想方面具有重要意义。在全球环境运动所波及的公众和决策者网络中保持这种有效交流,以便这种社会秩序致命的根本缺陷能够被公众承认,一种新的可持续的社会秩序能够得以实现。因此,脱离当前主流消费社会(这种社会以不受限制和永不停止的经济增长为其意识形态),发生根本性社会变迁的必要性,将会成为一个为决策者和普通公民所接受的现实。这种绿色社会变革的实现是当代人所面临的一个最严峻的挑战,这种绿色社会变革中内含的实质精神是我的观点背后的驱动力。

那些认为——像以自愿为基础的市场基质型二氧化碳排污交易(cap and trade)那样的——各种改良主义措施将会足够拯救地球于环境灾难之中的人,极其不同于那些承认有必要发展出一种具有各种不同社会价值和制度替代性的后现代社会秩序(实际上也就是一种新的社会秩序)的激进绿色思想家。这次演讲试图预设激进绿色思想家的观点,假设公众在2009年之前就意识到这种极端性的环境危机,对我们前面的艰巨任务来说,只有转向一种新的、可持续的社会秩序的激进社会变迁才是可接受的和有效的。为了使不可持续的消费社会发生这种变革,我建议将儒学作为这种必要的、绿色的、替代性的、在环境上可持续的并且在社会上更为公正的社会秩序的基础。我坚持我的一位研究环境主义的学生的观点,这位学生曾经说过:"追求物质的西方已经破坏了自然,使自然几乎不可修复;崇尚精神的东方将会指导我们最好应如何修复这种被破坏了的自然。"①

三、现代性的儒学化和儒学的当代化

我们如何才能理解现代性及其对于地球和当前正在工业化的社会之秩序的意义呢？我从理解现代社会秩序方面的理论出发,集中了工业化社会之秩序这种社会组织方式的三个基本缺陷:(1)因拒绝接受各种环境限制而导致的在环境上的不可持续性;(2)个人主义人性和物质主义;(3)现代性的西方启蒙特质。

我无须重述现代社会所面临的各种环境挑战和政治挑战,此处仅仅提及当今现代社会遭遇的少数几个可怕的威胁:从臭氧层耗竭和全球变暖到宗教原教旨主义和核扩散。从我对环境危机的政治理论分析可以得出的结论是:我们从中习得的重要的和令人信服的教训生动地表明了注定要失败的现代社会、以经济无止境增长开始的各种现代社会价值,以及这些价值所鼓吹的各种社会实践的谬误性。在我看来,作为现代社会基石的西方现代性中的各种工业化社会的价值,包括物质主义、竞争、不平等、个人主义、追逐特权和经济无止境增长等,已经不能支持当前的 66 亿全球总人口;然而人口统计学家预计,在 21

---

① Vassos Argryou, *The Logic of Environmentalism: Anthropology, Ecology, and Postcoloniality*, New York: Berghahn Books, 2005, p. 45.

世纪剩余的时间内可能将会有 80 亿或 100 亿甚或 120 亿人口生活在我们的地球上。在过去的 25 年里,中国经济一直以平均每年超过 9％的速度增长。在将来的 50 年中,中国还能维持这样的增长速度吗? 这种经济快速增长能够无止境地进行下去吗? 经济无止境增长是可能的吗?

在西方个人主义现代性中,自然被视为一种工具性物品(an instrumental good)和一种消费的对象。在解决各种人类问题方面,道德性被视为无用之物。由于技术的进步和科学知识的增长,经济增长被视为是无止境的。竞争性的物质主义(competitive materialism)被视为是通向成功的唯一路径。与此不同,儒学在人与自然的关系以及个人与社会的关系方面提出了深刻的洞识。西方各国将驱动经济无止境增长的个人主义和物质消费视为现代化的原动力,而儒学更为强调集体价值和努力,将其视为追寻现代化的灵感。

东亚各国,例如中国,没有经历西方启蒙,因此也没有继承西方各种工业化社会的价值;与此相反,东亚各国发展出一些颇具其自身特色的工业化模式。西方现代性强调如下价值:个人主义、竞争性物质主义、消费、市场经济和社会的商品化以及代议制议会民主(和其他价值)。东亚各国,例如中国,不能,在我看来甚至不应尝试复制西方各国的历史经验和价值;它们也不应复制这种外来的、有缺陷的和不可能的发展模式。之所以不可能复制西方现代国家的各种价值和社会制度,不仅是因为东亚各国具有不同的文化、传统、政治历史和领导风格,而且还有各种环境限制的因素。从历史观点上看,追求现代化的国家必须与其文化传统断绝关系这一共同假设是错误的。作为开头,我提出,儒家哲学可以有助于为追寻(中国所试图实现的)环境友好型和谐社会提供灵感。

考虑到这些理论思考,我想提出:中国已经做好充分准备,迎接因提供一种替代西方工业化社会及其各种价值、概念、社会制度和政策的可选择性模式而带来的独特和深刻的挑战。在去年演讲的结尾部分,我仅仅提到这种替代西方霸权的工业模式的中国模式;然而,现在我想更为详细地探讨中国儒家传统价值的重要作用及其对于当前社会实践的意义。我的目的是进行学术讨论和思想交流,抛砖引玉,引起讨论;我的想法是,尽可能运用儒家原则和价值去塑造 21 世纪的中国发展,以取代错误的、不可持续的和有害的西方现代工业消费主义模式——当前中国看起来似乎正在追随这种西方现代工业消费主义模式。

像大部分西方政治理论家那样,我也曾经听到一些关于什么使得东亚文明不同于西方文明的肤浅报告,也曾经听说儒家价值和哲学在使包括中国在内的各种东亚文化不同于西方文化上所发挥的作用。然而,西方哲学家和政治理论家以及经济学家当然地假定,由于西方价值和社会实践在世界范围内的扩散(即所谓的不可避免的"全球化进程"),全能和主流的西方工业文明的消费意识形态和实践将会侵蚀和消灭传统的儒家文化。实际上,这种西方主流思想如此地深入,以至于许多研究全球化的学者都将这些全球发展看成是"西方化",或者是西方价值和制度在与非西方、非工业价值和制度之间的竞争中所取得的胜利。像儒学信徒一样,许多中国学者认为,中国文化传统如同一副挂在脖子上的重担;只有卸下这副重担,中国才能进步。这种反儒家的批评还作出如下宣称:(1)相对于其他现代西方各种宗教的劣势,即儒学导致中国在以前没有多少发展;(2)儒学和现代性之间不可调和的冲突阻碍了中国的发展;(3)中国儒学是一个思想死体,这种思想死体与现代世界不相关。[①] 这种西方全球化模式的鼓吹者针对的是下述这种评论观点在世界范围的被接受,即两位作者在一篇文章中对"支持儒家"和"反对儒家"的辩论的评论:"这场关于儒学的辩论仍然建基于蕴涵于各种经典文本和过去历史之中的各种价值和力量。人们一直很少调查研究儒家思想与现存各种'儒家'社会中的具体实践或制度之间的各种联系,尽管这种联系包括政治、经济、社会和法律等多个面向。这场辩论应当从理论和思辨的阶段转向更为实践和制度的考察……儒学的倡导者有必要进行某种积极和建设性的思考,倡导者在这种思考中积极探索和阐明儒学在现代社会中的各种制度表现形式。这意味着精心挑选和清晰阐明儒学的各种制度面向,这些制度面向在现代社会切实可行,并且具有可辩护性。"[②]

　　现在,我知道,有一些研究经济发展的学者和决策者相信,

　　① See Bingyi Yu and Zhaolu Lu, "Confucianism and Modernity—Insights from an Interview with Tu Wei-ming", *China Review International*, Vol. 7, No. 2, Fall, 2000, p. 385.

　　② Daniel A. Bell and Hahm Chaibong, "Introduction: The Contemporary Relevance of Confucianism for the Modern World", Daniel A. Bell and Hahm Chaibong (eds.), *Confucianism for the Modern World*, New York: Cambridge University Press, 2003, pp. 4-5.

中国能够成功地实现可以被称为"有中国特色的工业现代化"这一当前目标,"有中国特色的工业现代化"大体上是指仅仅在中国文化背景下进行一些微小的改变或调整的情况下,继续实现过去 30 年经济快速增长所带来的巨大物质成功,在物质财富上走西方工业化的道路,在消费上走西方消费主义的道路。

我想谦恭地提出:这种观点并不足够深刻,忽视了为经济如此快速增长付出的同样巨大的各种环境成本,这些环境成本在当前已经不可否认,也不可避免。与追求"有中国特色的工业现代化"不同,我想建议中国实施一种旨在追求(在很大程度上是)替代性的、非西方的、非工业的、非现代的、非西方启蒙的价值和概念基础的政策,并且提供一种后西方的、后工业的、后现代的、后消费主义的、替代性的绿色社会秩序的新模式——这一模式认真对待我们人类和地球的生存限制以及各种道德因素和律令(直至达致甚至超过经济因素的程度);我认为,整个世界都需要这种新模式。

工业主义并没有悠久的历史(250 年),甚至在世界的许多地方都还没有这么悠久。简言之,我心中所想的主意,从一本名为《现代世界的儒学》的书(本文的标题就源自于这本书)的编者那里借用一个短语来说就是,中国带头实现"现代性的儒学化和儒学的当代化"①。我提出这一点是想指出,中国应当重

---

① Daniel A. Bell and Hahm Chaibong, "Introduction: The Contemporary Relevance of Confucianism for the Modern World", Daniel A. Bell and Hahm Chaibong (eds.), *Confucianism for the Modern World*, New York: Cambridge University Press, 2003, p. 28.

新解释和调整儒学中的各种传统价值,并将这些传统价值适用于当今现代世界,以便代替追随西方现代的各种价值和制度,在不堕入西方现代主义的错觉、不遭受西方现代主义的有害后果的前提下,运用儒家价值来重新概括和重新建构中国的发展之路。贝淡宁(Daniel A. Bell)和韩在凤(Hahm Chaibong)接着说,他们并不试图"以东亚现代性来取代西方(自由)现代性"①;因此,这大体上意味着:由于其相对于前现代、前工业思想的优势,存在一些值得保留的西方的、工业的社会特质;于是,那种西方的、工业的因素一点都不保留的完全取代模式就太过了——这如同谚语所说的:"将婴儿和洗澡水一起倒掉了!"关于这些可欲的和值得保留的西方工业价值和制度,一些可能的例子包括性别和种族平等、废除奴隶制、言论自由和集会自由。

我同意这样一种观点,即某些工业价值、社会和政治思想值得完好无损地保留下来。这一点使替代工业文明的进程成为一种选择性过程,并且涉及一些困难的判断以及与新的后工业的、生态上可持续的和公正的社会秩序的整合;这是一个要求进行认真思考和大量研究的挑战,然而这也超过了当前这个演讲的范围。

因此,我想提出以下这个问题:中国能够经由将其儒家遗产作为创制一种非现代的发展模式的灵感,成为绿色思想的新

----

① See Daniel A. Bell and Hahm Chaibong, "Introduction: The Contemporary Relevance of Confucianism for the Modern World", Daniel A. Bell and Hahm Chaibong (eds.), *Confucianism for the Modern World*, New York: Cambridge University Press, 2003, pp. 27-28.

的世界领导吗？对于我这个甚至不能算是研究儒家思想的初学者来说，不能对这个问题作出权威性的解答，但是我想提出这个问题，供各位思考；此外，我想提出如何处理这个对于我们的未来来说至关重要的问题的一种进路。

四、在重述现代性中探索一种对儒家思想的新阐释

首先，像所有重要哲学思想和（或）主要宗教一样，并不存在一种统一完整的内容体系——这种内容体系只承认唯一一种阐释——一种正确的阐释。我们有必要承认对儒家思想进行多种阐释的可能性，正如对其他任何伟大理论家的著作进行多种阐释一样，我们也有必要期待这样的多种阐释。我在此遵循一位试图从儒家思想中获取宪政洞见的儒家思想专家的明智劝告，他写道：

　　我相信我们应该从试图找到儒学的唯一正确含义的习惯中解放出来。着迷于追求儒学"本质"的情结，忽视了这样一个事实，即作为一个活的传统，儒学总是经历各种修改和转变。在某种程度上，忽视变化着的历史环境，并且坚持儒学具有一个永恒不变的统一硬核的看法是极其"非儒学"的。前现代的儒家自身就不断地重新解释、表述儒家传统，以适应他们时代的迫切需要。正如其他各种传统所遭遇的情形一样，当人民丧失了重新解释、表述他们

所继承的传统时,儒学开始转变为一种压迫和压制的工具。作为一种活的传统的参与者,当今的东亚人不应担忧重新解释、表述他们的儒家遗产,以适应我们时代的各种挑战。①

这是一个关于如何运用一种道德和宗教传统的开明和重要的陈述,这种陈述特别适用于如下这种传统:道德和宗教传统本身蕴涵着对时代的各种历史迫切需要的适应,以真正使这种道德和宗教传统成为一种响应时代现有条件的"活的传统"。因此,在历史和时间上具有适应性的儒学似乎便利于其自身适应21世纪的世界。像任何一种"活的传统"一样,儒学必须逐步演化以适应变化着的条件,这些变化着的条件对当前的儒家信徒来说颇有用处。用两位儒家学者的话来说,我们不仅必须实现"现代性的儒学化",而且必须实现"儒学的当代化"。② 但是,好消息是,儒家传统是这样一种"活的传统",以至于它拥有一个不断演变的悠久历史。因此,以我所建议的方式运用儒学符合数千年的儒家思想。不仅对中国学者来说,而且对所有试图探索一种替代主流的现代社会秩序的模式的绿色政治家来说,当他们思索"以儒家的各种规范和制度来改进现代性"时都

① Hahm Chaihark, "Constitutionalism, Confucian Civic Virtue, and Ritual Propriety", Daniel A. Bell and Hahm Chaibong (eds.), *Confucianism for the Modern World*, New York: Cambridge University Press, 2003, pp. 48-49.

② Daniel A. Bell and Hahm Chaibong, "Introduction: The Contemporary Relevance of Confucianism for the Modern World", Daniel A. Bell and Hahm Chaibong (eds.), *Confucianism for the Modern World*, New York: Cambridge University Press, 2003, p. 28.

会质疑儒学的适应性。这些学者以如下的方式提出了质疑：
"什么是善的生活？什么样的现代性不符合善的生活？儒学如
何才能为重新阐明、表述现代性贡献力量？儒学又如何才能为
符合我们关于'善的生活'的标准的现代性贡献力量？"[①]这种关
于我们在当今所面临的根本挑战的陈述涉及环境政治理论家
和中国发展战略家；然而，鼓舞人心的消息是，当代儒家学者和
政治理论家一起合作努力，可能产生出一种我们相当需要的
替代性概念框架和各种价值，以通过解决上述关键问题的方
式来实现"现代性的儒学化"和"儒学的当代化"——这些关键
问题恰恰是需要政治理论和儒学予以解答的难题。让我们仔
细考虑当今儒家学者中的领军人物对儒学的当代适用性的
说法：

> 儒家传统对人与自然的关系以及个人与社会的关系
> 提供了深刻的洞识。它的天人合一哲学和它的家天下模
> 型（也就是万物都形成了一个统一的整体、所有人都是一
> 个家庭的成员）证实，儒学构成了一种广泛的人文主义世
> 界观。儒家人文主义以个人与社会相和谐、人与自然相和
> 谐以及人的心灵与天道相和谐三项原则为基础……这种
> 新（儒家）人文主义的倾向批判眼光短浅的人类中心主义，

---

① Daniel A. Bell and Hahm Chaibong, "Introduction: The Contemporary Relevance of Confucianism for the Modern World", Daniel A. Bell and Hahm Chaibong (eds.), *Confucianism for the Modern World*, New York: Cambridge University Press, 2003, p. 25.

反对对物质主义、工具主义、技术和实用主义的不合理强调。①

五、设法合成儒学和绿色政治理论

目前,唯一一种替代西方工业化观点的立场是一系列被称为"绿色政治理论"或"环境政治理论"的理论;这也是我所广泛涉猎甚至有所建树的领域。这种理论强调各种环境限制,认为经济增长服从于上位的像家庭、朋友、社区和自然那样的各种非物质价值,这些非物质价值可以作为一种完全替代不受限制的经济增长狂热(economic growth maniacal,借用了生态经济学家赫尔曼·戴利(Herman Daly)的恰当术语)的主流模式。然而,这种替代模式本身牢固地内生于西方传统。② 这些替代性绿色价值不同于主流的无止境增长的价值,但是它们仍然属于西方文明——诸如个人主义、道德服从于各种其他价值、物质主义和取得物质产品的至上价值等基本面向——的遗产。只有在迫使绿色政治理论家思考支持其替代性观点的各种理由、考察儒学如何能够帮助改进现代性——不仅批评工业世界

---

① Tu Wei-ming, "Confucianism and Modernity—Insights from an Interview", *China Review International*, Vol. 7, No. 2, Fall, 2000, p. 381. 此文原文中有两段的顺序被颠倒了。

② 参见约翰·斯图亚特·密尔(John Stuart Mill)提出的"不增长社会"(no-growth society)的概念。

观和工业社会,而且具有实际的指导方针——或者考察如何构
建一个具有儒家特质的仁爱社会之时,我们才能开始更富有成
果地探索和探求那种将不得不超越现代工业社会的社会;我一
直将这种社会称为"超越工业的"社会或对工业社会的超越。
这种社会将以一种黑格尔式合题(Hegelian Synthesis)的方式
把工业社会的一些要素与一些新的非工业价值相合并。黑格
尔式合题是指相互对抗的观点(命题和反命题)的互补部分的
结合。越来越多的人们意识到工业社会观在全球层面是不可
持续的,如同这些观点目前在构成上所表现的那样。

六、设法在应对各种新挑战中进行儒学的当代化

儒学能够在减轻全球环境危机方面做些什么呢?由于这
次演讲的时间限制,我的简短回答是:通过儒学的当代化和运
用我们关于当今人类所面临的各种威胁的环境知识来更新儒
学,中国能够为世界提供一个如何在符合环境可持续性的前提
下发展(而不仅仅是经济增长)的角色楷模。我相信,对中国学
者和西方环境理论家来说,这种儒家思想和绿色政治思想的联
合可能构成一个新的重要研究领域,也可能构成一个双方开展
合作研究的平台。《现代世界的儒学》一书其作者的研究领域就
是儒家思想和政治思想的交叉领域;但是,他们都没有从环境和
价值的视角将儒学看做是一种替代西方工业模式的可能模式,这
是因为这些作者探求的是可能向西方转型的各种"具体"例子。

儒学能够在减轻全球环境危机方面做些什么吗？我认为,对中国学者和西方环境理论家来说,这是一个新的重要研究领域,也是上述两个研究领域将来开展合作研究的一个可能的平台。

七、设法进行西方现代性的儒学化

中国可能根据儒家原则和价值组织社会秩序和安排各种发展政策吗？或者被两位研究中国的学生称为"儒家敏感性"[①]的东西,能够与中国的物质成就一起构成一种其他国家可能追随或者仅仅部分学习的实验吗？对探索 21 世纪中国未来发展模式的中国领导人和学者来说,上述问题也将成为一个重要的问题。

为此,我举出一些儒家原则和价值或"儒家智慧",作为可能有助于西方现代性的儒学化并且有利于中国领导人和学者探索中国未来发展模式的例子:(1)强调"天人合一"(人与自然相和谐)。这意味着,人是自然必不可少的一部分——不能脱离自然——不得从事任何危及自然完整性的活动。[②] (2)儒家强调道德性超越工业主义中的自我物质利益。[③] (3)孔子认为

① David L. Hall and Roger R. Ames, "A Pragmatic Understanding of Confucian Democracy", Daniel A. Bell and Hahm Chaibong(eds.), *Confucianism for the Modern World*, New York: Cambridge Press, 2003, p. 125.

② Tu Wei-Ming, *Confucian Thought: Selfhood as Creative Transformation*, Albany: State University of New York Press, 1996, Chapter Ⅱ.

③ See Confucius, *The Analects*, 4.12, 16.10, 19.1, 4.16.

道德性和朴素的物质生活超越物质利益。① （4）儒家统治的道德关注和评价超越西方的、自由的、程序主义统治的"浅层"道德（或罗尔斯式的道德统治，而非实质性道德统治）。② （5）儒家强调朴素的物质生活和修身养性超越不断追求物质利益所带来的无止境的焦虑。③

　　在经由其当前转型阶段和物质诱惑泛滥致成的道德真空中，中国儒学可能有助于为中国提供一个中国人相当需要的伦理支撑，并且可能作为帮助建构一个更为"和谐的社会"提供一种道德基石，使其与胡锦涛主席关于解决诸如社会两极分化和"金钱至上"观念等社会问题的目标保持一致。以获取有助于中国发展的知识和关于西方现代消费社会如何能够成为生态上可持续和道德上公正之社会的知识为目的，探索这些儒家原则和其他儒家原则将是任何接受这次讲演所提出的观点的人的一个迫切任务。

八、结　　论

　　我看到了中国面临的许多严重问题，包括环境问题和社会政治问题，包括如何重新组织中国农村的问题——由于农业的

---

① See Confucius, *The Analects*, 6.2, 14.1, 4.5.
② Ibid., 12.17, 4.10, 15.24.
③ Ibid., 7.37, 17.15.

工业化,中国农村将要转移数以亿计的农民。我并不打算尽量减小或极度简化这些令人苦恼的问题;与此相反,我建议,中国应运用演化着的儒家传统来为未来的艰难决策寻找灵感和指南,特别是关于和谐与平衡——人与自然相和谐、公平和财富积累相平衡、正义和效率相平衡、经济增长和环境限制相平衡——方面的重要需求。追随西方工业化模式——这种模式坚持危险的、错误的经济无止境增长和忽视各种环境限制的最高价值,这种最高价值突出地展现在世界范围内的通信媒体之中——对于中国和世界来说都将会是一个根本的、不幸的错误,一个给环境和生活在地球上的所有居民带来各种巨大负面后果的错误。

为了中国公民的自我实现,作为一种替代现代霸权模式的可能模式,我提出注意追寻中国伟大传统,设法在儒家道德价值和思想基础上建构中国发展模式。尽管这样一种对儒学的适用可能是对我们创造性的一个严重挑战,但是考虑到现代性的致命缺陷及其对各种限制的否认,我认为,人类,特别是中国——由于它巨大的人口数量——并没有其他可行的选择。因此,在绿色政治理论的协助下,创制一种中国的、受儒学感召的、后现代的、环境上可持续的社会计划可能是 21 世纪重要的世界工程。

让我引用我书中回应批判我们当前充满"悲观景象"——环境主义批评者都会这样讲——的环境危机的一段话来结束这次演讲。这段颇具思想性的话源自于著名的未来学家阿尔文·托夫勒(Alvin Toffler),他说过:"人们可以毫不含糊地把工业文明在经济上的垂死挣扎看做是一种痛苦……然而,人们也可能把将来几年的创伤看做是长久以来都一直渴望的机会,以纠正一些老问题……简言之就是,承担一个令人恐惧但也令人振奋的、人类历史上只有极少几代人曾经面临的任务:筹划一种新文明。"①当时,我对托夫勒关于需要"筹划一种新文明"的观点的反应是:注意到"这(社会危机的危险时刻)就是最需要政治哲学的时刻了,并且是政治哲学最活跃和最富有洞识的时刻了(令人鼓舞),从古希腊城邦危机时政治哲学的起源到现在都一直如此"②。

绿色政治理论能够以这种方式探讨:在 21 世纪,现代性的哪些方面值得保留下来? 中国和其他发展中国家需要和能够运用哪些替代性价值和社会实践,以便为这些国家中的许多有迫切物质需要的人提供更多的物质产品? 所谓的"先进工业国家"在它们放慢经济增长速度以赋予那些遭受残酷物质掠夺的国家实现其公民的绝对人类需要以及其他基本需要的机会时,能够运用哪些替代性价值和社会实践呢? 因此,绿色政治理论可以协助减少国内和国家之间的极端不平等,并且同时提供帮助我们生活在环境上可持续的公正社会(作为未来 70 亿或 80 亿甚或 100 亿人口的一部分)所必需的各种价值。据此,中国不仅实现了自助,而且为美国和世界其他国家——包括所谓的

---

① Toffler,Quoted in Joel J. Kassiola, *The Death of Industrial Civilization*:*The Limits to Economic Growth and Repoliticization of Advanced Industrial Society*, Albany:State University of New York Press,1990,p. 30.

② Ibid.,p. 30.

"先进工业国家",即必须废除其现代的、增长狂热的不可持续和不公正社会秩序的国家——提供了示范。

在新的领导集体下,中国政府已经提出了"中华民族的伟大复兴"的口号,正在追寻中国伟大的传统文化。"复兴"本身就是对中国历史的积极评价,表明对过去伟大成就的承认,也表明过去曾衰落但现在又设法再次作为新的大国在崛起。这种"伟大复兴"可能构成对西方现代性的一个革命性变化,并且构成对 21 世纪自身发展道路的努力追求。让我们开始努力运用儒家智慧从事现代性的变革,并因此进行儒学的当代化,创建一种儒学绿色政治理论。以这种方式,中国很可能通过合成儒家价值和最新技术,也就是通过更新起源于两千五百年前的古典儒学思想重建中国,改善其生态环境,为其全体公民创建一种更为公正的和可持续的生活方式。这种新的儒学绿色政治理论可能带来第一个真正具有积极内容的"后现代"社会,而不仅是一个关于某种社会秩序——这种社会秩序仅仅在时间上位于现代性之后,但是我们除了说它没有现代性的各种令人讨厌的特征之外,没有什么积极内容可说——的空洞理论标签。本文开头所引格言中孔子关于教师的忠告在今天特别切题,这个格言也适合于环境危机:温故而知新![1]

(王小钢* 译)

---

[1]　See Epigraph, *The Analects*, 2. 11.

*　王小钢,法学博士,吉林大学法学院讲师。

新时期中国面临的主要挑战

王逸舟

主讲人简介

　　王逸舟,法学博士。自 1984 年起在中国社会科学院从事研究工作,曾先后任马克思列宁主义毛泽东思想研究所当代资本主义研究室副主任、世界经济与政治研究所国际政治研究室主任、中国社会科学院研究生院世界经济与政治研究系主任、世界经济与政治研究所副所长、《世界经济与政治》杂志主编、中国国际关系学会副会长,现任北京大学国际关系学院副院长。主要研究领域为:当代国际关系理论以及中

国在新世纪的外交和国际战略。主要论著有《匈牙利道路》、
《波兰危机》、《当代国际政治析论》、《西方国际政治学:历史
与理论》、《环球视点》等。

　　时　间:2009 年 6 月 18 日 18:30
　　地　点:复旦大学光华楼东主楼 2801 室社会科学高等研究院通
　　　　　业大讲堂
　　主持人:邓正来(复旦大学特聘教授、社会科学高等研究院院长、
　　　　　当代中国研究中心主任)
　　评论人:倪世雄(复旦大学国际关系与公共事务学院教授)
　　　　　吴心伯(复旦大学国际关系与公共事务学院副院长)

　　先从一件小事说起。不难注意到,近一时期,中国领导人
在国际舞台上的亮相有一个共同点:尽管我们领导人比较谦
虚、低调,但不管是在什么场合,中国领导人都被拉到会议的中
心,站在特别显著的位置。大家一定看到胡主席参加两次二十
国峰会的情景。今年年初,我到达沃斯参加一年一度的世界经
济论坛,也见证了类似情况。温总理是今年大会的第一场演讲
嘉宾,当时七八百人的会场座无虚席,连过道和门口都挤满了
听众。人们看重中国在新时期、新问题、新挑战面前如何应对,
对中国有各种期待与压力。记得 20 世纪 80 年代我第一次出国
的时候,曾不止一次地被问到是不是日本人。那时中国人在国
外很少,不太起眼,作用也有限。现在情形有了巨大的转变,这

次在达沃斯,日本一个专栏作家跟我说,中国太厉害了,到处都能看到中国人的身影;他现在到很多地方,经常被问起是不是中国人? 从边缘位置向中心的过渡说明了中国实力的提高,中国在国际舞台上的角色不一样了。

我最近写了一本书叫《中国外交新高地》,用这个名称想说明:中国通过几十年的建设,特别是改革开放三十年的发展,从一个相对封闭和自给自足的国家逐步成为公认的地区强国,现在更向全球性大国的高度攀登。"新高地"有两层含义:一方面,你看到更大更美的风景线,看到了过去在半山腰更不用说在山脚下从来不可能想象的好处与机遇;另一方面,"高处不胜寒"。接近山顶的时候,风呼呼作响,登山者会感受到更大的压力,有着在半山腰或山脚下不曾感到的冷寂。中国目前就是这种特殊状态。在此背景下,我们需要认真思考:中国发展面临什么样的难题与盲区? 如何建立与现时代适应的新增长方式? 什么是我们应当扮演的国际角色? 中国的大国形象如何构建? 逐步强大起来的中国如何避免美国霸权那种讨人嫌的形象? 我们对未来全人类的发展、国际进步中有无新的贡献?

这里,我先解读一下什么叫"新高地"上的"更大机遇"。近三十年来,中国人大踏步地走向国外,海外利益占据了我们国家利益日益增长的组成部分,每个人的生活中有越来越多的部分是和外部世界联系在一起的。像十七大报告强调的那样,今天的中国发展和整个世界密不可分。这里有一组数字:改革开放以前,即1949年到1979年,中国人一共出国28万人,平均一年不到一万人。那个时候,基本上都是因公干出去的,很少因私出国。出去的都是领导人、谈判代表、大使等。改革开放以来，小平同志最大的一个决策就是让中国人走出去，留学、务工、经商，在互动中实现自我发展。到现在，整整三十年了，有什么变化呢？从数字上看得非常清楚。2008年一年就有将近四千万人出境。估计不是今年就是明年，就有可能接近或者是突破五千万大关。从过去一年不到一万人，到现在一年四五千万人，翻了多少倍！而且现在出国人员中99％都是因私出国，如留学生、旅游者、打工仔、商人等。当然因公出差也是成倍增长，但是无论如何与因私出国的相比还是相形见绌。现在全球每七个留学生就有一个来自中国内地，还不算香港、澳门地区。我自己有过留学经历，从中受益良多。今年，我的孩子大学毕业了，马上也要出国了，我将成为占全球1/7的中国留学生的家长中的一员，关注他在海外的成长，也更加关注国际形势。整整一百年前，即1909年，清政府利用庚子赔款建立了派遣留美学生的机构，那算是中国最早的留学生建制；但当时数量很少，不过几十人、百把人而已。"文革"前，五六十年代曾经有过与苏联、东欧交换留学生的经历，数量不多，至多几百人、上千人；随着中苏关系的紧张、破裂，这种交流很快取消了。中国留学生大批走出国门仅仅是最近三十年的现象。现在国家很多重要的岗位上，不管是政府部门，还是企业界、学界，很多人是从国外回来的。根据统计，近三十年来中国一共出去了一百二十多万留学生，仅2008年一年就有近十八万人出国留学。中国留学生百年史沧桑巨变，只是到了今天，留学生才成为中国成长的重要人才储备。

　　大量中国旅游者的出现同样也是改革开放时代的新现象。"文革"前及"文革"中,国人完全没有旅游的概念,那时候一星期六天上班,只有一天休息。90年代后期开始有了出省、跨境旅游的观念和实践;进入新世纪,中国百姓生活水平提高的重要标志之一就是旅游开支在个人收入中的比重显著上升。到发达国家看看,个人收入大部分的钱花在哪儿呢? 不是吃饭,而是购房产和(特别是)旅游。旅游的地方越多、时间越长,花在旅游上的钱占你个人收入比例越高,说明个人生活水平越高,这个国家经济也越发达。如果绝大部分收入都被吃掉了,那肯定是穷国、穷人。如果百分之二三十用于购物,其余是购房、购车和旅游,这个国家就到了比较发达的阶段。中国正在向这个阶段迈进。80年代之前没有旅游,八九十年代跨省游,90年代后出境游,现在是出国游直至全球游。目前我国与近一百四十个国家签署了双边旅游协议。城市居民中很多人都出过国或出过境,如到新、马、泰、港、澳等国家或地区,或是到其他地方去过。根据世界旅游组织统计,单是中国内地,估计到2020年一年将有一亿游客出境。我去过四十多个国家,听到一种说法:在80年代,花钱如流水的日本人很受欢迎;到了90年代,美国人是最受欢迎的游客;进入21世纪以后,中国人开始变得受欢迎,因为中国人不光是参观,而且喜欢购物。根据一项调查,中国游客在东南亚一带,主要是新、马、泰,平均一个团队下来,一趟十天左右,机票、住宿、观光、购物,一个人花费近一千美元。虽然说单人消费数额还比不上发达国家,但是中国人多、团队量大,所以很受欢迎。

　　我们的父辈们与外部世界的联系很有限,口袋里一元钱中大概只有一两分钱与外部世界有关系,当然这不是指亲戚寄给他的,而是譬如说国家出口石油赚取外汇,通过财政部到了你的工资单上,不管一个月三五十块钱还是七八十块钱,反正每块钱里大概有几分钱和外部有关系。到了今天,中国已是对外依存度最高的国家,当下 GDP 的三万五千多亿中,有两万多亿是通过外贸实现的,譬如说,通过中国在拉美买下的矿井、通过中东的各种油田合同、通过俄罗斯远东地区勤劳的中国劳工实现,通过成千上万条在公海大洋上航行的油轮、货轮、商轮实现。按比例而言,现在每一块钱中至少有四毛几分钱与外部有关系。再过二三十年,当我们的孩子们成为一线骨干的时候,照着现在的态势正常发展,不出现大的毁灭性的灾难或战争的话,他们一定会有更高的收入比例与外部世界有关系。海外的利益在我们整个国家利益、在我们每个人收入中所占的比例会进一步上升。就像二十年前的人很难想象今天家家户户有手机、彩电,很多个人拥有汽车一样,二十年后中国年轻人生活、工作的方式也许是今天的人完全不能想象的。假设根据《联合国海洋法公约》,中国在太平洋洋底有一块三万平方公里的锰矿,非常大的面积,是我们专有的。但是现在因为风高浪急,路途遥远,所以暂时没有开采。很有可能,二十年以后,陆地资源接近枯竭,资金更加充裕,技术瓶颈突破了,就会有大量的人、大量的机器、大量的船队到太平洋往返作业、赚钱。现在年轻人出境游、出国游,到周边,主要到各国旅游,将来有可能就是到极地游、到太空游。目前到外空游玩还是一般游客不敢想象的,平均要花两千万美元到三千五百万美元才能搭乘俄罗斯太空船。二十年以后,那时候人的身体更结实,也有钱了,而且宇宙游的成本肯定大幅降低,可以想象,有不少中国年轻富翁将玩一把心跳,到月球甚至火星走一遭。

　　在新时期,中国人把更大的宇宙空间作为国家利益实现的地方。出国打工又是一例。过去中国人是没有出国打工这一说的。直至整个80年代都没有。确切地说,90年代初邓小平同志南巡讲话启动第二轮改革开放以后,才开始有批量出国务工。现在,俄罗斯远东地区的蔬菜、建筑业基本上都是中国人包了。1987年我第一次出国到苏联,感觉莫斯科吃新鲜青菜不容易,质量很差,而今天他们都能吃到来自于中国农民种的大棚瓜果了。中东的迪拜号称全球最繁忙的工地之一。当地人告诉我,有三支外来劳动力大军:一支来自南亚印度,一支来自巴基斯坦,第三支就是东亚的中国劳工。一个月3000美元至5000美元,相对于当地的收入很低,但对国内一些地方已不错了。加上现在国内人多、地少,所以很多地方靠劳务输出赚钱,我到山东、河南、四川等省时听说,劳务输出是当地重要的创汇来源。河北一些地方新形式劳务输出,不仅干体力活儿,而且出外承包地,在当地种菜、种粮、种瓜果,再经国际市场上销回来。这是一个新的趋势,就是中国人走出家门去种地,走到全球去发展自己。90年代初的时候全国一年出去五万人,去年一年就出去八十多万人,这个趋势非常明显。我们的船队更是如此。中国船队运的货,特别是铁矿石、石油,都是全球最大的铁矿石船队、最大的油轮船队。实际上,在公海大洋上航行的挂着希腊、巴拿马国旗的很多商船上有很多是中国船员,他们的吃苦耐劳得到了广泛的认可,他们也为自己及其家人创造了过去不可能想象的收入与机会。

我曾经听我国一位政府领导人讲,他到南美去,南美有的政府官员告诉他,当地人没去过的地方都能见到中国人。为什么?那些地方有资源、有矿藏。这位领导人视察了当地的中国工程队。令当地人惊讶的一个情况是,中国工程队现在打出来的产量比当初最高产的时候还要高,而这些都是所谓报废的矿井。当这位领导人问及原因时,中国工程负责人说其实不难。因为在中国,很多地方地质条件很困难,我们工程技术人员练就了一身过硬的本领,有的地方要打几千米、上万米深,压几吨水才能压出一吨油。在国外很多地方,不用很大的努力就能实现高产。在西非那一带,最近几年间,中国商品一条街雨后春笋似地出现。那里曾经是印度人的影响范围,现在都是中国人了。总之,中国人通过自己的勤劳、智慧,通过各方面的努力,通过全球的广阔空间,实现着新的美好生活。

不过,我马上要指出,一个新挑战随之出现了:日益扩大的中国海外利益该如何保护。中央有关部门统计,现在一天接报的来自海外遇险的事件比过去一年都多。很多时候不造成人员伤亡,可能就不报了。中国百姓从媒体可以知道,一会儿是这个国际海域的中国商船出事,一会儿是某个国家的中国鞋城被焚烧,再一会儿是中国海外的劳工受到强盗袭击或遭遇恐怖事件。这种事情多到以往难于想象的地步。很自然,改革开放前一年出去不到一万人,危险再大,损失的数量也有限。现在一年出境四五千万人，哪怕受危害的是很小的比例，总数也很大。新挑战的性质是我们能否在遵守国际惯例、当事国法律的情况下，保护我们不断上升的海外利益，保证海上通道畅通，保障我国公民个体的生命财产安全。这是一个大难题。这次我们海军编队去索马里东部海域实行护航，威慑海盗，是中国人民解放军发展史上的里程碑事件，是中国军事力量走出去的开始。虽然到目前为止，还没有开一枪一炮，但按专业评估，此次行动的难度不亚于我们海军在内海、领海的行动。比如你碰到若干小船只，你怎么识别它是海盗船还是普通的渔船；不能把人打死，抓住人又不能拉回来；他用的是当地的土语，不是英语，你怎么安置？另外和其他国家的海军怎么合作才能避免出现摩擦？这一切难题的克服是中国海军走向公海大洋成为蓝色海军的开始。现在中国也是联合国五个常理事国中提供维和兵源最多的一个国家。联合国前秘书长安南到中国维和部队训练营地去看，那是在河北廊坊由公安部修建的大基地，安南十分赞赏其规模和设备；那里我也去参观过，确实是全世界最大的、最现代化的维和部队培训基地。另外，有一次，我见到解放军国际关系学院的院长，他原来是驻联合国军事观察团使团团长，据他讲，解放军国际关系学院现在一项重要的任务就是培养维和军官，学院中不少教员和学员都出去过。

机遇和挑战实际上是一个硬币的两个方面：我们看到了一方面的机会，更多的收入在海外实现，百姓更多的好处与国际事务有关，中国国家利益更大部分与外部世界联系在一起；另一方面，我们看到中国海外利益受到各种威胁，人身财产在海外受到损害的大量事例,看到中国经济高度对外依赖带来的脆弱性,看到中国过去一段引人注目的发展模式也有重大局限。单就中国经济的外部依赖度讲,可以察觉一些难以持续、不如人意的因素。比如,从 1993 年之后,中国从一个石油输出国变为石油输入国,到后来逐步成为全球最大的石油进口国之一,现在我们消费的石油中有将近一半需要进口,而进口的多数区域及国家属于国际安全领域里有风险的地带,如中东海湾地区、俄罗斯与中亚地区、南中国海地区。一旦出现大的战乱或海盗袭击事件,我们的海上运输线就可能中断,原先的供货合同就不能按期执行。当初萨达姆执政时期的伊拉克政府曾与我国一些石油公司和地方企业签订过七八十亿美元的合同,萨达姆政权一倒台,所有这些合同都作废了,这对于我们的相关企业和地方政府是不小的损失。目前,伊朗、苏丹、安哥拉等海湾或非洲国家都有与中国加大能源合作的渴望,但它们的政治稳定性和国际安全性存在问题;假如发生以色列与伊朗之间的战争,我国与伊朗的合同就可能失效或延期。我曾到阿联酋的迪拜开会,中、美、俄三方专家在那次会上评估,假如波斯湾发生战争,包括中国在内的很多国家的油轮、货轮就不能通过那一区域,只好绕道从南非好望角或太平洋彼岸的巴拿马运河走,不仅成本会大幅上升,交货周期也将大大延长,对于相关国家无疑是重大打击。中国不是一个中小国家,我们的原油需求不是一个小数目,类似国际危机对中国的冲击可能远甚于绝大多数国家。同样情景也可发生在铁矿石供货方面。中国现在已是全球第一大钢材生产国,第二、第三位的国家合起来也达不到中国的产量,仅目前中国在建和新增的钢铁产量就超过美国的总产量。这么大的"块头儿"却有一个极其脆弱的"软肋":我国钢材生产所需的铁矿石 2/3 需要进口!且不说价格上容易受人摆布,单是安全性方面就成问题:往坏处设想,假使运输铁矿石的船队受到海盗袭击,或者被假想敌国的舰队拦截,我们的钢厂就会停摆,工人将大批失业!

上述假设提示了中国经济发展模式存在的一个严重缺陷:我们过去这些年 GDP 的高速增长主要是建立在对地球矿物资源的大量采掘之上的;一旦自然资源消耗殆尽,这类量的扩张将自动停止下来。记得小时候经常听到中国地大物博的说法,现在不少经济学家却使用中国经济"紧运行"的概念。其实,过去主要是因为经济没有活力,机器没有高速运转,所以显得物产充裕、各种资源丰富;现在中国这架人类史上最大的经济发动机经过几十年的高速运转,有再多的自然资源也显得不够。众所周知的一个事实是:中国不是 1 亿 3000 万人口(与日本接近),更不是 1300 万人口(如同世界上多数国家的人口数量),而是拥有占全球人口 1/5 的 13 亿。我们的发展模式如果主要依赖矿物资源,尤其是外部资源的话,势必会引起这样那样的矛盾与紧张,包括在环境气候领域的各种外部指责。如果按照科学发展观的要求,将它转变成科技带动型、资源节约型、环境友好型的模式,不仅我们的子孙后代受益无穷,中国现实面对的各种国际纠纷也无形中失去了相当一部分基础。从这个角度讲,我也想对目前国内各级政府加大经济刺激计划、寻求尽早摆脱危机的路径提一点儿看法:保增长、保就业、保民生、保稳定无疑是全球经济危机面前的当务之急,但顾及这些方面的时候,一定要使资金使用和资源投入真正用于可持续发展的方向,遵循改革思路和创新激励要求,切不可盲目扩大已经过剩的那些产品、产业和领域,更不能饮鸩止渴,解决了暂时的问题却造成长远的恶果。从一个国际关系学者的眼光观察,真正能在国际产业结构中占据主导位置的一定是那些能够占据制高点即新兴产业的国家,而非那些单凭规模取胜、不问产业的性质是"朝阳"还是"夕阳"的国家。所以说,当下的全球经济危机也有一个好处:它能起到"大浪淘沙"的作用,几年之后一批曾经的"明星国家"可能继续崛起,也可能轰然倒下,像昙花一现(如十多年前的亚洲金融危机击垮印度尼西亚);真正经受住冲击考验的一定是具备了新的能耐、新的智慧和新的产品的国家(如同70年代石油危机塑造了发达国家一批节能型建筑和产业一般)。中国要争取成为新型国家,应抓住危中之机。

下面讲第二大挑战,这涉及中国的主权与安全问题。近一时期,随着《联合国海洋法公约》每过一段时间的审议,到今年5月份阶段性的上报海基线期限的来临,涉及我国主权的争端一下子多起来了:一会儿是日本自卫队在钓鱼岛附近驱赶我们的渔船;一会儿是菲律宾的议会通过决议把中国黄页岛划归它的领海范围;再一会儿是马来西亚的首相到中国的岛屿上宣誓主权;不久前越南把我们南沙群岛某一部分开辟为他们国内的旅游支线;韩国外交部门和中国磋商的时候说,你们的黄海海图画得有问题,等等。这些都显示出中国面对的主要挑战之一,即我国与周边诸多邻国存在着领土主权争议。

中国周边主权争端是全世界罕见的复杂情况。美国是超级大国,但是美国一共只有两个邻国,一南一北——墨西哥、加拿大;一东一西两个大洋:大西洋、太平洋,像天然屏障一样保护美国,使得美国没有主权争议,也没有外敌构成入侵威胁。东亚地区是全球主权争议比较多的一个地区,而中国作为新兴大国是一个上升中的国家,但中国是全世界邻国数量最多的国家。这里,我顺便纠正一下过去有关教科书不准确的地方。中国历史上各种教科书上说,我们的邻国有十四个,有的说十五个,还有的说十二个。比较确切的说法,根据我的研究,中国实际有近三十个邻国。其中有一半是接壤邻国,另一半是非接壤邻国。所谓接壤邻国,指山水边界与我国毗邻的国家,如朝鲜、俄罗斯、蒙古、越南、印度、巴基斯坦等,有十四个;非接壤邻国,指那些虽然与我没有陆地边界接壤关系但属于中国近邻区域、战略利害关系十分紧密的国家,如上海合作组织的部分成员(乌兹别克等)、东盟部分国家(菲律宾等)、韩国、日本等,它们的数目与接壤邻国基本相等。大概只有俄罗斯这么一个横跨欧亚两大洲的国家的邻国数量超过中国。但是俄罗斯有一点也不及中国,即在我们近三十个邻国中,有争议的、有主权纠纷的数量是全世界最多的。中国有多少主权纠纷呢?从历史上到现在,大体上有十多个国家和中国有各种主权纠纷,在不同地区、不同地段、不同海域、不同礁石、不同经济区、不同大陆架有争端。目前,还有十个"引爆点",其中陆上主权争端有两个国家,海洋上主权争端有八个国家。

主权问题是什么性质呢?它不像外交上的摩擦或者贸易

上的纠纷,或是文化上的差异性引发的争执。主权问题弄不好是有可能打仗、发生战争的。可能把国家卷入一场本身完全没有预期的冲突中间去,使得你的现代化计划推迟很多年。这不是推理,不是臆想。不说别的,新中国成立以来就有不少次涉及主权与安全的战争。建国后第一场冲突是抗美援朝战争。在我看来,毛主席、中央军委和中国人民其实并不想与美国打仗,也没有那么大的实力在自己百废待兴的情况下去援助朝鲜。为什么出兵百万呢?关键是保家卫国。使得一个新生的政权得以维系,固守住我们的东北大门,使新生红色政权不受战火燃烧到鸭绿江的干扰,所以哪怕推迟建设也要打一仗。因此那场战争应该叫"守护东北大门之战"。

到了60年代初,第二次涉及边界主权的战争就是中印之战。中国和印度,按小平同志的说法,是最大的两个发展中国家。只有中国和印度发展了,亚洲才有希望,第三世界才有希望。但是当时为什么中国和印度卷入了冲突呢?为什么双方的军队交火呢?原因很简单,就是边界主权纠纷。中国和印度之间实际上不存在国际法意义上的法律边界,只有殖民主义者留下来的实际控制线,它导致了这两个国家历史的恩怨纠葛。在这个分界线的西北方向,即克什米尔这个方向,印度说中国占了它四万多平方公里;在克什米尔的东南方向,印度现在控制着属于中国的九万平方公里,达赖流亡政府就在那里。藏南那一带自然条件是很好的,远比珠峰北坡强。现在中国和印度都不想打仗,都想把发展国计民生作为首要任务,但那些地段始终是敏感点,始终是扣动国人心弦的麻烦之地。近期印度总统到藏南那一带"视察"，要求印度军人做好准备。这是对于两国发展严重的制约点。1969年，在中国国界最北端的乌苏里江、中苏交界的地方，围绕珍宝岛的归属引发了当时震惊全球的一场中苏对峙。有人说，这个区域是60年代后期全球最漫长、最危险的一段边界。双方都屯兵百万，都拥有核武器，很有可能由此引发第三次世界大战。当时我们的口号就是准备早打、大打、打核战争，要深挖洞、广积粮。东北地区的很多军工设施南迁，现在的三线工程就是60年代建起来的。一旦涉及战争问题、涉及主权纠纷问题，现代化设想就有可能被放弃。当时有关方面也制定出了四个现代化的宏伟蓝图，但无法提上议事日程。

到了70年代，北边的硝烟刚刚消散，最南端，就是中国海洋国土的最南方向——西沙群岛、南沙群岛又出现了枪声。不久前北京一位作家——"文革"中很有名的浩然去世了。浩然在"文革"时有一篇作品，不像《艳阳天》那么出名，叫《西沙之战》，这是他到我们驻岛的战士那里一起生活体验之后写出来的。当时面对的是多方的制约。中国不仅和越南，还和菲律宾、马来西亚、文莱、印度尼西亚，在南中国海都存在着交叉重叠的主权纠纷；东盟内部也有主权纠纷。而且方位不一样，有的是岛屿，有的是礁石，有的是大陆架，有的是北部湾，有的是陆地边界，非常复杂。历史上不同时代的依据又不一样。这个纠葛在很长时间内一直存在。到了1979年，中国和越南出现了大规模的流血冲突。两个社会主义国家曾经在一个战壕战斗过，打起仗来后果很惨烈。虽然现在我们不愿意提，怕勾起伤心的回忆,但年纪稍长的也许记得,《血染的风采》那首歌就是那场战争结束后创作的。中国与东南亚国家的主权纠纷到90年代初期还有余响,比如,中国和菲律宾的海军有过短暂的局部交火。

今天不一样了,我们的渔政船到南沙那一带,渔政船不是打仗的,只是对我们的渔业支援、对岛屿经济区主权的宣示。最近我碰到菲律宾的一个高官,他说绝不要打仗,菲律宾现在通过决议,也是为了应付联合国,因为联合国要求把各自的海洋基线,把岛屿、礁石重报一遍。他说我不相信中国打我们,我也不相信东盟哪个国家想和中国打仗。我们唯一能够依据的就是《联合国海洋法公约》。现在气氛和过去是不一样的。90年代中期,我到新加坡开会,新加坡的海军参谋长是一个华裔,他说,请中国兄弟转告你们有关方面,虽然我们和你们是好兄弟,并希望成为更好的兄弟,但是千万不要以为我们小,你们就能把这些岛屿、有争议的地段给夺走。他说我们有一个集体约定,如果涉及主权争端,我们会一致对外。菲律宾和马来西亚之间、新加坡和印度尼西亚之间、马来西亚和印度尼西亚之间也有这样或那样的纠纷,有些是涉及主权的纠纷,但如果涉及中国,他们会采取同仇敌忾的姿态。这还是一个华裔的后代,是新加坡的海军最高首长,对我们还有这样那样的一些交情,而且新加坡和中国还没有直接的主权纠纷,说出这番话,让我感到有些吃惊。总之,主权问题需要特别谨慎。闹不好就会出大问题、出大乱子。新世纪初的2005年,在北京、上海、成都,一些青年学生、市民上街游行,喊出了反日口号。这虽然是爱国主义行为,但如果这种示威游行不加约束,就像国外很多地区发生的那样,正常的、理性的诉求可能最终演化成非理性的事件,导致完全无法想象的、难以控制的动乱。

全世界没有一个国家像中国面对如此复杂多样的主权纠纷。这些纠纷不是今天出现的,但今天处理纠纷的方式与二战前有所不同。二战以前的逻辑是什么呢?那时,只要你船坚炮利,你就有可能夺回你想要的任何东西。弱小国家肯定挨打。二战以后,不完全是这个逻辑。现在,任何一个国家,哪怕再弱小,都不会在主权问题上放弃要求。全球三分之一的国家都存在海洋争端,但是没有哪一个国家会自动放弃自己主权的。因为一旦出现这种情况,政府和领导人马上被国人、被后代视为丧权辱国,这个国家军队的颜面也没了。另一方面,再大再强的国家也不可能简单重复二战前的逻辑,即依靠武力强行夺回有争议的地方,单方面重新划界。二战后总体趋势是:武力使用越来越不时髦,诉诸国际法、外交和谈判解决问题越来越多。这是一个趋势。如果想以赢得多数的方式解决主权争端,就不能靠蛮干。从道义的角度判断,在今天涉及上百个国家的各种主权争端中,动武越来越不时兴。萨达姆就是典型,他把科威特强行吞并,把它设定为伊拉克的一个省。当时伊拉克举国欢庆,但好日子对萨达姆来说没有几天,很快联合国宣布他的吞并是非法的,多国部队打过去了。结果不仅伊拉克丢掉了科威特,整个国家也陷入了万劫不复的命运。这对我们来说有启示。一方面,强大起来的中国是不可能在有主权争议的地方丧失权力,重复历史上"一盘散沙"、"东亚病夫"时才有的屈辱;另一方面,面对诸多的主权纠纷,海洋、陆地、大陆架、岛屿、礁石,又不能简单依靠武力夺回。各方的申诉、复杂的程序、国际法各种公约的审议、国际法院的判决、多方的协商、反复的外交谈判等,必须先走完,军队是最后、最没有办法的时候才会出击。这是外交上微妙艰巨的任务,可能比任何别的国家都复杂。而中国作为一个新崛起的大国,一个想对全球规则有约束、对全球事务有责任的国家,必须用理性的态度、统筹的方式应对多种主权纠纷。

　　无疑,主权纠纷的存在要求我们有强大的国防实力作为后盾。必须承认,我们军队虽经过几十年的建设但还不够强大,特别是远投力量严重不足,面对诸多的海洋纠纷显得心有余而力不足。过去在长期的抗日战争、解放战争中,作战的主要是陆军,各种原因造成陆军独大。建国以后,特别是最近三十年,开始发展了海军,逐渐增加了空军和特种部队,包括提升战略导弹部队的作用。但总体而言,陆军还是最大,海上力量不够。我们的作战训练、思维、保障方式还是在以陆军为主的情况下形成的。现在我们的远投力量与西方大国和俄罗斯相比相差很远。在索马里海域,虽然现在我们的海军编队三个月一派,士气很高昂,但它不是面对敌国海军,尤其不是面对大国海军,只是应对海盗。在全球布点、全球投放方面,中国军队还不具备实力。中国海军还不是蓝色海军。我听一位将军讲,如果我们的军队没有自己造的飞机、军舰,只靠海外的技术工具、海外的飞机把我们成千上万的军队运出去,那么,对于保障我们的海外通道、海上利益是有很大风险的。原来我们和外国订购的飞机,拿过来一看,藏有不少窃听器。假使它是给军队作战用的呢? 后果将不堪设想。你和对手打仗,而你的武器、你的飞机或者军舰是对方设计和卖给你的,就不知道会发生什么事情。所以现在军队现代化必须往前走,适应新挑战,适应中国的国家利益走向世界的需要,遵照国际法以保障我们的海上安全和主权权益。

中国在主权和安全领域面对的不只是传统安全威胁,还有越来越多的非传统安全威胁。最典型的有三种:一是新型恐怖主义、宗教极端势力和民族分裂主义对于中国西部民族团结、边疆稳定和经济社会发展的直接破坏作用。我们知道,达赖势力一直企图搞所谓"大藏区",而"东突"势力想把中国的新疆变成伊斯兰极端势力的控制范围,它们均得到国际上某些势力的支持、纵容,对我国主权和安全领域的威胁日益加大。我有一个判断:未来一段时期,"台独"势力的威胁会有所减弱,而西部三股恶势力的挑战会逐渐上升,可以形象地说成真是形成了"按下葫芦起了瓢"的态势。这种非传统安全威胁与传统安全威胁是有联系的,相互之间可能会发生转换,对于军队和安全部门是直接的敌人,但是与传统国家军队相比又是不太一样的敌手。第二种非传统安全威胁不太一样,军队往往使不上劲,比如金融海啸袭来的时候,国家的金融安全便成了问题,居民和国家的财产、金钱和外汇很快化为乌有,其损失不亚于中小规模的战争带来的损坏;有时,类似麦道夫这类华尔街金融骗子,以金融衍生工具的方式设下各种圈套,可能在你毫不知情的条件下吞噬你的资产或外汇储备。防范这些危险,是新时期政府和安全部门新的挑战,对于中国这样的外汇储备较多而金融衍生工具方面又不太熟悉的新兴国家而言尤其如此。第三类非传统安全问题是传播速度非常快、扩散面积大的新型传染病,如 SARS 病毒、H1N1 流感之类的变种,一旦出问题,对于中国这种人口众多且流动性大、医疗设施不健全、政府能力和资源有限的国家,后果将极其严重,甚至很难设想。要看到,所有这些非传统安全威胁都与传统安全有很大的区别,它们不是简单在战场上决胜负的事情,不是军队、警察和安全部门单独应对得了的问题,但离开强力部门肯定不行,尤其是在最后和最危险的阶段,还是需要军队介入的;但是,一般而言,传统武装力量不太适合对付非传统安全威胁,好比大炮轰蚊虫、拳头打跳蚤一样,效率甚低,甚至出现消极后果,美国和以色列在攻击国际恐怖主义时经常伤害无辜百姓就是典型的事例。中国作为一个地域辽阔、人口众多、民族性多样、内部差别极大、处于现代化快速发展和分化阶段的新兴大国,几乎世界上所有类似的传统威胁和非传统安全威胁都有表现,都不能掉以轻心。这也是为什么中国公安部近年来专门设立反恐局、解放军有关方面多次召开非传统安全问题研讨会、中国学界越来越重视此一主题的重要原因。

　　新时期的第三大挑战涉及中国的国际责任与形象。且不说外部的压力不断上扬,扪心自问,我们自己确实也需要认真想一下,随着中国更深地进入世界,看到日益复杂多变的国际格局,着眼于未来的人类发展和全球进步,我们国家到底准备在世界上扮演什么角色? 什么是我们的中长期国际目标? 如何改造现有的国际秩序？在国内方面，有各种发展纲要，如三步走、四个现代化、小康社会、可持续发展，等等，都有比较明确的计划与步骤，有相应的投入和安排。但在对外关系中，我们的纲要是什么？怎样在保证自我发展和安全需求的前提下，使占全球近五分之一的中国人口对世界有所贡献，对不合理的国际现状有所校正，逐步引导 21 世纪的人类发展进步？在这些方面我们思索得不够，做的准备不足。

我还是举例说明。联合国是全球最重要的国际组织，根据惯例，历任副秘书长中都有中国人担任。除了这类规定好的常任理事国待遇外，总体来讲，中国属于大国里在国际组织中出任高官，掌握话语权、定价权、规则权机会比较少的一个国家。陈健是中国高级外交官，担任过近六年的联合国副秘书长。他说在联合国这些年，深感中国实际影响力与国内公众想象的有距离。比如，秘书长派往全球各地执行重要使命的特使、代表，每年有四十多个，都是副秘书长级的，却一个中国人都没有。联合国有十八大系统，包括维和、难民救助、WTO 等，在陈冯富珍女士出任世界卫生组织干事之前还没有一个中国人。尽管中国的一位律师当了 WTO 的法官、中国一位将军任西非维和部队的战区司令、北大的林毅夫教授当上了世界银行首席经济学家，但比其他大国占据高位的数字少了许多。这方面，我甚至觉得中国与印度、墨西哥、巴西、土耳其等新兴大国相比都不占优势。

我有一个比喻，按重要性和影响力衡量，现实中存在着国际实物的金字塔和国际规则的金字塔，中国人至今尚未占据这个金字塔的中上区域,多半在中下方。

我们先看实物金字塔。确实,中国经济发展很快,我们占了全球 7% 到 8% 的 GDP,中国经济增长在全球经济增量部分占不小的比重。听上去,这是了不起的进步,比起过去的中国肯定如此,比起其他新兴大国也毫不逊色。但是仔细分析,这个论点是有盲区的,不仔细分析可能会误导听众。中国确实有些地方比较厉害,如规模大、人口多,市场前景可观,但有些方面却很弱,如科技创新能力、环境保护领域。我们看实物结构的金字塔:在玩具、食品、家具、钓鱼竿、小机电等含金量比较低、技术要求不高的产品中,中国人占了很大的比重,有定价权,可谓"四两拨千斤",在全球市场上呼风唤雨;但是在金字塔的中间层次,中国占的比重开始下降;到了高端,更寥寥无几。中端如特殊钢材、计算机芯片、大飞机、航母。高端如宇宙开发、新材料制造以及前沿科技创意。我亲耳听已故的王选院士讲,在计算机领域,我们现在还只能是造壳,芯还是别人的,台湾地区和新加坡甚至都比中国内地强。在中关村的各种电子商店里,人们看到的多半是日本、韩国的新产品,或者是它们的仿制品,超过日本、韩国的东西很罕见。大飞机又是一个典型,中国虽然是全球最大的航空业市场之一,但自己只能造仿制式的中小飞机,造不出拥有完全独立知识产权的大飞机。在国际各种航线上飞行的飞机中,基本上是来自美国和欧盟(俄罗斯虽然也能生产大飞机,但商业化程度和占据全球市场能力比较低)。最高端的领域,中国占的比重更少,例如外空开发、火星探索、极地及地心奥秘的掌握;一些特殊创意,比如《科学》与

《自然》杂志上发表的作品,中国都是偏少的,与我们的人口比重或经济规模极不相称。甚至连家具、机电、钢铁和日用品中的高档货,我们也无法生产出能与欧、美、日抗衡的产品。比如,虽然全球十把钓鱼竿中可能有九把是中国制造,但很可能欧美生产的那一把就比我们制造的九把科技含量高、价格更贵,而且更有名(具备特殊商标等知识产权)。温总理曾指出,我们卖五千万件衬衫也换不来美国波音公司一架飞机。想想这些衬衫需要多少纺织女工和棉农的劳作以及多长的时间;再想想美国波音公司生产流水线的能力,就知道差距有多大!

分析完实物层面,再来看国际规则的金字塔,你会发现同样的尴尬。当今全球各种国际组织大大小小有五六万个,把它构筑成一个金字塔,按其影响力、覆盖范围、重要性排列,你会发现中国人参与数量还行,但如果看质量、分量,即你是否担任主要职务、是否拥有定价权、是否拥有大的股份、表决投票在机制方面的权限、起草决议时的角色等,中国就不如想象得那么强大了。我们知道,日内瓦、巴黎和纽约是各种国际组织总部云集之地。那么在北京、上海有没有国际组织总部?我们是否担任了国际组织主官?不能说没有,其实也有一些。比如说国际乒联,中国是担任国际乒联主席最多的国家;再如外交学院前院长吴建民就担任过两届国际博览会的主席。这些组织对文化体育交流、经济发展和生活多样化、对增进各国人民的了解都有作用,也是国际组织金字塔的有机组成部分,但它们与政治安全领域那些重要机构相比,显然分量不同、影响力大小不一样,尤其对于国际格局的引导力、对于国际重大事务的决断力有不同的效果。在国际组织的中端、高端部分,比如说安理会系统、维和系统、国际原子能机构、WTO 系统、教科文卫组织、国际难民救助总署,主要领导人中很少有中国人。在重大国际协议公约的起草过程中,中国人一般不太活跃,起的作用不大。除了"上海合作组织"这个地区性的机构和"朝核问题六方会议"这个同样属于东北亚的安全平台之外,世人还能记得多少以中国城市、地区和专有名词命名的国际组织、公约和谈判进程,里面又有多少带有全球重要性和影响力的,如同全球气候领域的"京都议定书"和"哥本哈根进程"、全球贸易领域的"后多哈回合谈判"、全球安全领域的"奥斯陆进程"和"赫尔辛基进程",以及地中海小国马耳他倡议的"人类共有遗产"概念、罗马俱乐部首先提出的"可持续发展"理念和几十年前同样由欧洲人最早提出的"地球日"术语。

为什么重要的场合中国人声音比较小、创意不多?我请教过一位副部级的大使,私下场合他跟我说,不是我不想争取这些机会,而是因为自己脖子上挂了太多秤砣,牵制了手脚而无法施展。什么样的秤砣呢?他介绍说,一些事情本质上属于国内问题,没有彻底解决,但是扩散出去以后就变成了外部世界制约中国、拿捏我们的话柄,最后我们的外交官不得不拿出大量的人力、物力、财力应付这些事情;各级使领馆上上下下每天疲于赴会的结果,自然对于全球公共事务的资源和精力就减少了。这个话我们都不愿说,也不中听,但确实表明了中国作为一个独立发展中大国的难处。发展中大国之难就是内部制约在那里,如内部地区差别很大、环境污染非常严重、国家与社会关系及一些体制问题还没有完全理顺,以及在对外关系上也有大量新的难题与调整,涉及环保、安全、政治、经贸、人权、国际体系改造,等等。各方面的问题使得我们的外交官在国际场合发挥作用的余地受到制约,多半忙于十分现实的困难与压力,无法长远设计与前瞻式地施展作为。这些部分解释了为什么我们的话语权、我们的定价能力、我们的国际地位不足,和百姓的预期有差距的原因。

我还有一个观察,也是拙著《中国外交新高地》讨论的内容之一。中国为世界提供国际公共产品的能力在我们整个国民收入、国家能力中间占的比重太小,这多少影响了中国的形象与国际能力。我邀请挪威大使演讲,主题是讲挪威作为一个小国,只有七八百万人口,如何为世界和平进程做贡献。挪威人把0.8%的国民收入捐出来,这个捐出去的部分不是他们自己使用,是给国际难民署、国际粮食机构、世界卫生组织、维和机制等,他们主动邀请国际机构来用这个钱。中东地区和平进程谈判所以叫"奥斯陆进程",是因为在中东那个地方谈不成,中东各国有利害关系,因此挪威人把当事方邀请到北欧去,所有费用及保障全提供了,唯一希望就是中东各方去谈,谈出结果来。尽管挪威并不需要中东的石油、与当事方也不存在直接的利害关系。北欧五国把他们国民收入的0.7%左右(这个比例是全世界最高的)直接投入和用于外部世界,比如用于印度尼西亚亚齐分裂问题的谈判、用于斯里兰卡和平进程、用于国际难民救助、用于联合国的维持和平行动,等等。这叫国际公共产品。

中国现在拿多少呢? 我给大家两个概念:第一,关于中国的外援占我们整个国民收入中的比重千分之一都不到。说明我们现在对于国际义务、对于国际话语权、对于人类和平和发展的贡献准备不足。过去一段时期，中国人埋头搞温饱，先把自己发展起来、富起来再说；对于外援总有各种疑问，尤其在国内还存在贫困人口、下岗职工、三农问题之时。第二，观察一下外援的结构，就会发现：虽然外援这些年比过去上升了，但绝大多数不是公共产品，而是战略外援。什么叫战略外援？即直接与我国战略利益相关的援助。例如，承诺向阿富汗提供一亿美元的贷款援助，在印度洋海啸的时候也提供了大量的援助，有人说十亿，有人说十几亿，不管是实物还是贷款或是现金；美国新奥尔良海啸，中国人拿着毛毯和现金都过去了；现在每过一两个月就会听到外交部宣布提供给哪儿援助的消息，数量、次数比起过去而言大大上升了，中国从过去主要是接受援助的国家，逐渐转向为现在的捐助者，特别是近五六年尤其明显。单是 2009 年前五个月，中国就向十个受灾国家提供了 1340 万美元的援助。对比接收的和捐出的比重，反映了中国地位的上升。可是再仔细分析一下，就是我们现在的结构提供的外援基本上是针对和我们有战略利害关系的战略枢纽、邻国、大国，或者历史上曾发生过恩怨、纠纷的地方。换句话说，直接和我们当下的利益、和我们战略的设计有关系。有人说难道不应该这样吗？难道人不是为自己吗？我的问题只是说，用更高的标准来衡量，光有战略外援是不够的，还要有国际公共产品，这才是大国的气势与态度。现在我们的战略外援不多，国际公共产品的比重则更小。什么叫国际公共产品？海上灯塔就是最典型的公共产品。灯塔建成了以后不管它了,但所有从这里经过的人,包括素不相识的国家的船员,甚至海盗都能利用它。公共产品不光是实物,规则也有,比如你定了一个极地规则、外空规则,定了"京都议定书"或"哥本哈根协议",都是提供了公共产品。在当代全球公共产品提供的过程中,中国人提供的比例不大,与我们的人口及经济规模不相称。中国曾经是一个贡献了"四大发明"的国家,"四大发明"确实是最好的公共产品。指南针、造纸术这些不是给发明者自己的国家使用,整个人类、所有国家,包括后来打我们的国家,都使用了这些发明。但我们不能永远吃"四大发明"的老本。中国是这样历史悠久的文明古国,至今人口占全世界人口的近五分之一,发展速度过去三十年是全球最快的,这样一个让人觉得经济上了不起的国家,提供的公共产品却不多,对全人类的贡献指数也不高——不仅低于最主要的西方大国,某些方面甚至低于一些发展中大国。我们的国际形象、国际话语权、国际地位严重不足,自然与百姓的想象、期待有差距。

　　最近,有一些"中国责任论"、"中国威胁论"、"中国搞新殖民主义"的论调纷纷出现。这里面有阴谋的存在,有少数势力刻意阻碍中国的成长。但是我的关注点是另一方面。我们过去的成长发展,可能在对经济的优先性强调的同时,或者获得巨大好处的同时,对它可能带来的不足和消极面估计不够。所以,很多国家把中国看成一个什么形象呢?80年代日本有"经济动物"之称。现在不是用"经济动物"这个称呼了,而是叫"经济巨兽"(英文称"monster"),它的行动没有预期,它的规则捕捉不了,让人感到害怕。一些国外媒体特别喜欢用这个词,里面有大量刻意渲染的成分。巨龙腾飞的形象在我们这里是积极向上的,但是在一部分外国人的眼中,中国这条经济巨龙是可怕的,可畏但不可亲。一方面,中国老百姓对中国的发展很自豪,相信中国的发展对人类社会是一种福音,对世界的进步有带头作用;另一方面,某些外国势力对中国的歪曲想象变本加厉,版本不断更新。这个差距、对峙是我们必须正视的,是新时期我们面临的新挑战。中国是树未大先招风,我们还没有真正强大,但却已被某些外部力量看做"经济怪兽",看做吞噬他人就业、前景的新殖民主义者。

　　非洲曾经是我们一个重要的盟友,是战略上的合作伙伴。毛主席说,是非洲兄弟把我们抬进联合国的。但近些年,少数曾对我们友好的国家也产生了对中国不友好的看法。我这次在达沃斯论坛上参加了一个非洲分会,一个南非领导人说:"今天的中国就是过去的英美,对我们来说一样,新殖民主义和老殖民主义。"新殖民主义不是我们的政策,中国人不希望这样对待非洲,让非洲人这样看待中国。但不排除有一些商人的某些不法行为给中国的形象抹了黑。胡主席、温总理去非洲访问,一去就是七八个国家,为什么?他们不光劝说当地人民消除疑惑,而且教育在这些国家的中国商人,提高社会责任意识,改变贸易结构和增长结构,追求互利共赢的结果。尽管有政策性的引导,但结构改变不是一下能实现的,需要很长的过程。中国要想成为福音、发展的示范,是一个十分漫长艰巨的长征。

　　作为国际关系研究者,我经常想,中国的进步意味着什么?

中国的改革开放带来了什么？大家都承认，它带给中国进步，带来中国经济腾飞，带来中国人民生活水平直接的、看得见的提高。这让中国人、让我们的民族、让我们的家庭、让我们每个人都觉得心里高兴。但从国际关系研究来看，它是不够的。我认为在未来，就像人在满足温饱后要考虑尊严和社会影响一样，满足温饱的中国人民也要想想中国对这个世界能够做点什么，我们能不能通过中国经济的快速增长、中国文明的提升带动世界向前迈进。这是一个巨大的挑战。这个挑战既需要我们观念上做充实、更新、调整，也需要我们的外援体制、外交制度的变革，包括媒体、公众对于世界的认识，适合新的变化。当我们的媒体、我们的公众、我们的领导人也在谈论类似于亚马逊流域物种消失的问题时，当谈论极地、外空、公海规则的可行性和公正性的问题时，当我们为全球各种制度，包括当下国际货币体制提出一些来自中国人的设计时，那才是标志着中国人的风范与贡献，也就是所谓大国风范。我认为在 21 世纪应先把自己的经济发展上去，先让中国老百姓富起来，先有尊严、安全和体面的生活。我们有强大的经济实力了，GDP 和防御能力都上去了，才能为世界的进步和人类的发展做更多的事情。

　　中华民族的崛起方式及困难需要我们共同思索。从我作为外交和国际关系研究者的角度来看，中国需要进一步发展，现在刚走了一小半。中国要发展到人均收入在世界上达到中等水平以后才能真正形成大国气势与影响。不能想象人们在很低的收入、国民素质都不强的情况下就能引领世界风气之先。因此，第一步还是把自己做大、做强。面临那么多的麻烦、难点,包括主权纠纷以及很多全球热点,中国要拿出主意来。
对很多问题,我们过去有一些大的原则,但却缺少如何解决主
权争端、全球热点和国际战略基本问题的具体方略。一个方略
意味着布局,有路线图、有中间的步骤,我觉得还要做很多事
情。中国的强盛问题,中国主权解决的过程,和中国人对于国
际公共产品、对于国际规则与国际实物链的贡献,三者要结合
起来。假设看到很多公共产品排列表上有中国人的诸多贡献,
中国就站在新高地上了,虽然这个过程需要很长的时间。这些
构成了中国朝着自信、自尊,同时又有大国风范、有世界文明含
义的国家前进的主要步骤。

关于中国的崛起,存在一个绝对正确只是需要我们发现的
答案吗？我现在的观点较之过去已有所不同。年轻时判断事
物的时候,总觉得答案是唯一的,现在觉得,答案可能是多重
的,它不是单一原因构成的。《中国不高兴》提供了一种答案。
从表面来看,它是市场炒作的结果。里面一些观点看上去非理
性,有极端民族主义的味道。我觉得不必特别的苛求。林子大
了什么鸟都有。中国成长,一定要有各种各样的观点与建议,
包括《中国不高兴》所说的持剑经商。但光是一种书、一个主
张,没有参照也没有意思,多彩的生活一定要有各种各样的声
音,包括这样的书。我觉得在主权世界,民族主义是一定不会
失效的。民族主义和主权国家的命运是连在一起的。当国家
消失的时候,你会发现民族主义也一同消失了。民族主义可以
激励国家的建设、激励民众的团结,对于政府动员社会来说,特
别是对一个后发国家建设现代化的需要来说,它是一个有效、

有利、可用的工具，是带动社会进步的载体。但它也是"双刃剑"，如果用过了，它会伤害自身。当你超越了温和的、适度的爱国主义范畴，变成狭隘的、排他的，甚至只谈自己的长、单挑别人短的狭隘民族主义的时候，我觉得它是在朝着民族沙文主义方向演变。这一点历史已经证明了，民族主义不能一味地纵容，不加约束。我认为适度的民族主义、爱国主义是必要的。我喜欢我自己的母语、喜欢我的家庭、爱我的母亲、爱我祖国的历史，甚于爱别的语言、爱任何别的文化与任何别的民族历史。可因为这个爱，我要把别的民族珍视的东西毁了或贬得一无是处就变成另一面了，它就不是好的民族主义，就变成恶的民族主义了。所以民族性要适度。这个东西会长久伴随我们，变为一种意识形态。对此要有比较精准的把握，使爱国主义保持在积极的范围内，而不要产生损人不利己的效果。

比较极端的一些想法的生成，应当说是和中国近代以来屈辱的历史有关系，但完全说成是受它所左右，我也不同意。它是一个多重因素共同作用的后果。因此，我认为要解决这个问题，避免走向极端的沙文主义，我们要在保持正常的爱国主义的同时，对于可能产生的后果加以引导。如何引导，我没有完备的答案。我们的领导、我们的社会、我们的决策层同样都有一个不断自我完善的过程。中国影响世界最终的方式还是不断地提升和完善自身。中国把自己做大了、做强了、做完善，我觉得它会有一种榜样力，对外部世界起着某种引导作用。当然再加上努力的作为，我们现在大国关系的战略框架、我们周边国家的睦邻关系、我们对第三世界的工作以及新的国际贡献，我想这些都是外交人应有的努力。

最后小结一下我的看法。有三个挑战是我们决策者或相关机构必须要考虑的：第一，就是中国的发展、中国的壮大、中国人民生活水平的提高。第二，就是我们的安全、我们的主权。这两个有什么不一样呢？发展了，就是经济搞好了。但主权问题，以边界、以民族的差异性为表征，要有强硬拳头、有坚实后盾，那就是军事、国防力量。这里面有一个矛盾，大炮、黄油都想要。但是在一段时期哪个优先？我个人理解，小平同志选择的是首先发展。发展起来了，你才有机会、才有资源。第三种挑战是刚出现的。中国开始走向国际社会，当我们的国家利益在海外更多地得以实现时，当中国面临的压力越来越多时，就会发现第三种挑战，即中国的国际形象与责任。这种东西和前两种挑战又不一样了。第一种挑战是让中国富起来，第二种是拳头硬起来，第三种是中国人给外部世界做些事情。有人说把自己管好再说吧。我个人认为，我们不能永远让少数西方国家决定世界未来，中国人真要为世界、为国际社会尽一点儿义务。这三种挑战代表了不同的使命，而不同使命在资源分配和使用上是有矛盾的，所以协调好这三种关系、实现动态平衡是最难的。"难"在于实现三者动态平衡，找到一个均衡点。在不同的时期，人们的认识不同、国力发展不同、环境不同，均衡点可能会调整，也就是所谓动态均衡过程。不断发现和调整均衡点的过程就是中国的和平崛起。中国努力推进和谐世界的过程不只是中国人民自己富裕起来的过程，也是把和谐世界的口号变得有实质内容、对国际社会作出贡献的过程。这一过程任重道远。

冷战国际史研究及其在中国的表现

沈志华

主讲人简介

沈志华,华东师范大学历史系教授、国际冷战史研究中心主任、复旦大学当代中国研究中心特聘研究员;兼任中国社会科学院当代中国史研究所、亚太研究所研究员,北京大学、中国人民大学兼职教授,香港中文大学当代中国文化研究所名誉研究员等。主要研究领域为冷战国际史。主要论著有《新经济政策与苏联农业社会化道路》、《朝鲜战争揭秘》、《中苏同盟与朝鲜战争研究》、《中苏同盟的经济背景：
1948—1953》、《斯大林与铁托——苏南冲突的起因及其结
果》、《苏联专家在中国(1948—1960)》、《毛泽东、斯大林与朝
鲜战争》等。

时　间：2009 年 9 月 21 日 18：30

地　点：复旦大学光华楼东辅楼 103 报告厅

主持人：邓正来(复旦大学特聘教授、社会科学高等研究院院长、
　　　　当代中国研究中心主任)

评论人：倪世雄(复旦大学国际关系与公共事务学院教授、上海国
　　　　际关系学会副会长)

　　　　陈志敏(复旦大学国际关系与公共事务学院教授、欧洲研
　　　　究中心副主任)

　　在 20 世纪的最后十年，人们惊异地发现国际史学界有一
项研究取得了突飞猛进的发展，其学术成果之多、之新，学术活
动之广泛、之频繁，令其他研究领域望尘莫及，以至于人们不得
不考虑赋予这一研究以新的概念，这就是关于冷战历史的研
究。著名的美国威尔逊国际学者中心(The Woodrow Wilson
International Center for Scholars)于 1991 年成立了冷战国际史
项目(The Cold War International History Project)，同时创办
了专业刊物《冷战国际史项目公报》(*CWIHP Bulletin*)。此
后，"冷战国际史"这一概念便开始流行，并被国际学界广为接

受。所谓"国际史",其含义在于:无论是学者队伍和史料来源,还是研究对象和观察视角,凡在冷战史的范围内,都不能再以某一个或几个国家为中心,而是已经构成了一种国际现象。在各国学者的共同努力下,冷战结束后十几年来,在参与者的人数和国度、研究的角度和方法、题目的种类和范围以及档案资料所涉及的语种和国家等方面,冷战国际史研究的确为历史学发展打开了一个新局面。因此,中国《历史研究》杂志前主编徐思彦提出的看法——冷战史研究已经成为"一个新的学术增长点"①——毫不为过。在我看来,可以进一步指出,冷战国际史研究已经成为一个新的学科增长点。

　　我在这里打算从学术特征、热点问题及发展趋势等方面谈谈冷战国际史(即新冷战史②)的研究状况及其在中国的表现。③

---

　①　徐思彦:"冷战史研究:一个新的学术增长点",2004 年 11 月 10 日《中华读书报》。

　②　美国著名冷战史专家约翰·盖迪斯把冷战结束后出现的重新考察和评估冷战历史的现象称为"The New Cold War History",参见 John Gaddis, *We Now Know: Rethinking Cold War History*, New York: Oxford University Press, 1997, p. 282。

　③　主要参考资料: Odd Westad (ed.), *Reviewing the Cold War: Approaches, Interpretations, Theory*, London: Frank Cass Publishers, 2000; Wilfried Loth, "General Views on the Cold War", *Cold War History*, Vol. 3, No. 2, January 2003, pp. 157-165; 沈志华:"冷战史新研究与档案文献的收集和利用",《历史研究》2003 年第 1 期;陈兼、余伟民:"'冷战史新研究'的源起、学术特征及批判",《历史研究》2003 年第 3 期;Зубок В. М., Печамнов В. О., Отечественная историография "Холодной войны": некоторые итоги десятилетия// Отечественная история, 2003, № 4, 5;翟强:"西方冷战史研究近况",2008 年 4 月 29 日在华东师范大学冷战国际史研究中心的演讲;Круглый стол в ИВИ РАН, "Феномен 'холодной войны' в международных отношениях XX века: итоги и перспективы исследования"// Новая и новейшая история, 2006, № 6, с. 73-100。

一、冷战国际史研究的学术特征

把冷战国际史看做一个新的学科增长点,是因为在学者队伍、研究方法、活动方式等方面,它确有一些引起人们注意的学术特征。这些具有全球化时代学术代表性的特征主要表现在以下几个方面:

1. 以众多冷战史研究群构成的国际学者队伍

与其他学科不同,冷战史研究者们没有组建一个世界性、地区性或全国性的研究会,而是建立起一个个的研究中心或研究群体。这些机构和群体的建立,或者以各自的学校为依托,或者以不断设立的研究项目为基础;但无论是常设机构,还是临时组合,它们都异常活跃,并经常按照不同的课题相互结合,交换文献资料,沟通研究信息,召开各种研讨会、书评会、讲演会等。各中心(研究组)几乎都设立了自己的英文网站,用以发布档案文献、研究信息、学术论文等。网络和会议是世界各地冷战史研究者沟通和联系的主要渠道。

美国威尔逊国际学者中心下设的冷战国际史项目是美国也是全世界最主要的冷战史研究中心。该项目通过出版刊物和组织各种国际会议,大量收集、整理、翻译并公布前社会主义国家的档案文献,还接受各国访问学者和学生,为他们提供收集资料、开阔视野、参与讨论的机会。目前,该项目的工作重心已经从莫斯科转向北京,并已同中国外交部签订了几个有关公布或出版中国档案的协议。

　　位于乔治·华盛顿大学的国家安全档案馆(National Security Archive)是另一个引起世人注意的冷战史研究中心。该档案馆致力于解密美国政府涉及安全问题的档案,同时也收藏了大批俄国、东欧、拉美及其他地区的档案,其中很多文件已经电子化,供研究人员免费订阅下载。此外,档案馆还为世界其他国家的档案馆就信息自由法(*Freedom of Information Act*)的程序问题提供咨询,并成为这些文件的收藏中心。自2001年以来,该档案馆定期在俄国举办冷战史研究暑期培训班,每年设立不同的专题。

　　伦敦经济学院冷战研究项目是英国最主要的冷战史研究中心。该中心重点进行冷战在欧洲和第三世界的研究,出版的学术刊物(*Cold War History*)注重刊登各国学者关于冷战史研究新解释和新成果的论文,并编辑出版了一系列有关冷战研究方面的丛书。该中心创造跨学科的研究条件,研究人员有机会与国际组织、政府机构以及其他世界范围的机构就教学和研究问题进行合作。北京大学国际关系学院与该中心建立了研究生交流项目。

　　以位于苏黎世的瑞士联邦技术学院安全研究中心为依托的合作安全平行历史项目(The Parallel History Project on Cooperative Security)是欧洲最著名的冷战史研究中心,主要从军事史的角度研究冷战,其联系和活动范围甚广。意大利的佛罗伦萨大学冷战研究中心则重点研究欧洲的冷战及意大利对外关系。

　　在美国,还有许多以大学为依托设立的冷战史研究中心,这些中心都开设本科生和研究生冷战史课程,并举办公共讲座和研讨会、接受访问学者等。俄国历史学家一开始就十分关注冷战史研究。1995年,在俄罗斯科学院世界通史研究所的基础上专门成立了冷战史研究中心,莫斯科国立国际关系学院以及俄罗斯科学院的世界经济和国际关系研究所、欧洲研究所、斯拉夫研究所,还有一些大学,都有学者参与其中。中东欧各国几乎都建立了冷战史研究机构,其中经常在国际学界露面的是匈牙利冷战史研究中心和保加利亚冷战研究组,它们分别设在匈牙利科学院1956年匈牙利革命历史与档案研究所和保加利亚军事史协会之下,研究内容集中在冷战时期有关社会主义阵营内部关系的问题上。在亚洲,日本的冷战研究群主要是以申请研究项目为基础建立的,比较活跃的有早稻田大学现代中国研究中心和北海道大学斯拉夫研究中心。这两个中心通过在日本文部省申请研究项目的方式,重点从事东亚冷战史研究。韩国目前没有专门的冷战史研究机构,参与冷战史研究的主要是韩战研究会和国防部军史编纂研究所,他们经常以朝鲜战争研究为题,与各国学者进行讨论。庆南大学极东研究所、北韩大学院大学也有一批较为固定的学者参与国际学界有关朝鲜半岛统一和危机等问题的研讨。新加坡国立大学近年也成立了冷战研究中心,侧重于冷战在东南亚的历史研究。香港大学历史系的美国研究中心经常与各国冷战中心合作举办国际会议,是亚洲冷战研究的主力之一。在台湾地区,"中央研究院"近代史研究所组建了一个专门研究冷战时期海峡两岸关系的研究群,经常召开会议,并出版了论文集。"国立"政治大学历史系也在硕士生和博士生中成立了冷战史研究小组,经常举办读书会。此外,印度学者最近也开始加入了冷战史的研究队伍。

中国的冷战史研究在国际学界占有非常重要的地位,这不仅是因为中国本身在冷战格局演变中所起到的特殊作用——毛泽东的外交战略决策两次改变了世界政治格局,而且还在于中国学界的不懈努力。早在 20 世纪 80 年代后期,中国学者就参与了国际舞台上有关中美关系史的讨论。90 年代以来,随着中国档案文献的不断披露,各级档案馆的陆续开放,中国学者的研究越来越受到国际学界的重视。其中,重要的突破就是1996 年 1 月美国威尔逊国际学者中心国际冷战史项目(the Cold War International History Project,简称 CWIHP)在香港召开"冷战在亚洲"大型国际学术会议。中国学者不仅提交了多篇引人注目的论文,而且就国际学界当时争论的一个重要问题,即 1950 年 10 月 2 日毛泽东关于出兵朝鲜的电报的真伪问题,回答了俄国学者的质疑,得到与会者的普遍赞同和好评。[①]此后不久,凡是涉及亚洲和第三世界冷战史的国际会议,都会有许多中国学者受到邀请。中国学者的研究成果开始被大量译成英文在国外发表,他们的看法也越来越受到重视。2004年,美国国家情报委员会在评估中央情报局(1948—1976)对华

[①] 该文后来在美国发表,参见 Shen zhihua,"The Discrepancy between the Russian and Chinese Versions of Mao's 2 October 1950 Message to Stalin on Chinese Entry into the Korean War: A Chinese Scholar's Reply", *Cold War International History Project Bulletin*, Issues 8-9, Winter, 1996/1997, pp. 237-242。

情报工作时,专门聘请了 4 位中国冷战史学者出席会议,与中情局官员展开了颇具特色的对话。

客观地讲,中国的冷战史研究队伍一开始是学者自身在民间自发组织起来的。我那时刚刚从商界返回学术界,感到有两个新事物值得重视:一是俄国档案大规模的解密,为我们的历史研究提供了无限机会;二是冷战史的研究开辟了一种新的思路和方式。于是,我和一些志同道合者,一方面积极组织收集、整理俄国档案;一方面开始有意识地集合对冷战史研究感兴趣的学者,我们差不多每年组织一次国内学者的讨论会,不分地区、不论单位、不要会务费,只要论文水平高或是使用了新的档案文献,谁都可以参加,每次会议还有一些国外学者参加。几年下来,这支研究队伍便自然形成了。当时的客观条件是:第一,国家对学术研究的投入较少,能够用于基础学科研究的资金更是短缺;第二,从传统的观点看,冷战史是否可以作为一门学问还受到质疑,甚至"冷战"一词的出现都令人敏感。所以,如果没有民间自发的渠道,中国的冷战史研究很难起步。

进入 21 世纪后,随着改革开放的深入,情况大大改观。华东师范大学在陈兼教授的倡议下,在国内首先成立了冷战国际史研究中心。几年后,学校领导投入大量资金,中心不断引进人才,连续开发项目,招收研究生,开设专业课,还办起了专业杂志和网站,从国外购买了大量档案文献,并加强了国内学者之间的交流以及同国外学者的交流。这时,"游击队"变成了"正规军"。最近,各校冷战史研究者在湖南会议上提出共建中国的冷战国际史研究论坛,共同加强杂志和网站的建设。相信这支队伍将继续活跃在冷战史国际学界的前沿。

2. 档案开放、收集的国际化与多国档案的综合利用

冷战国际史研究的基本要求就是必须以第一手的档案文献构成学术论著的叙述主体，不仅如此，这项研究还强调综合利用双边档案或多国档案从事学术考察。以往的冷战史研究依靠的主要是美国档案，故形成"美国中心论"——冷战史实际上是美国外交史——在所难免。目前，各国档案的开放、收集、整理、翻译及综合利用已经成为冷战史研究领域首先关注的事情。正是这种档案收集和利用的国际化趋势，从根本上突破了"美国中心论"，使冷战史研究成为真正意义上的冷战国际史研究。

要说档案开放最规范、档案收集最便利、档案利用最有效的还是美国。目前，位于马里兰州的美国国家第二档案馆已经相继解密了冷战时期从杜鲁门到福特各位总统的档案。弗吉尼亚大学米勒中心的总统录音项目则收集了从罗斯福到尼克松6位总统大约5000小时的会议录音和电话录音，其中很多已用文字公布，可以从网站下载。国会图书馆、哈佛大学、普林斯顿大学、耶鲁大学、乔治城大学、斯坦福大学胡佛研究所还收藏有美国政府前官员的个人档案和访谈记录。特别是乔治城大学设有一个外交口述史项目，收藏有美国许多外交官的访谈录和口述史的录音和文字记录。此外，联合国、世界银行、国际货币基金组织以及国际发展署的档案馆也有很多有价值的档案材料。值得关注的是，美国国会信息服务公司和美国大学出版社将大批档案制成缩微胶卷，其中包括国务院、中央情报局和国家安全委员会的档案，由莱斯公司（LexisNexis）负责全球统一销售。① 此外,上述各冷战研究机构的网站以及一些专业网站——如圣塔·克劳拉大学的冷战电子信息资源网,也大都发布各种档案文献。特别是国家安全档案馆为督促政府解密档案所作出的努力深得各国学者的好评,有关中美缓和的基辛格文件、尼克松文件就是在他们的催促下得以及时解密的。颇受中国学者关注的蒋介石日记也收藏在美国(胡佛研究所档案馆)。至于学者最常使用的《美国外交文件》(FRUS)系列文献以及新近解密的中央情报局解密文件目前已经被陆续放到网上,研究者可以自由下载。

英国有关冷战历史的档案到 20 世纪 70 年代中期开始解密,外交部编辑出版了《英国海外政策文件集》(*Documents on British Policy Overseas*,简称 *DBPO*),现已出版第一系列八卷(1945—1950)、第二系列四卷(1950—1960)、第三系列五卷(1960—)。在意大利,备受关注的是保存在葛兰西学院的意大利共产党的档案。

俄国在冷战结束初期曾大规模地解密和开放以往鲜为人知的历史档案,这已经成为历史学界和档案学界的一件具有历史意义和轰动效应的大事,并令各国学者欢欣鼓舞、兴奋不已。② 不过,到 90 年代中期以后,许多已经开放的档案对外国

---

① 华东师范大学冷战国际史研究中心已购买近 2000 卷缩微胶卷,目前正在整理目录,并将在其网站上公布。

② 关于俄国档案的开放和利用的情况介绍,参见 Mark Kramer,"Archival Research in Moscow:Progress and Pitfalls",*CWIHP Bulletin*,Issue 3,Fall,1993,pp. 18-39;沈志华:"俄国档案文献:保管、解密和利用",《历史研究》1998 年第 5 期;余敏玲:"俄国主要档案馆现状简介",(台北)《近代中国》第 140 期(2000)。

学者再度封存,不仅国防部和克格勃档案馆门禁森严,就是以前开放的外交部和苏共中央档案馆也令国外研究者望而却步。[1] 当然,政府的控制已经无法改变俄国档案开放并得到广泛利用的大趋势,目前涉及冷战时期俄国档案的收集和使用主要依靠三个来源。

第一,俄国学者利用近水楼台和内外有别的便利条件,在各种刊物上陆续披露了一些解密文件。这些文件数量有限,未成系统,且常带有披露者的主观色彩,未必能够全面、客观地反映历史的本来面目。不过,这种缺陷并不能否定这些档案文献本身的重要性和真实性,况且其中有许多文件迄今为止尚属唯一的版本。

第二,在俄国档案馆采取收缩政策以后,俄国学者及研究机构陆续编辑和出版了大量专题性档案集,其中引起冷战史研究者注意的内容有:1945 年至 1954 年苏联的核计划;共产党情报局历次会议记录;苏共二十大与非斯大林化;导致赫鲁晓夫下台的"宫廷政变";至 1960 年前克格勃的工作;苏共中央意识形态委员会的活动;中央与地方党组织的关系;书刊和新闻检查制度;1956 年匈牙利危机;中近东的冲突;还有苏联与美国、德国、奥地利、芬兰、以色列及东欧、非洲的关系等。作为苏共高层决策的档案,1945 年至 1953 年联共(布)中央政治局和苏联部长会议的部分历史文件、1954 年至 1964 年苏共中央主席团的部分会议记录和决议已经被编辑出版。至于中苏关系方面,已经

---

① 参见 Чубарьян А. О., Новая история "холодной войны"// Новая и новейшая история,1997,No. 6,с. 3-22。

出版的三部文件集则公布了 1945 年至 1950 年中苏关系档案达 815 件之多，此外还有作为附录的几十个文件。这些档案集的出版对于冷战史专题研究十分重要。但需要注意的是编者的选择未必全面，有些关键性档案还要研究者通过其他渠道获取。

第三，俄国档案馆开放初期，许多国外学者或研究机构纷纷赶赴莫斯科收集档案，尤其是美国的一些机构捷足先登，花重金复制了大量俄国档案，其中专门收集冷战时期档案文献的主要有威尔逊国际学者中心冷战国际史项目、国家安全档案馆。此外，国会图书馆、哈佛大学图书馆和胡佛研究所档案馆也收藏了大量的俄国档案。以这种方式收集的档案文献虽然显得分散零乱，查找起来也颇费工夫，但其最大的好处是研究者自己有选择权，不会受制于人。

在俄国档案馆紧缩的同时，东欧前社会主义国家的档案馆开始纷纷对外开放，这对于研究者了解冷战时期"铁幕"另一边的情况，在很大程度上起到了补充作用，特别是涉及华沙条约组织（以下简称"华约"）、经济互助委员会以及东欧各国与苏联关系的相关内容很有研究价值。目前，在冷战国际史研究中较多利用的有捷克、匈牙利、波兰、保加利亚和罗马尼亚的档案，以及德国档案馆收藏的民主德国档案。一些国家的冷战史研究机构也收藏和整理了大量专题档案，如匈牙利中欧大学社会档案馆收藏的自由欧洲电台档案，匈牙利冷战研究中心所从事的项目：1945 年至 1991 年苏联集团活动年表、1988 年至 1991 年共产主义瓦解与冷战结束、匈牙利与东西方关系等。还有很多研究机构与冷战国际史项目或平行历史项目合作，在这两个中心的网站或杂志上公布他们整理的各国档案,如阿尔巴尼亚与南斯拉夫、"华约"、中国和朝鲜关系的档案;罗马尼亚与"华约"的关系、苏联从罗马尼亚撤军、罗马尼亚与中美关系正常化的档案;南斯拉夫与冷战、共产党情报局建立、苏南关系的演变、南斯拉夫与匈牙利事件的档案等。

在亚洲,经过若干年的整顿,目前台湾地区的档案开放最为规范,使用也十分便利。应广大学者要求,内容丰富的"国民政府外交部"档案几年前已从台北郊区的北投"外交部"档案馆移至"中央研究院"近代史研究所档案馆,目前已经基本完成数位化,至 1975 年以前的所有档案均制成可供下载的 PDF 格式,使用者也可以上网查询目录。此外,"国史馆"所藏"蒋中正总统文物"、"国民政府"目录中也有大量涉及冷战历史的档案。为了方便使用者,"国史馆"明年将在台北市内开设阅览室。除了台湾地区以外,香港大学的主图书馆也是亚洲地区收藏美国、英国档案(缩微胶卷和缩微胶片)最多的地方。

根据《国家公文书公开法》,自 1976 年以来,日本政府分 21 批陆续解密了外务省所藏战后的档案。目前档案的解密时间已到 1972 年,从解密的卷宗主题看,首先是有关美国对日占领政策和日美关系的文件,其次如日本对东南亚各国政策、对中国海峡两岸政策、对朝鲜半岛政策,以及日本与阿拉伯世界各国、拉丁美洲各国和欧洲各国关系的档案都已基本解密。① 此

---

① 有关日本外务省解密档案的卷宗目录及各批解密档案的数量,可以在日本外务省网站http://www.mofa.go.jp/浏览。

外,日本学者还注重整理和出版美国政府最新解密的对日政策档案。

韩国的国家档案馆也是对外开放的,但很少看到韩国学者直接引用韩国档案,据说是因为卷宗管理混乱,不易查找,外交通商部也没有专门的档案馆。不过,韩国学者也作出了很大努力。韩国原有的有关朝鲜战争及此前的档案大部毁于战火,但学者们注意收集和编辑了主要参战国的档案。如相关的美国文件:原主文化社1993年编辑、出版的《1945—1948年驻韩美军军政厅官报》,翰林大学亚洲文化研究所1995年编辑出版的《美军政期情报资料集(1945—1949)》等;相关的中国文件:将战争中获得的中国人民志愿军基层部队的文件、命令、战士家书等编辑、影印成册,成为一套很有价值的文献集;相关的俄国档案:把在朝鲜的苏联军事顾问团的900余件档案影印出版,其中主要是顾问团关于朝鲜领导人的背景、朝鲜政治经济状况、朝鲜人民军的情况以及战争各阶段进程中发给莫斯科的报告;此外,国防部军史编纂研究所还在整理有关战俘问题的历史文献。

以威尔逊中心的冷战国际史项目为主要牵头者,通过在当事国举办或邀请当事国学者参与国际学术会议的机会,各国学者正在一起努力,敦促越南、蒙古、古巴、印度和朝鲜政府打开他们那里档案馆的大门。特别是2009年5月在新加坡召开的亚太地区各国档案馆负责人的会议上,新加坡、马来西亚、柬埔寨、菲律宾、印尼和澳大利亚等国家档案馆均表示了积极的态度。显而易见,这些国家档案的解密对于推动冷战国际史研究向纵深发展具有十分重大的意义。

中国在改革开放之际也公布了《档案法》，解密年限为 30 年。但是迄今为止，档案制度及其管理方式几乎还停留在原地，没有出现本质性的改变。且不说西方发达国家，就是与近年来的俄国相比，中国大陆的档案管理、开放和利用也存在着一些令人遗憾的缺陷。

其一，开放程度极其有限，特别是中央一级和各国务院主管部门的档案，根本就没有对社会开放。据说在 1998 年《档案法》修订和公布以后，有关机构还下达了"十不准看"的内部规定，照此排列下来，可以对公众开放的有研究价值的档案就所剩无几了。例如设在南京的中国第二档案馆，尽管其保存的档案都是民国时期的档案文件，但是一般学者也很难看到。省级档案虽然好一些，但也有类似现象，而且很具中国特色——人际关系超于法律规定。中共中央、国务院及所属各主管部门都是决策机构，那里的档案不对外开放，学者对冷战时期中国的决策过程当然是无从了解的。不过，也有例外，外交部的档案已于 2004 年对社会公开，到目前为止，已经分三批解密了 1949 年至 1965 年的档案。不仅一般中国公民，甚至国外学者亦可前往查阅。

其二，中国的高层档案文献主要是经专门机关挑选和编辑后出版的，其优缺点是十分明显的。此外，在中国，只有极少数机构的研究者得以利用职务和工作之便直接使用中央一级的档案文献进行研究，一般学者只能从他们的研究著作中间接引用一些重要史料。且不说这种状况对广大学者来讲是十分不

公平的,而且也是很危险的,因为一旦直接引用者由于疏忽或
受其观点和水平的限制,片面以致错误地使用了档案文献,就
会以讹传讹,影响其他学者的研究思路。

其三,中国没有专门的档案解密机构,也没有规范的和科
学的解密程序,某件或某些档案是否可以开放和利用,往往是
主管人说了算,于是便出现了种种奇怪的现象:同样一件档案,
在这个档案馆可以看,在另一个档案馆就不能看;甚至在同一
个档案馆,这个馆长批准查阅,另一个馆长却予以拒绝。更为
可怜的是,中国许多档案是否可以利用——这在一定程度上影
响了研究的进度和深度——竟取决于一个档案保管者的知识
和政策水平。

中国限制档案开放的做法最终受害的是中国自己。同一
个事件,你不解密,人家解密,结果是研究者只能利用国外档案
进行研究,不仅话语权旁落,也往往难以全面掌握历史真相。
问题的关键一方面在于中国有关档案管理及其法律制度不健
全、不严谨,另一方面在于档案管理者的观念需要根本转变:档
案文献属于国家还是属于社会? 查阅和使用历史档案是不是
一个公民的基本权利? 档案管理者对档案文献的责任是重在
保管收藏,还是重在为社会提供和利用? 虽然这两方面的改
进,在中国均非普通学者力所能及,但是作为档案的使用者,中
国的冷战历史研究者也不能只是被动地、消极地等待。在期待
中国档案文献进一步开放,期待中国档案制度提高其公正性、
公平性和法律化水平的同时,我们也必须而且应该努力有所作
为。充分利用地方档案进行个案研究就是一个突破口。面对

21 世纪学术研究发展的国际化和公开性的前景,中国学者只有在收集和利用档案文献方面开拓出一个新局面,才能进一步推动中国的冷战国际史研究。在目前的条件下,应该说,我们在这方面的工作还是可以有所作为的,而且也是有很大的拓展空间的。华东师范大学、北京大学、首都师范大学、东北师范大学、南开大学等高校都已经收集了相当数量的档案文献,如果这些单位联合起来,对于中国学者利用档案将是一件很有意义的事情。

各国档案的解密和利用推动着冷战史研究的深入,反过来,冷战史研究的发展也推动着各国档案的解密,这是相辅相成的。综合利用各国档案文献研究一个专题的确是冷战国际史研究的一个特点。自不待言,研究双边关系要利用双边档案,而各国档案的解密则为学者提供了更为广阔的视野和资料来源。如研究中苏关系时人们发现,由于苏联与东欧各国的特殊关系,在后者的档案馆里收藏着许多涉及中苏分裂时期苏共与东欧各党的往来函电,而这些材料无疑是判断苏联立场和态度转变的重要依据。同样,俄国外交部档案馆中保存的苏联驻朝使馆的大量电报和报告,也是研究中朝关系不可或缺的史料。至于研究冷战时期发生的一系列重大事件和危机就更离不开对多边档案的利用了。以朝鲜战争为例,在目前冷战历史的所有重大事件中,关于这个专题所发表和披露的各国档案数量最多、范围最广。因此,朝鲜战争研究在最近几年形成了高潮,成为冷战史研究中最深入的一个课题。其他像研究马歇尔计划、柏林危机、印度支那战争、匈牙利事件、台海危机、柏林墙危机、古巴导弹危机、核武器问题等亦无不如此。

3. 研究者学术关怀的重点集中在重建历史事实方面

冷战国际史之所以被称为"新冷战史"或"冷战史新研究"，并不是因为研究者持有相同的、统一的观点，更不是因为他们形成了一个学术流派，恰恰相反，学者之间在很多观念、概念、定义以及对史料的解读方面，往往存在不同的释义和看法。就学术关怀而言，研究者的共同努力首要任务在于重新描述历史过程，重新构建历史事实。

在过去的冷战史研究中存在不同学派（如传统派、修正派、后修正派等），其区别主要是观点不同，而对基本史实的认定则没有根本的分歧。冷战结束后的情况就完全不同了，即在基本史实的认定方面出现了颠覆性的变化。由于意识形态的对立和档案文献的缺失，过去冷战双方的研究者无法看到或不想看到铁幕另一边究竟发生了什么，学者眼中的历史往往是片面的、虚假的、错误的，甚至是被歪曲的。现在，双边的档案文献可以看到了，在学术研究中的意识形态对立也淡漠了，人们才发现，原来冷战的历史过程并不是以往理解的那样。例如，过去研究者以为 1950 年一二月间斯大林、毛泽东和金日成曾在莫斯科秘密会面，从而产生了关于朝鲜战争起源的"共谋论"解释。现在我们知道了，金日成 4 月 10 日到达莫斯科，而毛泽东在 2 月 17 日已经离开了那里。没有这种对史实的重新认定，研究者就无法了解朝鲜战争爆发的复杂过程和真正原因。还有，过去人们都认为在波兰十月危机初期，是毛泽东的反对立场迫使赫鲁晓夫作出了从华沙周围撤兵的决定。现在我们知道了，在 10 月 19 日和 20 日苏共中央决定放弃在波兰的军事行动时,毛泽东还不知道在华沙究竟发生了什么。尽管新的史实并不否定中国后来在促成苏波关系缓和方面所起的作用,但如果看不到这一点,却很可能导致对中、苏、波三角关系的简单化理解。类似的案例在新冷战史研究中比比皆是,整个冷战历史的过程正在重建,而在一个相当长的时间里,各国学者首要的任务就是恢复历史的本来面目。

当然,在史实认定的过程中也会出现对同一事实的不同解释,也不排除会发生分歧,甚至激烈的争论,但其总体目标是澄清史实,研究者首先要做的也是对历史过程作出正确的和准确的判断,只有在这一基础上才有可能进行观点方面的辩论,并逐渐形成不同的学派。由于新的档案文献大量地、成系统地涌现,冷战史研究不得不着力于重构历史,但也正是由于这些档案正在不断地、陆续地被披露或挖掘出来,根据言必有据、有一分史料说一分话的学术准则,在一段时间内,历史学家不可能讲述一个完整的故事。因此,只有经过历史研究者对他们所得到的档案文献进行细致地考证和分析,并耐心等待和努力发掘尚未被发现的档案资料,人们才会把断裂的历史链条连接起来,才有可能获得一幅越来越接近于真实的历史画面。同时,也只有在这个基础上研究者才有可能逐步实现理论的升华。

4. 在档案交流和专题研究中盛行的国际合作

冷战国际史研究国际化的另一个突出特点就是在档案交流和专题研究方面所进行的广泛的国际合作。冷战史研究走向国际化的趋势是冷战结束以来各国档案大规模开放的现实促成的,也是其研究领域本身内涵决定的。

冷战史学者的国际合作首先表现在档案文献的收集、利用和交流方面。凡是参加冷战国际史的学术会议,各国学者关心的第一件事情就是谁带来了什么新的档案,会议组织者也经常要求各国学者带来相关的档案或信息。休会和茶歇时,会场内外见到的都是学者们在交流档案资料。这种景象在冷战史的一系列国际会议上均可见到。有些会议的主旨就在于介绍和推荐最新解密的档案,如 2006 年 2 月在华盛顿召开的名为"1954 年日内瓦会议与亚洲冷战"的国际会议上,其主要目的之一就是让刚刚解密的中国外交部档案在国际学界亮相。还有的会议则是专门为了促进某一国家的档案开放,如 2000 年 1 月在河内、2003 年在乌兰巴托举办的专题讨论会以及 2009 年 6 月在威尔逊中心召开的"印度与冷战"等国际会议都体现了这样的功能。中国学者积极参与了上述活动,并广泛邀请国外学者参加在中国举办的学术讨论。一般说来,冷战史的学术讨论会只要稍具规模就一定是国际会议。

冷战国际史可以纳入国际关系史的范畴,但它又不仅仅是研究国际间双边或多边关系,而是在这一研究的基础上,向外扩展,探讨某一地区乃至全球的政治、军事格局的形成和走向;向内延伸,分析在已经形成的世界格局中各国国内政策的变化和发展以及由此而产生的对国际关系的影响。例如,中苏同盟破裂引起的社会主义阵营大改组及中国国内政策的变化,中美关系缓和造成的国际政治格局变动及其对多重双边关系的影响,还有马歇尔计划、朝鲜战争、越南战争、波匈事件等,无不如此。因此,在冷战史研究领域的重大专题研讨会,几乎都无法单独由一个国家召开,这是导致冷战史双边会议和国际会议频频召开、冷战史学者在国际舞台异常活跃的主要原因。此外,冷战史研究中档案利用的多国性和综合性也要求相关专题的各国学者必须坐在一起讨论问题。从形式上看,这种国际合作除了经常或定期召开双边会议和国际会议外,还有档案利用国际培训班、双边博士论坛、跨国口述访谈等,甚至在某些专题研究方面出现了不同国家学者共同参与的国际项目,如威尔逊中心组织的朝鲜国际文献开发项目(North Korea International Documentation Project),最近华东师范大学设计的关于社会主义同盟理论及社会主义发展道路比较研究的项目也打算邀请多国学者参加。

如果用一句话来概括冷战国际史研究的学术特征,那就是从史料收集、研究方法到成果形式等各方面体现出来的国际化现象。

二、冷战国际史研究的热点问题

冷战国际史的研究成果,因其对当代人记忆中的历史所进行的颠覆性描述和阐释而备受世人关注,甚至学术著作也能成为畅销书。不仅如此,随着档案文献的解密,研究中的热点问题也是层出不穷,简直令人目不暇接。这里重点介绍一些中国学者参与较多的学术成果。

1. 关于冷战起源和结束的讨论持续不断

冷战结束的最初几年,美国学术专著、报纸杂志甚至国家领导人经常讨论的话题就是冷战的起源,人们似乎又回到了传统派的观点,认为苏联应对冷战的出现承担责任。至于冷战的结束,则是美国和西方所取得的胜利。最具代表性也最有影响的当属美国最著名的冷战史专家盖迪斯在 1997 年出版的专著《我们现在知道了:重新思考冷战历史》。作者是以胜利者的心态和姿态重新审视冷战历史的,认为冷战的形成都是共产主义的错误,而冷战的结束则是西方领导人——特别是像里根、撒切尔这样强硬派和保守派领导人正确决策的结果。① 盖迪斯的著作受到美国主流媒体的高度评价,在中国也颇有影响。不过,冷战史研究学者中还是有不同看法的。不少学者对他提出批评,如把冷战的责任完全推给斯大林有失偏颇;把冷战的结束看成是正义战胜邪恶则忽视了美国外交政策中不道德和违背法律的现象;认为 20 世纪 70 年代美苏缓和只是维持战后的均势,低估了西欧国家的重要性;对中国和第三世界如何影响冷战的进程缺乏关注和认识等。② 特别是进入 21 世纪后,"9·11"事件

---

① See John Gaddis, *We Now Know*: Rethinking Cold War History, New York: Oxford University Press 1977. 关于这种看法还有一部比较典型的著作: Norman Friedman, *The Fifty Year War*: *Conflict and Strategy in the Cold War*, London: Chatham Publishing, 2000。

② See Carolyn Eisenberg, "Review of We Now Know by John L. Gaddis", *The Journal of American History*, Vol. 84, No. 4, March, 1998, pp. 1462-1464; David Painter, "A Partial History of the Cold War", *Cold War History*, Vol. 6, No. 4, November, 2006, pp. 527-534; Geir Lundestad, "The Cold War According to John Lewis Gaddis", *Cold War History*, Vol. 6, No. 4, November, 2006, pp. 535-542.

的发生使西方的价值观再次受到威胁,因冷战结束而产生的西方优越感顿时消失,"历史终结论"也很快被人遗忘,人们需要再次重新审视冷战。在这方面的代表性著作是 2007 年出版的弗吉尼亚大学教授莱夫勒的专著《为了人类的灵魂:美国、苏联与冷战》。作者强调导致冷战爆发和延续的主要因素在于美苏的国内体制及国际机制;而对于美国政策,作者提出了更多的批评;至于冷战的结束,作者认为则是苏联和戈尔巴乔夫个人起了主要作用。[①]中国学者对于冷战的起源也提出了自己的看法,有的从战后国际秩序建立的角度提出了新看法,[②]有的认为苏联是被动地卷入冷战的,斯大林的冷战战略是"内线进攻,外线防御"[③]。

2. 关于苏联与冷战关系的研究引人注意

俄国档案馆开放的直接后果之一就是在国际学界掀起了对苏联与冷战关系研究的热潮。在英语世界比较有影响的著作有:马斯特尼的《冷战与苏联的不安全感》,其观点与盖迪斯比较接近,认为斯大林由于从不相信别人而总有一种不安全感,因此不断寻求建立新的缓冲地带,以控制苏联的周边地

---

①　See Melvyn Leffler, *For the Soul of Mankind : The United States , the Soviet Union , and the Cold War*, New York: Hill and Wang, 2007.

②　徐蓝:"试论第二次世界大战后国际秩序的建立与发展",《世界历史》2003 年第 6 期。

③　参见沈志华:"共产党情报局的建立及其目标——兼论冷战形成的概念界定",《中国社会科学》2002 年第 3 期;"斯大林的'联合政府'政策及其结局(1944—1947)",《俄罗斯研究》2007 年第 5、6 期;"斯大林与 1943 年共产国际的解散",《探索与争鸣》2008 年第 2 期。

区。① 旅美俄裔学者祖博克和普列沙科夫合著的《克里姆林宫的冷战：从斯大林到赫鲁晓夫》，充分利用了大量公布的俄国档案，重点在于描述战后苏联领导人的思想倾向，强调领袖个性、马列主义意识形态、俄罗斯历史文化以及地缘政治在冷战初期的重要性。② 祖博克的新著《失败的帝国：从斯大林到戈尔巴乔夫的苏联冷战》，则全面地考察了整个冷战时期苏联对外政策的变化及社会走向。③ 在这方面，俄国学者自然作出了极大努力，他们对苏联参与冷战的研究涉及更为广阔的领域。冷战结束初期，俄国学者依靠集体的力量，侧重于利用新档案比较全面地描述冷战时期苏联的对外政策。研究很快就扩展开来，有的讨论冷战起源，有的研究缓和年代，有的专门考察苏联的军事工业综合体，还有的集中探寻苏联的核计划和核政策。俄国学者研究最深、成果最多的主要体现在战后苏联与东欧国家关系的领域。中国学者在这方面研究成果不是很多，主要原因是俄语人才短缺。现有比较重要的成果主要是张盛发的一部专著和我的几篇论文。④ 最近几年，年轻学者开始进入这一领域，

---

① See Vojtech Mastny, *The Cold War and Soviet Insecurity*, New York: Oxford University Press, 1996.

② See Vladislav Zubok and Constantine Pleshakov, *Inside the Kremlin's Cold War: From Stalin to Khrushchev*, Cambridge: Harvard University Press, 1997.

③ See Vladislav Zukov, *A Failed Empire: The Soviet Union in the Cold War from Stalin to Gorbachev*, Chapel Hill: University of North Carolina Press, 2007.

④ 张盛发：《斯大林与冷战》，中国社会科学出版社 2000 年版。沈志华："中苏同盟、朝鲜战争与对日和约——东亚冷战格局形成的三部曲及其互动关系"，《中国社会科学》2005 年第 5 期；"斯大林与中国内战的起源（1945—1946）"，《社会科学战线》2008 年第 10 期。

从已经完成的博士论文即可看出,其中涉及苏捷关系、苏以关系、特殊移民、犹委会案件、阿富汗战争等多方面。

3. 对于中美关系的考察经久不衰

中美关系是冷战国际史最早吸引研究者的领域之一,并且随着时间推移,到期解密的档案逐渐增多,人们的关注点和研究范围不断扩大。冷战结束后不久,在中美关系研究中,学者们最初比较感兴趣的还是新中国建立之初中美关系是否有可能实现正常化的问题,即以往美国冷战史各学派有关"失去的机会"的争论。研究者根据新的史料再次进行了讨论,比较一致的看法是实际上不存在所谓的"失去机会"。他们强调中共与莫斯科之间已经建立的良好关系使毛泽东在 1949 年不愿意去发展同美国的关系,有限的外交及贸易联系不足以构成中美和解的契机。[①] 随后,人们较多研究的是 50 年代中美冲突问题。学者们对中美冲突的起源、朝鲜战争期间的中美关系、台海危机等都有较为深入的研究,出版了很多有分量的专著。在约翰逊和尼克松政府档案解密后,学者们讨论的焦点开始转向中美和解的进程。吴翠玲的专著主要讨论了从 1961 年到 1974 年美国关于中美和解政策的实施过程,认为美国官场在 60 年代就开始提出并讨论与中国缓和关系的想法。[②] 朗巴斯的新著

---

① See Warren Cohen, Chen Jian, John Carver, Michael Sheng, and Odd Arne Westad,"Rethinking the Lost Chance in China", *Diplomatic History*, Vol. 21, No. 1, Winter,1997,pp. 71-115.

② See Evelyn Goh, *Constructing the US Rapprochement with China*, 1961-1974: *From "Red Menace" to "Tacit Ally"*, New York:Cambridge University Press,2005.

则考察了约翰逊政府为改善对华关系所采取的一些新举措,并指出尼克松和基辛格打开中美关系的思想是建立在约翰逊政府对华新尝试的基础上的。① 伯尔、詹姆斯曼、唐奈心、夏亚峰以及麦克米伦等学者的著作利用最新解密的美国档案,对 70年代初中美关系缓和进程从不同角度作了深入的研究和探讨。② 中国学者最早参与国际讨论的课题就在这一领域,领衔者是资中筠、陶文钊等,跟进的有章百家、时殷弘、牛军等,复旦大学美国研究中心也有一批优秀成果问世。那时中国中美关系研究完全可以同美国学者媲美。③ 随着时间的推移,关于中美缓和时期的美国档案继续开放,而中国档案却很少见到,所以中国的研究人数虽然很多,但基本上是跟在美国学者的后边走。即使有一些比较重要的成果发表,其作者也是在美国学习的。④ 无

---

① See Michael Lumbers, *Piercing the Bamboo Curtain: Tentative Bridge-Building to China during the Johnson Years*, Manchester: Manchester University Press, 2008.

② See William Burr, *The Kissinger Transcripts: The Top Secret Talks with Beijing and Moscow*, New York: The New Press, 1998; James Mann, *About Face: A History of America's Curious Relationship with China, from Nixon to Clinton*, New York: Alfred A. Knopf, Inc., 1999; William Kirby, Robert Ross, and Gong Li (eds.), *Normalization of U. S. -China Relations: An International History*, Cambridge and London: Harvard University Press, 2005; Nancy Tucker, "Taiwan Expendable? Nixon and Kissinger Go to China", *Journal of American History*, 92:1, 2005, pp.109-135; Xia Yafeng, *Negotiating with the Enemy: U. S. -China Talks during the Cold War, 1949-1972*, Bloomington: Indiana University Press, 2006; Margaret MacMillan, *Nixon and Mao, The Week that Changed the World*, New York: Randon House, 2007.

③ 最近发表的重要成果有何慧的《尼克松与中国——半个世纪的不解之缘》(河南人民出版社 2005 年版)、王立新的《意识形态与美国外交政策——以 20 世纪美国对华政策为个案的研究》(北京大学出版社 2007 年版)。

④ 如张曙光的《接触外交:尼克松政府与解冻中美关系》,世界知识出版社 2009年版。

疑,中美关系研究的进一步发展有待于中国档案文献的开放。

4. 对于中苏关系的研究迈上新台阶

由于以往难以见到的中国和俄国档案的大量披露,冷战国际史学者对中苏关系的研究取得了比较大的突破。在西方出版的论著中,德国学者海因茨希对中苏同盟建立的过程进行了详尽的讨论①,旅美华人学者张曙光、在加拿大教书的瑞士籍学者吕德量和在英国工作的俄国学者拉琴科从不同的角度和时段集中研究了中苏同盟破裂的过程;②美国学者陈兼也讲述了毛泽东的对外政策、魏丽莎分析了勃列日涅夫的对华政策,但他们的主要落脚点都是中苏关系。③ 此外,笔者还看到一部英文的博士论文,该作者利用了大量俄国档案及中国人民大学的校史材料,讨论苏联如何帮助中国建立、发展教育事业,其内容和观点都十分吸引人。④ 在俄国,综合性专著的作者大体上都

① 原文为德文,中译本见迪特·海因茨希:《中苏走向同盟的艰难历程》,张文武等译,新华出版社 2001 年版。

② Shu Guang Zhang, *Economic Cold War*, *America's Embargo against China and the Sino-Soviet Alliance*, *1949-1963*, Stanford: Stanford University Press, 2001; Lorenz Lüthi, *The Sino-Soviet Split*; *Cold War in the Communist World*, Princeton and Oxford: Princeton University Press, 2008; Sergey Radchenko, *Two Suns in the Heavens*: *the Sino-Soviet Struggle for Supremacy*, *1962-1967*, Washington, D. C.: Woodrow Wilson Center Press, Stanford: Stanford University Press, 2009.

③ Chen Jian, *Mao's China and the Cold War*, Chapel Hill & London: The University of North Carolina Press, 2001; Elizabeth Wishnick, *Mending Fences*: *The Evolution of Moscow's China Policy from Brezhnev to Yeltsin*, Seattle and London: University of Washington Press, 2001.

④ Douglas Stiffler, *Building Socialism at Chinese People's University*; *Chinese Cadres and Soviet Experts in the People's Republic of China*, *1949-1957*, Ph. D. Dissertation, University of California, San Diego, 2002.

是负责对华事务的职业外交官或党内干部,他们的论述还带有
较多的意识形态色彩,在很大程度上都是为苏联特别是斯大林
的政策进行辩护的。不过,其史料价值还是不容忽视的。[①] 在
专题性著作中,比较集中讨论的是关于中苏边界问题。[②] 涉及
的其他领域还有新疆问题、在华苏联专家问题及中苏科学技术
合作等。[③] 这些专题性研究著作的学术性较强,很有参考价值。
中国学者在这方面的成就目前已经走到世界前列,其中特别是
杨奎松、李丹慧、牛军和我本人的研究,引起了国际学界的广泛
重视,很多论文和专著已经或正在译成英文。[④] 中国学者的突

①　Брежнев А. А. , Китай: тернистый путь к добрососедству, воспоминания и
размышления, Москва: Международные отношения, 1998; Ледовский А. М. , СССР и
Сталин в судьбах Китая, Документы и свидетельства участника событий 1937-1952,
Москва: НИМ, 1999; Кулик Б. Т. , Советско-китайский раскол: причины и последствия,
Москва: ИДВ РАН, 2000; Рахманин О. Б. , К истории отношений России-СССР с
Китаем в XX веке, Обзор и анализ основных событий, Москва: Памятники исторической
мысли, 2002.

②　Ткаченко Б. И. , Россия-Китай: восточная граница в документах и фактах,
Владивосток: Уссури, 1999; Мясников В. С. , Степанов Е. Д. , Границы Китая: История
формирования, Москва: Памятники исторической мысли, 2001; Попов И. М. , Россия и
Китай. 300 лет на грани войны, Москва: издательство АСТ, 2004; Рябушкин Д. С. ,
Мифы Даманского, Москва: Издательство АСТ, 2004; Ивасита А. 4000 километров
проблем: российско-китайская граница, Москва: АСТ, Восток-Запад, 2006.

③　Бармин В. А. , Синьцзян в советско-китайских отношениях 1941-1949гг. ,
Барнаул: Издательство БГПУ, 1999; Зазерская Т. Г. , Советские специалисты и
формирование военно-промышленного комплекса Китая (1949-1960годы), Санкт-
Петербург: НИИХ СПбГУ, 2000; Мартыненко В. П. (ред.) Российско-китайские
научные связи: проблемы становления и развития, СПб: Издательство Санкт-
Петербугского института истории РАН, 2005.

④　详见徐思彦:"走向破裂的结盟:中苏同盟研究的新进展",《清华大学学报》
2008 年第 5 期。

出特点有两个方面：一是大量使用中国和俄国的双边档案，这就比西方学者占了先机；二是中国学者看问题的角度和对史料的解读要胜过西方学者，毕竟中国人对苏联的理解更为深刻，例如关于中苏同盟破裂的过程及其原因的讨论，中国学者的看法对现在通行的国家关系理论的某些观点提出了挑战。[①]

5. 朝鲜战争仍然是研究者最感兴趣的课题

朝鲜战争不仅在东亚各国是研究的热点，在美国也是经久不衰的研究课题。各有关国家的档案大量解密，为其研究注入了新的活力。除了比较全面地讲述战争过程的专著外，[②]学者们还充分利用新档案、新史料考察了美国以外的国家参与这场战争的情况。关于苏联与朝鲜战争的关系，学者们不仅讨论了斯大林对朝鲜半岛政策的演变及苏联在战争起源和停战谈判

[①] 详见沈志华主编：《中苏关系史纲（1917—1991）》，"跋"，新华出版社 2007 年版。

[②] 其中比较有影响著作包括：Sergei Goncharov, John Lewis, and Xue Litai, *Uncertain Partner: Stalin, Mao, and the Korean War*, Stanford: Stanford University Press, 1993；William Stueck, *The Korean War: An International History*, Princeton: Princeton University Press, 1995；蔡汉国、郑锡均、梁宁祚：《韩国战争》（三卷），（韩国）国防军史研究所印行（1995-1997）；Валковский Н. Л., гла. ред. Война в Корее, 1950-1953, Санкт-Петербург: ПОЛИГОН, 2000；Торкунов А. В., Загадочная война: корейский конфликт 1950-1953гг., Москва: Российская политическая энциклопедия, 2000；William Stueck, *Rethinking The Korean War: A New Diplomatic and Strategic History*, Princeton: Princeton University Press, 2002；〔日〕和田春树：《朝鲜战争全史》，（日本）岩波书店 2002 年版；Alan J. Levine, *Stalin's Last War: Korea and the Approach to World War Ⅲ*, Jefferson, North Carolina, and London: McFarland & Company, Inc., Publishers, 2005。

中的作用,还描述了苏联空军参战的情景。^① 至于中国与朝鲜
战争,讨论比较集中在中国出兵及其在战争中的形象等问题
上。^② 还有一些学者研究了美国的盟国与战争的关系,如日本、
英国、土耳其等。^③ 即使在朝鲜战争研究中最为敏感和有争议

---

① 如 Kathryn Weathersby,"The Soviet Role in the Early Phase of the Korean
War:New Documentary Evidence", *The Journal of American-East Relations*, 1993,
Vol. 2,No. 4,pp. 425-457;"Soviet Aims in Korea and the Outbreak of the Korean War,
1945-1950:New Evidence from the Russian Archives",*CWIHP Working Paper*,No. 8,
1993;"Korean,1949-1950:To Attack,or Not to Attack? Stalin, Kim Il Sung,and the
Prelude to War", *CWIHP Bulletin*, Issue 5, Spring, 1995, pp. 1-9; Орлов А. С.,
Советская авиация в Корейской войне 1950-1953гг. // Новая и новейшая история, 1998,
№4, c. 121-146; Волохова А. Переговоры о перемирии в Корее 1951-1953 гг., по
материалам Архива внешней политики России// Проблемы дальнего востока, 2000, №2,
c. 96-110;Zhang Xiaoming,*Red Wings over the Yalu:China, The Soviet Union, and the
Air War in Korea*,College Station:Texas A & M University Press,2002。
② 全面研究的有陈兼和张曙光的专著:Chen Jian, *China's Road to the Korean
War: The Making of the Sino-American Confrontation*, New York, Columbia
University Press,1994; Zhang Shu Guang,*Mao's Military Romanticism:China and the
Korean War*, *1950-1953*,Lawrence:University Press of Kansas,1995。还有一些论文也
值得注意:Thomas Christensen,"Threats,Assurances,and the Last Chance for Peace:
The Lessons of Mao's Korean War Telegrams", *International Security*,1992,Vol. 17,
No. 1,pp. 122-150;Philip West,"Confronting the West:China as David and Goliath in
the Korean War",*The Journal of American-East Asian Relations*,1993,Vol. 2,No 1,
pp. 5-28;V. Petrov,"Mao, Stalin, and Kim Il Sung:An Interpretative Essay", *Journal
Northeast Asian Studies*, 1994, Vol. 13, No. 2, pp. 3-30; Michael Sheng, "Mao, Tibet,
and the Korean War",*Journal of Cold War Studies*,Vol. 8,No. 3,Summer,2006,pp.
15-33。
③ Roger Dingman,"The Dagger and the Gift:The Impact of the Korean War on
Japan",*The Journal of American-East Asian Relations*,Vol. 2,No. 1,1993,pp. 29-55;
Michael Hopkins,"The Price of Cold War Partnership:Sir Oliver Franks and the British
Military Commitment in the Korean War",*Cold War History*,Vol. 1,No. 2,January,
2001,pp. 28-46;Çagdas Üngör,"Perceptions of China in the Turkish Korean War
Narratives",*Turkish Studies*,Vol. 7,No. 3,September,2006,pp. 405-420.

的问题,比如战俘、细菌战等问题,也有不少学者涉猎。 在这一研究领域,中国学者也处于领先地位,特别是关于"铁幕"另一边的故事,西方人如雾里看花,很难讲好;在原来的东方阵营中,朝鲜学者闭目塞听,基本看不到他们的成果;俄国学者大多囿于传统,很少有所创建;而中国学者的研究早在 80 年代末就开始突破了以往的传统看法。 随着档案文献的不断披露,对于中、苏、朝参与战争的过程的研究越来越具体、越来越深入。在战争起源、中国出兵、中朝关系、停战谈判等一系列问题上,中国学者都提出了自己的独特见解。

冷战国际史研究的热点问题还有很多,如核武器的研制与核政策问题、马歇尔计划、苏南冲突、共产党情报局、柏林封锁危机、

① Laurence Jolidan, "Soviet Interrogation of U. S. POWs in the Korean War", *CWIHP Bulletin*, Issues 6-7, Winter, 1995/1996, pp. 123-125; Kathryn Weathersby, "Deceiving the Deceivers: Moscow, Beijing, Pyongyang, and the Allegations of Bacteriological Weapons Use in Korea", *CWIHP Bulletin*, Issue 11, Winter, 1998, pp. 176-185; Milton Leitenberg, "New Russian Evidence on the Korean War Biological Warfare Allegations: Background and Analysis", *CWIHP Bulletin*, Issue 11, Winter, 1998, pp. 185-200; Stephen Endicott and Edward Hagerman, *The United States and Biological Warfare: Secrets From the Early Cold War and Korea*, Bloomington: Indiana University Press, 1998; Milton Leitenberg, "The Korean War Biological Weapon Allegations: Additional Information and Disclosures", *Asian Perspective*, 24(3), 2000, pp. 159-172. 笔者在台湾"冷战时期海峡两岸的历史发展研究生工作坊"(2008 年 8 月)中还看到一篇专门研究中国战俘的论文: David Chang, "Huijia(To Return Home): The Origins of the Forcible Screening for Voluntary Repatriation of Chinese POWs during the Korean War".
② 值得注意的成果见 Торкунов А. В. , Загадочная война: корейский конфликт 1950-1953 годов, Москва: Российская политическая энциклопедия, 2000。
③ 徐焰:《第一次较量——抗美援朝战争的历史回顾与反思》,中国广播电视出版社 1990 年版。
④ 参见邓峰:"朝鲜战争研究在中国:十年综述",《中国社会科学》(英文版),2006年第 4 期。

东柏林骚动、波匈事件、华约与北约的对抗、台湾海峡危机、柏林
墙的建立、古巴导弹危机、苏联入侵捷克斯洛伐克、美苏限制战略
武器谈判、阿富汗战争、波兰团结工会,等等。无论是老题目,还
是新领域,由于这些研究主要依据的是冷战结束后各国解密的档
案文件,所以都给人耳目一新的感觉。中国学者对于其中某些问
题的研究还是比较深入的,这里就不再一一列举了。①

三、冷战国际史研究发展的新趋势

进入 21 世纪以来,特别是最近几年,冷战国际史在其研究
领域、研究对象和研究方法等方面表现出某些新的发展趋势。

1. 走出大国关系史研究的光环,考察中心地带与边缘
地区的互动关系

过去半个世纪的国际关系属于两极结构,所谓冷战就是以
美苏各自为首两大意识形态阵营(集团)的对抗,因此冷战国际
史研究始终笼罩在大国关系的光环下,学者们很自然地也把主
要目标锁定在考察美苏两国关系或两大阵营在危机中的决策
及其结果上。"9·11"事件以后,由于伊斯兰原教旨主义对基
督教文明的挑战,西方的价值观受到威胁,人们突然发现西方

---

① 值得提及的是年轻学者也开始加入了讨论,如张扬(对美国外层空间政策),詹
欣(美国核战略),刘玉宝(苏联核武器研制),肖瑜(苏联对以色列政策的演变),姚百慧、
丁祖煜(美国与北约的关系),胡泊、郭洁(波匈事件),李琼、李晓亮(阿富汗战争),葛腾
飞、汪婧、樊百玉(美国对斯大林去世后苏联外交政策的反应)。

的意识形态并没有被全世界广泛接受。于是,学者们开始关注大国以外的世界,特别是第三世界。对于西方集团中弱小或处于边缘地位的国家——加拿大、西班牙、丹麦、芬兰、冰岛等——的研究成果已经出现,对于第三世界众多处于冷战边缘的国家和地区的研究也开始不断升温。目前,这些研究多数是从大国对边缘地区和国家政策的角度进行考察的,希望通过追溯冷战时期大国对第三世界的干涉和介入,找到当前这些地区动荡的根源。或者说是研究冷战在第三世界的作用和结果。不久前,文安立出版的专著《全球冷战:第三世界的干涉和我们时代的形成》可以说具有代表性。作者研究了冷战时期美苏两个超级大国对越南、南非、埃塞俄比亚、伊朗、阿富汗以及其他地区的干涉,并探讨了这种干涉对当今世界的影响。文安立认为,在欧洲由于两个军事集团的存在和对峙,冷战对抗陷入僵局,取得新突破的空间和机会很少;而美苏在第三世界的争夺则代表了冷战中最主要、最核心问题,第三世界是美苏两家推广和验证各自遵循的一套政治理论和经济发展模式的场所;他们在这里的争夺不仅是为了获取军事优势(盟友、基地等),更主要是希望通过干涉第三世界的内部事务、影响第三世界的政治和经济发展,来显示各自代表的政治和经济模式的优越性与合法性,以证明自己所信仰的价值观所具有的全球适用性。[1]

① See Odd Westad, *The Global Cold War: Third World Interventions and the Making of Our Times*, New York: Cambridge University Press, 2005; Jeremi Suri, *Power and Protest: Global Revolution and the Rise of Détente*, Cambridge, Massachusetts.: Harvard University Press, 2003; Jeffrey Engel (ed.), *Local Consequences of the Global Cold War*, Washington D. C.: Woodrow Wilson Center Press, Stanford C. A.: Stanford University Press, 2007.

　　对于第三世界或冷战边缘地区和国家的研究还有一种"本末倒置"的趋向,即从研究这些地区或国家本身的历史出发,考察其自身发展的历史惯性、特征和趋势对美苏关系的影响、对地区和国际格局的影响。如果说前者倾向于讨论边缘地区和国家是如何在两极世界格局的影响下被动地卷入冷战的,那么后者的出发点则在于考察边缘地区和国家是如何向两极世界挑战从而影响美苏两国的政策的。美国艾奥瓦州立大学教授刘晓原在其新著《解放的制约——蒙古独立、中国领土属性和大国霸权的历史纠葛》的导言中表述了这样的观点:小国、边缘地区和第三世界国家并不完全是被动地卷入冷战的,在很多情况下,他们的选择和驱动力迫使美苏不得不修正自己的政策。惟其如此,才会出现在美苏争夺的中心始终保持"冷战"的状态而在边缘地区则"热战"连绵不断的局面。[①] 另一部受到关注的著作是美国哥伦比亚大学教授康纳利的《外交革命:阿尔及利亚的独立斗争和后冷战时代的起源》。作者将阿尔及利亚的民族解放斗争置于东西方和南北方的双重矛盾中考察,指出阿尔及利亚争取独立的斗争既包含东西方(美苏)之间对抗的因素,又包含南北方(殖民地人民与殖民主义国家、伊斯兰教与基督教)之间矛盾的因素,仅用传统的冷战眼光来看待 1945 年后的

---

　　① See Liu Xiaoyuan, *Reins of Liberation: An Entangled History of Mongolian Independence, Chinese Territoriality, and Great Power Hegemony*, 1911-1950, Washington, D. C.: Woodrow Wilson Center Press, Stanford: Stanford University Press, 2006.

历史是不够的和不全面的。① 中国学者对第三世界的研究主要是由年青一代完成的,他们中的很多人一进入冷战史研究的大门便选择了这一新的领域,目前已经发表的成果虽然还不是很多、很成熟,但从这几年博士论文的选题看,中国在冷战与第三世界这个领域的研究必将迅速发展起来。②

其实,正是这种对中心地带与边缘地区互动关系的研究,才会使人们更加深刻而全面地了解冷战时代世界格局的内涵以及在这一总体格局中各国历史的发展道路。

2. 突破传统国际关系史研究的范畴,把经济、文化、社会纳入观察视野

冷战国际史研究的另一个发展趋向就是突破传统国际关系史的研究范畴,把观察的视野转向经济、文化以及一系列社会问题,从事跨学科的研究。

英国剑桥大学教授雷纳兹在其所著《一个被分割的世界:

---

① See Matthew Connelly, *A Diplomatic Revolution: Algeria's Fight for Independence and the Origins of the Post-Cold War Era*, New York: Oxford University Press, 2002.

② 目前已发表的研究成果可见:戴超武的"1965 年印巴战争与美国的反应和政策"(《世界历史》2008 年第 2 期)、"中印边界冲突与苏联的反应和政策"(《历史研究》2003 年第 3 期),赵学功的《巨大的转变:战后美国对东亚的政策》(天津人民出版社2002 年版)、"简论肯尼迪政府对古巴的隐蔽行动计划"(《南开学报》2007 年第 5 期),姚昱:"中国与不发达国家的经济联系"(《中共党史研究》2008 年第 2 期),舒建中的"美国的'成功行动'计划:遏制政策与维护后院的隐蔽行动"(《世界历史》2008 年第 6 期),刘莲芬:"1960-1962 年老挝危机与美泰关系"(《东南亚研究》2008 年第 1 期),孙德刚的"第四次中东战争与美国政府的危机管理"(《华东师范大学学报》2009 年第 1 期),代兵的"日内瓦会议与老挝、柬埔寨的中立"(《社会科学研究》2008 年第 2 期),王延庆的"美国对南非核政策的演变"(《历史教学》2008 年第 20 期)等。

1945 年以来的全球史》一书中提出,战后发生的许多事情是"无法全部装在冷战这个盒子里的",美苏冷战"分割"了世界,但冷战只是这个时代的一部分,此外还有经济、民族、文化、宗教、南北差别、性别差异等问题,冷战的出现无疑对这些社会问题的发展产生了影响,但同时又反过来深受这些社会问题的影响。他在书中系统地描述了一些与冷战根本不相关的事情,如非殖民化进程、科技发展、文化趋向、社会变革以及所有这一切对政治产生的影响,并在最后强调:"冷战只是这个时代的中心,而非时代本身。"①作者是要提醒人们,对于冷战时代的研究,不能仅仅只研究冷战本身,不能把研究的对象限制在传统的国际关系史范畴,还必须全面考察在这一时代发生的其他事件和问题。

　　当然,冷战国际史研究无法取代经济史、文化史、宗教史、社会史等各类专门史研究,但重要的是,关于战后以来这些问题的考察无论如何也不能摆脱冷战这个核心问题,因为它们都是在"一个被分割的世界"的框架下发生和发展的;同样重要的是,研究冷战史、研究国际格局产生和变化的过程也必须考察经济、文化、科技、宗教等问题,因为这些问题与国际关系问题融合在一起才构成了这个时代本身。在这方面,目前已有的冷战国际史研究成果中比较多的是关于"经济冷战"、"文化冷战"以及"宣传战-心理战"的研究。马里兰大学教授张曙光较早使用了"经济冷战"的概念,并以此为书名讲述了美国对中国的经

济封锁政策及其对中苏同盟造成的经济压力。[①] 俄罗斯科学院
俄国历史研究所西蒙诺夫的研究对象是苏联的军工综合体组
织,他论证了在苏联传统制度下的这一特殊经济部门如何担负
着国家经济有机组成部分的职能,决定着社会产品和国民收入
分配的比例;同时,这一特殊的经济部门又成为国家安全系统
最重要的环节,决定着武装力量军事技术组织的性质。[②] "文化
冷战"的研究涉及美国文化的对外传播[③]、美苏之间的文化交流
及其结果[④]以及冷战中的文化政治[⑤]等方面的内容。关于"宣传

[①] See Zhang Shu Guang, *Economic Cold War*, *America's Embargo against China and the Sino-Soviet Alliance*, 1949-1963, Stanford: Stanford University Press, 2001.

[②] Сцимонов Н. С. , Военно-промышленный комплекс СССР в 1920-1950-е годы: темпы экономического роста, структура, организация производства и управление, Москва: РОССПЭН, 1996.

[③] See Walter L. Hixson, *Parting the Curtain: Propaganda, Culture, and the Cold War*, 1945-1961, New York: Palgrave Macmillan, 1997; Jessica C. E. Gienow-Hecht, *Transmission Impossible: American Journalism as Cultural Diplomacy in Postwar Germany*, 1945-1955, Baton Rouge: Louisiana University Press, 1999; Volker Berghahn, *America and the Intellectual Cold Wars in Europe: Sheppard Stone between Philanthropy, Academy, and Diplomacy*, Princeton: Princeton University Press, 2002.

[④] John E. Bowlt and Dmitrii Sarab'yanov, "Keepers of the Flame: An Exchange on Art and Western Cultural Influences in the USSR After World War II", *Journal of Cold War Studies*, Vol. 4, No. 1, Winter, 2002, pp. 81-87; Victor Rosenberg, *Soviet-American Relations*, 1953-1960, *Diplomacy and Cultural Exchange During the Eisenhower Presidency*, Jefferson and London: McFarland & Company, Inc. , 2005; Jeffrey Brooks, *Stalin's Ghost: Cold War Culture and U. S.-Soviet Relations*, Klaus Larres and Kenneth Osgood (eds.), *The Cold War after Stalin's Death*, Rowman & Littlefield Publishers, Inc., 2006, pp. 115-134.

[⑤] Тихвинский С. Л. (отв. ред.), Восток-Россия-Запад, Исторические и культурологические исследования, Москва: Памятники исторической мысли, 2001; Tony Shaw, "The Politics of Cold War Culture" (Review Essay), *Journal of Cold War Studies*, Vol. 3, No. 3, Fall, 2001, pp. 59-76; Patrick Major and Rana Mitter, "East is East and West is West? Toward a Comparative Socio-Culture History of the Cold War", *Cold War History*, Vol. 4, No. 1, October, 2003, pp. 1-22.

战-心理战"的研究出现得比较早,其中既有对苏联在国内宣传鼓
动和对外开展"舌战"的介绍,也有对西方冷战广播及内部舆论导
向的描述。① 在所有这些领域的研究及其拓展不仅丰富了冷战
史研究的内容,更重要的是将加深人们对于冷战时代的认识。

中国学者对"经济冷战"的研究主要表现在美日、美韩、中
苏关系方面,成果比较显著。② 对于"文化冷战"的研究相对比
较落后,成果还很少见到。③

3. 在实证研究的基础上,重新建构冷战国际史的分析框架和理论模式

如果说冷战的结束为国际关系史学者提供了更多的机会

---

① Наджафов Д. Г., Сталинский Агитпроп в холодной войны, по архивным фондам ЦК ВКП(б) и МИД СССР// ИВИ РАН Сталин и холодная война, Москва: ИВИ РАН,1998, с. 205-227;Фадеев А. В.,Образ врага в советской пропаганде,1945-1954 гг., Москва: ИРИ РАН, 1999; James B. Critchlow, "Western Cold War Broadcasting", *Journal of Cold War Studies*, Vol. 1, No. 3, Fall, 1999, pp. 168-175; V. Pechatnov, "Exercise in Frustration:Soviet Foreign Propaganda in the Early Cold War, 1945-1947", *Cold War History*, Vol. 1, No. 2, January, 2001, pp. 1-27;Рукавишников В. О.,Холодная война, холодный мир:Обшественное мнение в США и Европе о СССР/России, внешней политике и безопасности Запада, Москва:Академический Проект, 2005; Ira Chernus, "Meanings of Peace:The Rhetorical Cold War after Stalin", Klaus Larres and Kenneth Osgood(eds.), *The Cold War after Stalin's Death*, Rowman & Littlefield Publishers, Inc., 2006, pp. 95-114.

② 其中最突出的是崔丕的《美国的冷战战略与巴黎统筹委员会、中国委员会(1945—1994)》(中华书局 2005 年版),其他还有沈志华的"中苏同盟的经济背景(1948—1953)"(香港中文大学香港亚太研究中心 2000 年),邓峰和杜宇荣的"美国冷战战略与中日贸易关系(1948—1950)"(《东北师范大学学报》2007 年第 5 期)、"美国对华政策与中日贸易(1950—1952)"(《日本研究》2008 年第 2 期),姚昱和郭又新的"1953—1956 年美国的橡胶政策与国内政治"(《世界历史》2007 年第 6 期),梁志的"美国对外开发援助政策与韩国的经济'起飞'"(《当代韩国》2009 年春季号)以及谢华的"冷战时期美国粮食外交的历史演变(1954—1969)"(《历史教学》2009 年第 6 期)等。

③ 牛可的"国家安全体制与美国冷战知识分子"(《二十一世纪》总第 79 期)以及于群在 2006 年吉林大学"国际关系史和区域史教学与研究研讨会"上提交的论文:"战后初期美国在伊朗开展的冷战电影宣传战略(1945—1953)",应是这方面的尝试。

和更广阔的开拓空间,那么这一结果的突然来临对于国际关系理论专家而言则是严峻的挑战。人们还发现,在旧冷战史研究中曾广泛应用过的某些国际关系理论,不仅因其对冷战的结束缺乏预见而受到学者的质疑,而且面对大量的和不断出现的新史料、新史实似乎也正在失去其阐释价值。① 正像文安立所言,冷战国际史(新冷战史)"是一个让现实主义和结构主义迎头冲撞的领域",现实主义固然因为国际体系的变化而正在失去其原有的解释能力,结构主义也由于受到某些固有模式的束缚而很难对冷战进程中复杂的现象做出更好的说明。②

其实,在冷战后的冷战史研究中,历史学家同样面临着某种困境,当他们面对兴高采烈地找到的大量盼望已久的档案时,当他们在新的历史文献的基础上开始兢兢业业地重建历史时,才突然发现原有的概念、分析框架或理论模式似乎还不足以让他们理解、解释和阐述新显露的历史现象。例如,在中苏关系史的研究中情况就是如此。目前已经披露的档案文献和口述史料,其数量多得惊人,不仅大量有关中苏两党高层内部的讨论、两国领导人之间的谈话已经为人所知,甚至像 1957 年

---

① 对现有国际关系理论提出的质疑,主要见 John Gaddis, "International Relations Theory and the End of the Cold War", *International Security*, Vol. 17, No. 3, Winter, 1992/1993, pp. 5-10; Jeffrey Checkel, "The Constructive Turn in International Relations", *World Politics*, 50, 1998, pp. 324-348; William Wohlforth, "Reality Check: Revising Theories of International Politics in Response to the End of the Cold War", *World Politics*, 50, 1998, pp. 650-680。

② Odd Westad (ed.), *Reviewing the Cold War: Approaches, Interpreatations, Theory*, London: Frank Cass Publishers, 2000, pp. 7-10.

11月莫斯科会议期间苏联在克里姆林宫为毛泽东的卧室专门改建厕所、1959年9月30日赫鲁晓夫在北京机场发表讲演时扩音器突然中断这样的细节都可以得到确实的考证。面对越来越清楚的史实,人们无论如何也无法再使用以往国际关系理论中的同盟利益说来解释中苏同盟破裂的原因了。正是依据同盟是共同利益的体现这一框架,美国的情报分析官员在50年代初认为既然中苏已经结盟,那么就是铁板一块了——殊不知恰恰此时,斯大林因在中苏条约谈判中被迫向毛泽东让步而对中国产生了极大的不满和怀疑;在60年代初他们又认为中苏的根本利益是一致的,所以他们的同盟是不会破裂的——殊不知时隔不久,中苏两国便分道扬镳了,而导致他们分裂的并非国家利益之间的冲突。[1] 显然,维系中苏关系的不仅仅是利益,甚至主要不是利益,那么应该如何来解释中苏同盟破裂的根本原因呢? 于是,冷战史研究者开始尝试建立新的概念和分析框架。有学者提出了国内政治需要说,如陈兼就认为,中国革命的国内使命决定了其国际使命,外交政策是"国内动员的源泉",为此,"毛泽东在国际关系方面故意制造敌人"。[2] 还有学者提出了意识形态分歧说,如吕德量认为,莫斯科和北京在关于如何"正确"解释和实践共产主义方面产生了严重的分歧,中苏双方由此相互指责对方为共产主义的"叛徒";没有意识形

---

[1] 美国中央情报局官员关于这方面的分析报告见沈志华、杨奎松主编:《美国对华情报解密档案》,第9、第12编,东方出版中心2009年版。

[2] Chen Jian, *Mao's China and the Cold War*, The University of North Carolina Press, 2001, pp. 7-8, 180.

态之争,中苏也不可能分裂。① 甚至有学者从性格和心理状态的角度分析毛泽东的对苏立场,如盛慕真就用精神分析法来描述毛泽东的个性及其对政治决策的影响。② 这些理论是否能够解释中苏关系的兴衰姑且不论,但有一点毋庸置疑,历史学家正在尝试在合理的新历史证据的基础上建立自己的概念、分析框架和理论模式。而这种做法本来就是冷战国际史研究者所关注的重构历史活动之中的应有之意。我和李丹慧即将出版的《冷战与中苏同盟的命运》一书,会提出一个对中苏分裂过程和原因的新的分析框架,也许有益于推动这一讨论。华东师范大学冷战国际史研究中心正在策划的研究课题——社会主义国家关系及同盟理论研究也将从事这方面的尝试。

最后,特别值得一提的是正在出版的由莱夫勒和文安立共同主编的三卷本《剑桥冷战史》。③ 该书的目的是阐明冷战的根源、动力和结局;力图说明冷战是如何从第一次和第二次世界大战以及两次大战之间的地缘政治、意识形态、经济和政治环境中演化而来的;冷战遗产是如何影响当今国际体系的。这是

① See Lorenz Lüthi, *The Sino-Soviet Split: Cold War in the Communist World*, Princeton University Press, 2008, pp. 46-50, 63.

② See Michael M. Sheng, "Mao Zedong's Narcissistic Personality Disorder and China's Road to Disaster", Ofer Feldman and Linda Valenty(eds.), *Profiling Political Leaders: Cross-Cultural Studies of Personality and Behavior*, London: Greenwood Publishing Group, 2001, pp. 111-128; "Mao and China's Relations with the Superpowers in the 1950s: A New Look at the Taiwan Strait Crises and the Sino-Soviet Split", *Modern China*, Vol. 34, No. 4, October, 2008, pp. 477-507.

③ Melvyn Leffler and Odd Westad(eds.), *The Cambridge History of the Cold War*, Vol. I: *Origins, 1917-1962*; Vol. II: *Conflicts and Crises, 1962-1975*; Vol. III, *Endings, 1975-1991*, Cambridge: Cambridge University Press, 2009/2010.

一部名副其实的国际史,除用一些章节讨论大国之间的双边或多边关系,更多篇幅讨论的是地区性和全球性问题,特别是广泛涉及社会史、科技史和经济史的内容,讨论了人口、消费、妇女和青年、科学和技术、种族和民族等一系列问题。其意义远远超出了狭义的外交史,在国际关系和国际格局之外,还要说明的是冷战时期对绝大多数人来说最重要的是什么;为什么只有了解经济、思想和文化互动是如何影响政治话语、外交事件、战略决策的,才能理解冷战的起源和结束。这部巨著的大部分作者是历史学家,但也有政治学家、经济学家和社会学家。在方法论方面,该书力图做到综合性、比较性和多元性的结合。可以说,这部著作代表了目前冷战国际史研究最前沿、最权威的学术成果,也反映了这一研究的发展趋势。

　　近来"新冷战"(New Cold War)问题开始引起国际社会的关注,大国之间围绕着利益和权力的对抗、国际政治中出现的对峙和遏制,使人们不得不想起冷战时代。① 世界是否会进入新冷战时代?目前国际紧张状态中有哪些因素来自于冷战时代?今后又将如何发展和演变?回答这些问题,无疑都需要思考过去的经验和教训。这就是进一步全面、深入地加强冷战国际史研究,并在学科建设方面把这一研究提高到应有地位的现实意义之所在。

---

　　① 　关于"新冷战"问题的集中讨论,见《俄罗斯研究》2008 年第 5 期"热点聚焦"栏目。

国家在社会转型中的民主反应

——基于中国民主化经验的考察

林尚立

主讲人简介

　　林尚立,1988 年毕业于复旦大学国际政治系,并留校任教至今。曾在香港、日本、美国做访问研究。现为"长江学者"特聘教授、复旦大学国际关系与公共事务学院常务副院长、当代中国研究中心特聘研究员,兼任全国政治学会常务理事、上海政治学会副会长、教育部高等学校政治学学科教学指导委员会委员、马克思主义理论研究和建设工程政治学专家组成员、上海政协委员、上海青年联合会常委、上海市理论创新专家咨询委员会委员等职。主要研究领域为：政治学理论、比较政治和中国政治研究。主要论著有《选举政治》、《政治的逻辑》、《国内政府间关系》、《政党政治与现代化》、《当代中国政治形态研究》、《社区组织与居委会建设》、《社区党建与群众工作》、《党内民主》、《制度创新与国家成长》等。

时　间：2009 年 10 月 14 日 19：00
地　点：复旦大学光华楼东辅楼 103 报告厅
主持人：邓正来（复旦大学特聘教授、社会科学高等研究院院长、
　　　　当代中国研究中心主任）
评论人：陈家琪（同济大学哲学系主任）
　　　　郭苏建（复旦大学特聘教授、社会科学高等研究院副院长）

　　现代化是人追求自主发展所形成的历史运动。它起始于西方，但本质上是全人类文明发展的历史运动。这种基于类本质发展所形成的历史运动所波及之处必引发社会转型，社会转型必形成民主化的要求，并启动民主化进程。

　　在现代化背景下，民主化是围绕着实现人的独立与自主展开的，追求自由与平等是民主化的逻辑起点，同时，也是民主化的基本使命。因而，民主化必然伴随着社会重构与国家重构。社会重构形成社会转型与社会建设，其取向就是形成以个体自主和平等为前提的市民社会；国家重构形成国家转型与国家建设，其取向就是形成主权牢固、政权民主、治理有效的现代国家。从理论与实践来看，社会重构与国家重构是一个相互作用

的历史过程,它们虽然都基于民主化的运动而形成,但各自对民主化的反应是不同的。因为在这种反应中,不论是社会还是国家,都必须在考虑自由与平等的价值实现的同时,充分考虑社会或国家各自建设与发展的内在要求。其中,社会建设,除了依靠社会自身之外,还依靠国家的有效作为。

作为与现代化发展共生的历史运动,民主化体现为人追求自由与平等的历史运动过程,但基于自主个体的生存与发展所重构起来的社会与国家,则体现为新的社会发展、新的国家制度建设,以及由此形成的国家与社会制度化关系的重新确立与完善。这意味着民主化最终要落实于人的发展、社会的进步以及国家治理的有机统一,在这个过程中,国家对民主的反应,既关系到国家本身的建设与发展,更为重要的是也关系到民主化能在多大程度上有效地转化为人的发展、社会的进步与国家治理,即关系到民主化的实际绩效。为此,本文将基于中国经验的考察,分析国家在社会转型中的民主反应对民主化的作用与影响。

一、中国民主发展的周期以及国家的反应

在现代政治建设与发展中,民主化虽然最终落实于个人的自由权利及其相应的制度保障,但作为伴随现代化发展而展开的历史运动,不仅关系到个人的解放,而且关系到社会的自主与现代国家的确立。不同国家、不同社会,迈入现代化的时代

背景、现实基础与前提条件是不同的,因而,有不同的历史起点和行动议程,从而形成不同的民主发展过程。正如美国历史学家弗莱彻·M.格林所言:"民主是一个相对的术语,对不同民族具有不同含义,对同一民族在政治发展的不同阶段也有不同的含义。"①这提醒人们:在现实中,民主化对不同社会与国家所具有的实际含义和现实使命是不同的;各国的历史条件与现实状况决定了各国民主化发展的不同历史议程,从而形成不同的民主发展周期。民主发展周期是基于民主化发展重心在历史过程中的位移而形成的,是由现代化、民主化的运动规律与民主化发展的现实逻辑所共同决定的。民主化对美国所具有的含义,就不同于对中国所具有的含义,与此相应,中国民主化的行动议程自然也就不同于美国的民主化行动议程,这也决定了两个民主发展的周期是不可能相同的。②

　　中国是在现代化潮流的冲击下迈向现代化发展的。在前现代,基于中国传统社会自我发展的逻辑,中国的君主专制发展到相当成熟和完善的水平。现代化的冲击不仅使中国在整体上陷入文明的危机,而且沦为"半殖民地半封建"的社会。中国传统社会的性质以及中国现代化发展所面临的实际处境和现实任务,决定了民主化对中国所具有的最基本的现实含义,就

---

　　① 〔美〕弗莱彻·M.格林:"美国民主的周期",中国美国史研究会、江西美国史研究中心编:《奴役与自由:美国的悖论——美国历史学家组织主席演说集》,李融等译,贵州人民出版社1993年版,第2页。

　　② 格林在考察美国民主成长的历程时把民主看做一种政体形式,并由此出发认为美国的民主发展经历了四个周期,在不同的周期,美国的政体形式都发生了不同变化。

是寻求主体的解放与自主,首先是国家主权的独立与解放,其次是社会与个体的独立与解放。在现代政治逻辑中,国家主权的基础在于人权:主权不独立,人权也就无从谈起,而人权是民主化的基础与核心要素。所以,主权的独立以及由此所形成的现代国家建设,理所当然地是一个社会和国家民主化发展的重要历程。

　　形成于欧洲的现代化潮流的冲击以及由此所带来的帝国体系的全面危机是中国民主化的开端,至今中国已在民主化的道路上走过了近一个半世纪。在这一个半世纪的发展中,中国民主化发展经历了四个发展周期:第一个周期是民权解放,即推翻帝制,摆脱专制统治,确立了以国家权力源自人民的新的政治发展和政治建设的政治逻辑。辛亥革命以及辛亥革命之后的共和努力是这个周期的重心所在,其历史成就是使中国政治的文明形态从传统的帝国体系转向现代的民主共和政治,并使得民主共和成为中国发展不可逆的历史选择。中国共产党在评价辛亥革命对中国社会所产生的深刻影响时指出:“辛亥革命使民主共和国的观念从此深入人心,使人们公认,任何违反这个观念的言论和行动都是非法的。”①第二个周期是主权解放,即争取民族的解放与国家的独立。摆脱帝国主义侵略与压迫的努力贯穿近代以来的中国发展,民权的独立为主权的独立提供了强大的社会和政治基础。新民主主义革命以及中华人民共和国的成立是这个周期的重心所在。其历史成就是实现

————

　　① 《刘少奇选集》下卷,人民出版社2003年版,第135页。

国家的统一与独立,使中国从半殖民地国家转向现代民族国家。国家主权的独立为民权的实现提供了最为基本的政治前提。第三个周期是阶级解放,即基于中国共产党全面掌握国家政权和生产资料的社会主义改造,以工人阶级为领导的人民在制度上成为国家的主人,拥有当家做主、管理国家事务的权利。正是基于这种阶级解放,中国建立了以工人阶级为领导、以工农联盟为基础的人民民主专政国家,完成了国家制度的转型,建立起了社会主义制度,从而奠定了中国民主发展的制度基础。第四个周期是个体解放,即社会个体基于市场经济与宪法保障拥有自主决定财产和劳动的权利,成为自由与独立的社会主体。个体的解放孕育了现代社会,从而使中国的社会组织形态从传统的共同体社会转型为个体自主的现代社会。个体解放以及由此形成的现代社会奠定了现代化和民主化所需要的基本社会基础,从而使中国民主化的发展成为中国社会发展的内在要求。所以,到了第四个周期,中国的民主发展终于落实到其最为现实的逻辑起点:个体的自主。从这个起点出发,中国的民主建设与发展开始将民主的核心价值与个体的发展、社会的进步以及国家的治理有机统一起来,并努力使民主成为个体发展、社会进步以及国家治理的根本资源。为此,中国共产党在十七大报告中明确表明:"人民民主是社会主义的生命。"

　　上述四个周期的民主发展都有一个共同点,即民主化运动都成为社会转型与发展的动力之源与合法性基础。作为动力源泉,民主化运动都有效动员了社会力量,创造了革命与社会转型;作为合法性基础,民主化运动使得社会转型成为不可逆的历史进步。从这一点来看,民主化对中国社会变革与发展所具有的效能是巨大的,可以说,民主化改变了中国。

但是不能忽视的是,民主化在中国所产生这种巨大效能与革命在其中的作用是分不开的,换言之,中国的民主成长在相当长的时间里一直与中国革命紧密相连,革命以民主化为旗帜,民主化通过革命而走向深入。这种结合使得民主运动以及所引发的社会转型对既有的国家政权体系具有很强的冲击力,在这样的情势下,国家对民主化与社会转型的反应往往是失度,要么是消极无能的,要么是强力专制的,没有真正达到理性的状态,自然也就无法有效呼应社会的转型与民主的成长。历史的经验表明:缺乏国家有效呼应的民主成长是很难转化为实实在在的经济与社会发展的。革命可以借助民主达成革命的目标,但民主则无法借助革命转化为能够真正促进和保障经济与社会发展的合理权力结构与制度化的治理体系。

中国民主成长的形态在第四个发展周期开始发生变化。虽然主导这个时期的改革开放在战略上依然被定位为一场革命,但其重心已从政治转向了经济,建设与发展成为核心的价值与使命。于是,作为启动这场革命的民主化进程,一开始就与法制建设有机结合了起来。[1]邓小平在十一届三中全会的预备会议上就明确指出:"为了保障人民民主,必须加强法制。必

---

[1]　中国这场改革开放就是以民主为机制启动的,民主不仅创造了思想解放,而且解放了传统体制下的社会个体,从而在精神和利益两个层面激活了整个社会。参见林尚立等:《政治建设与国家成长》,中国大百科全书出版社 2008 年版。

须使民主制度化、法律化,使这种制度和法律不因领导人的改变而改变,不因领导人的看法和注意力的改变而改变。"①他的这个论述在十九年之后的中共发表的十五大报告中成为界定"法治国家"的核心表述。② 这表明进入第四个周期后,国家对社会转型的民主反应开始进入理性化的发展时期,国家的有效作为保障了民主成长对中国社会转型的积极推动。

二、有效性:国家在社会转型中的民主反应

中国人民为争取民主所进行的革命与斗争经历了相当长的时间,然而,民主建设与发展全面落实于个体自主、社会进步与国家治理的有机统一是在改革开放之后。这固然与改革开放所引发的中国社会的现代化转型有关,但更与国家在这个转型过程中对民主建设与发展的合理反应有紧密关系,因为,在中国改革开放与社会转型中,国家始终都是主导力量。

改革开放所形成的社会转型与近代以来的中国历次社会转型一样,都是以民主建设为逻辑起点的。所不同的是,作为改革开放逻辑起点的民主建设是以解放个体为取向的,其内在

---

① 《邓小平文选》第 2 卷,人民出版社 1994 年版,第 146 页。

② 十五大报告对法治国家做了这样的界定:"依法治国,就是广大人民群众在党的领导下,依照宪法和法律规定,通过各种途径和形式管理国家事务,管理经济文化事业,管理社会事务,保证国家各项工作都依法进行,逐步实现社会主义民主的制度化、法律化,使这种制度和法律不因领导人的改变而改变,不因领导人看法和注意力的改变而改变。"

逻辑是：通过个体在精神生产和物质生产的自主与解放来激发个体与社会的活力，形成全面推动改革开放的强大社会动力。[①]然而，这种民主建设虽然有效地激发了改革开放所需要的内在动力，但同时也深刻地挑战了主导这场改革的国家政权合法性，具体体现三个方面：第一，挑战既有的民主发展逻辑。新中国建立前后所形成的民主建设是以实现阶级解放为中心展开的，因而，人民民主的最终落脚点是人民统治，即人民民主专政，从而将民主建立在对敌人的专政基础之上。而改革开放之后的民主发展是从个人权益的自主实现出发的，落脚于个体自主、社会活力与国家制度化，从而将专政融化在民主的制度化与法律化之中。这个变化无疑深刻地挑战着传统的民主发展逻辑，要求其进行根本性的转型。第二，挑战既有的权力结构与制度安排。这主要体现在对党的一元化领导的否定上。邓小平在改革伊始就认为，作为中国民主运行最基本制度安排的民主集中制，其最大的问题是集中替代民主，形成强集中、弱民主格局。党的一元化领导既是这种格局的因，也是这种格局的果。中国的民主建设必须打破这种格局，走党政分开、政企分开与政社分开的发展道路。为此，政党必须向国家分权、国家必须向社会分权、组织必须向个人分权，建立具有法律基础的制度体系和责任明确的行政首长负责制。第三，挑战既有的价

---

① 参见林尚立："民主的成长：从个体自主到社会公平——解读 2005 年中国政治发展的意义"，黄卫平、汪永成主编：《当代中国政治研究报告》，中央编译出版社 2007 年版。

值系统。民主建设成为改革开放逻辑起点的重要标志就是:将民主视为解放思想的重要前提,而解放思想作为改革开放的根本所在。民主化与思想解放运动之间具有很强的相互放大效应,所以,民主化过程中的思想解放运动对既有价值体系的挑战是全面而深刻的,其中涉及社会主义信念、马克思主义的信仰以及对执政党的认同等问题。不论对执政党还是对国家政权来说,这三方面的挑战都是相当根本的,触及国家的核心价值、制度体系与发展战略。

这些挑战的价值取向是民主化,现实要求是改革与发展。这就要求力图主导与推动改革的国家政权必须积极面对这些挑战,自觉主动地推进政治体制改革,以克服社会转型与民主化进程给国家政权可能带来的合法性危机。从理论上讲,对这种挑战的直接反应就是国家及时有效地推进民主化进程,以满足社会转型所形成的民主动员,实现在民主化过程中的国家与社会的相互适应与协调。但是,在实际的反应中,国家政权并没有回避民主化的挑战,也没有被民主化的挑战所主导,而是将民主化发展纳入国家主导的整体发展战略之中,力图用国家的整体进步与发展来化解民主化所带来的合法性挑战;用有领导的政治体制改革把社会转型所引发的民主化运动引导到有序的民主化进程;用积极主动的民主建设去创造中国特色的民主发展逻辑与路径。显然,这种反应不是从解决民主化所带来的国家政权合法性危机入手的,而是从时刻保持国家主导和推进经济与社会的有效性入手的,从而将合法性危机的化解建立在国家对经济与社会的有效推动基础上。在这种反应中,国家在价值与战略取向上尊重民主化的基本逻辑,但在战略议程与策略安排上遵循经济建设、社会发展以及国家治理社会的基本逻辑,强调民主发展对经济与社会发展的实际绩效,力图在实现个体自主、社会进步与国家治理有机统一的基础上开发和推进民主。国家的这种反应既基本保持了国家政权对社会转型过程中民主化要求的适应性,更重要的是同时又有效主导了社会转型过程中的民主化进程。对于中国这样超大规模国家来说,社会转型与民主化所引发的任何危机都是具有巨大的放大效应的,其所产生的冲击往往会最终落到自身,直接影响社会转型与民主化进程本身。所以,保持国家对社会转型与民主化的主导,既能维护国家政权的稳定性,也能保障社会转型与民主成长的有效性。当然,这其中必须有一个重要的前提,就是国家发展的基本战略和利益取向必须与人的发展和社会进步相一致,必须与民族利益和人类共同愿望相一致。中国特色社会主义的发展道路和基本理论从根本上解决了这个前提问题,因为,它强调促进人与社会的全面发展是社会主义本质属性。就中国的经验来看,为了保证民主化对经济与社会发展的有效作用,国家通过以下战略主导和推进民主建设与发展:

第一,坚守现实主义。民主化不是将民主的要素赋予政治体制与政治生活的过程,而是政治以民主为取向展开的实实在在的政治建设过程。然而,在许多国家,尤其是发展中国家,民主化往往带有浓厚的浪漫主义色彩,把许多问题的解决系于民主建设,与此同时,把民主化想象为让民主的原则在政治生活中确立起来的过程。中国的民主成长在相当长时间里也带有浓厚的浪漫主义色彩,这与其一开始就与中国革命结合在一起有密切的关系。浪漫主义的民主实践虽然一次次地掀起了推动中国社会转型的民主运动,但在民主政治建设方面的成就并不理想。改革开放后,中国的民主发展战略发生了根本性变化,即从浪漫主义转向现实主义,其标志就是将民主的理想与中国发展的实际有机结合,将民主建设与法治建设有机结合,将创造社会活力的民主分权与创造国家治理的权威体制结合,从而使中国的民主化从政治运动形态转化为具体的民主建设与民主实践。三十多年的实践不仅积累了中国民主建设经验,更为重要的是积累了民主建设的信心。

第二,经济民主先导。以经济民主为先导来推进中国民主化进程是具有鲜明中国特色的民主发展道路。这个战略与中国以"发展为第一要务"的国家战略密切相关。这个国家战略的内在逻辑是:发展依靠人民,人民的活力来自对合理的物质利益的追求,而这种追求的制度基础就是经济民主。为此,作为改革开放前提的民主建设,一开始就以经济民主作为先导,其体现就是通过分权激活各生产管理主体和生产主体的自主性与创造性,以全面推动体制的变革与社会生产。改革开放之初,邓小平曾明确指出:"现在我国的经济管理体制权力过于集中,应该有计划地大胆下放,否则不利于充分发挥国家、地方、企业和劳动者个人四个方面的积极性,也不利于实行现代化的经济管理和提高劳动生产率。应该让地方和企业、生产队有更多的经营管理的自主权。我国有这么多省、市、自治区,一个中等的省相当于欧洲的一个大国,有必要在统一认识、统一政策、统一计划、统一指挥、统一行动之下，在经济计划和财政、外贸等方面给予更多的自主权。当前最迫切的是扩大厂矿企业和生产队的自主权，使每一个工厂和生产队能够千方百计地发挥主动创造精神。"①如果说这是一次基于行政性分权的经济民主化，那么，十几年后以建立社会主义市场经济体制为基础所形成的经济民主则是制度性的经济民主化。前一次经济民主化有效地推动了中国政治体制改革，确立了政治体制改革与经济体制改革之间的紧密联动关系；后一次经济民主化则有效推动了中国治国方略的变化，并使中国由此走向建设法治国家的民主建设道路之上。

第三，治理定位民主。民主化所带来的权力结构的变化，在有效冲击旧有体制的同时，往往不可避免地要削弱国家治理的能力与效力。中国的民主化进程就曾经对国家的治理能力产生过直接的冲击与影响。②但当这种冲击和影响被意识到之后，很快就被扭转过来，并由此开始了以治理定位民主的民主建设实践。治理定位民主的策略选择主要有两个：一是民主化所带来的变革与转型不能在整体上削弱国家的治理能力，为此，邓小平认为在推进经济与社会发展的过程中，分权固然重要，但不能因此影响中央的权威。二是应该把民主建设看做治理资源来进行开发和运用，最典型的战略就是充分开放基层民主，使民主成为基层社会的重要治理资源，推动村民自治的战

---

① 《邓小平文选》第 2 卷，人民出版社 1994 年版，第 145—146 页。
② 参见王绍光、胡鞍钢：《分权的底线》，中国计划出版社 1997 年版。

略意图在很大程度就是为了提升乡村社会的治理能力。

　　第四，上下相互联动。中国的民主建设走的是两头推进的发展路径，即既不是从上到下的，也不是从下到上，而是上下相互联动。上层，围绕着权力的传承、权力纵横结构布局、党和国家体制、干部制度以及决策体制与过程等领域展开民主建设。下层，围绕着基层政权建设、群众自治、公民参与以及社会治理结构的重建展开民主建设。这种上下联动的民主建设，既保证了国家政权具备及时反映社会民主要求的能力，同时也保证了国家政权的民主实践和发展能够在制度上形成实质性的推进。这样的民主发展策略使民主建设不是建立在将民主原则现实化之上，而是建筑在现实发展对民主建设的实际要求之上，从而在实现民主建设的上下联动的同时实现了民主建设的长远追求与现实需要的有机结合，民主建设点上的突破与面上的广泛实践的有机结合。

　　第五，协商应对多元。中国的民主建设始终坚持党的有效领导。在民主化过程中，随着经济与社会的日益多元化，要坚持党的有效领导，就必须从民主的原则出发解决一元领导和多元经济与社会结构的协调与统一问题。在这个过程中，中国共产党既没有让多元解构一元，也没有让一元限制多元，而是通过全面引入协商民主、开发中国人民民主所具有的协商政治因素来有效协调一元领导与多元结构之间的关系，使它们不仅能够缓和其中的内在冲突，而且能够形成相辅相成的关系。"协商民主"的引入，使得中国共产党能够超越民主对政治竞争的内在要求，走通过协商民主创造政治认同和社会共识的民主建设道路。协商民主的引入,比较有效地解决了中国民主建设中的"两难困境":既要维持一元领导,同时也要保护多元结果;与此同时,它也丰富了中国民主运行的形式,使中国的国家政权能够同时通过选举与协商两种民主形式来有效反映经济与社会发展对民主发展的要求。

第六,政党领导带动。中国的社会转型与政治民主化在很大程度上取决于中国共产党的作为,因为中国的社会与国家是以其为核心建构和发展起来的。坚持党的领导,是中国变革、转型和发展的基本原则。基于这个原则,中国的民主化过程是一个有领导的过程,中国共产党从民主发展的大潮、中国社会主义国家建设的大格局来把握民主化的方略、路径与进程。由于中国共产党领导的改革开放使中国发展全面迈向现代化,走上既有中国特色又符合现代化发展基本规律的发展轨道,所以,党的领导对民主发展的把握在根本上不会阻碍民主化的发展;相反,在一定程度上保障了民主的效率,因为这种把握力图将有效推进经济与社会的进步与发展作为民主建设的内在取向。另一方面,作为把握中国民主发展力量的中国共产党,也在努力进行自身的民主化进程,明确提出了以"扩大党内民主带动人民民主"的民主建设战略。基于中国的政治逻辑,这个战略显然是有现实意义和理论基础的,基本上触及了中国民主发展的内核。

第七,结构平衡行动。民主化是一个历史过程,需要持续的变革与发展行动。实践表明,民主建设的行动效率直接决定民主化绩效,而行动效率直接体现为如何最大限度地提升民主建设的边际效应,这意味着民主实践应该最大限度地避免出现严重失误或失败的可能。为此,中国共产党一直在努力建构一种稳妥的改革行动结构,力图使包括民主化建设在内的改革行动的选择以及行动过程的展开都尽可能地保持在相对理性的状态。这个结构在改革开放中逐渐形成,现在已成为一个体系,并逐渐成为一种具有指导意义的价值标准,具体包括四个三维结构:其一,改革、发展、稳定有机统一所形成的三维结构;其二,"三个有利于"有机统一所形成的三维结构;其三,人类文明发展的规律、社会主义建设的规律以及中国社会发展的规律三者有机统一所形成的三维结构;其四,党的领导、人民当家做主与依法治国有机统一所形成的三维结构。虽然只有第四个三维结构直接与民主建设有关,但作为改革开放重要组成部分的民主建设也必须以遵循前三个结构为前提。这四个三维结构保证中国民主化是一个寻求稳妥建设和发展的民主化,它既追求理想,也不脱离现实。这种发展模式充分保障了中国民主成长的效率。

显然,在改革开放之后的中国民主化进程中,国家在社会转型中的民主反应不是消极的,而是积极的,有比较成熟的民主建设战略、发展议程与行动原则,体现了从创造民主的有效性出发来发展民主的中国民主发展原则。虽然在这个过程中,民主化以不同的方式对中国既有的合法性结构提出问题,但中国的民主建设始终从强化政治对经济与社会发展的有效性入手,并将创造民主的有效性纳入其中,力图通过有效性来积累合法性,从而有效化解民主化发展所带来的对合法性的冲击与挑战。① 从有效性积累合法性不是一项避重就轻的战略；相反，是一项实事求是的战略，其宗旨就是要在中国的政治逻辑中创造政治合法性的积累与提升，从而避开政治合法性挑战所可能带来的社会转型、民主发展与国家建设的政治风险。在目标明确、发展入轨的前提下，规避风险、稳妥前行自然就成为保障和提升民主化绩效的关键。中国的实践多少证明了这一点。

三、国家的主导：基于社会转型对民主的双重要求

从西方的经验来看，社会转型实际上是一个连续的过程，在现代化的背景下，其取向就是形成一个能够与现代经济和现代民主有机统一的现代社会。这种现代社会既是个体拥有充分自由与自主权利的社会，但同时又是一个自由个体在脱离了稳定的自然和自然共同体之后能够重新获得基本生存与发展保障的社会。显然，这样的社会不可能通过一次转型来完成的。从西方的经验来看，在理论上它至少经历了两次转型：第一次转型是从传统的共同体的社会转变为以个体自主为前提的市民社会；第二次转型是从个体自主的市民社会转变为个体生存与发展有基本保障的福利社会。福利社会是对完全以市场经济原则和逻辑形成的市民社会的重要补充，它使在市场经

---

① 参见林尚立："在有效性中累积合法性：中国政治发展的路径选择"，《复旦学报（社会科学版）》2009 年第 2 期。

济基础上形成的自由个体获得了最为基本的经济与社会保障，从而拥有自给自足的能力。西方民主发展的历程表明，西方民主发展源于市民社会的发展和推动；而西方民主的巩固则基于福利社会的形成，哈贝马斯指出："如何解决把经济效率同自由和社会保障，即把资本主义同民主结合起来的问题，关键在于实行某种致力于在高就业水平下比较全面地推行福利和社会保障的政策。"①在福利社会形成中，国家扮演了重要角色：如果说市民社会是基于社会个体的自主发展及其所形成的社会力量塑造的，那么，福利社会则是国家通过相关的制度与政策塑造的。在这个过程中，国家虽然没有剥夺市民社会中的个体自主与独立，但通过其制度来保障这些独立自主的个体时还是对社会进行了重新塑造。正是在这种塑造中，国家重新规范了个人、社会与国家的基本关系，从而也在一定程度上规范了民主的价值基础与制度安排，使民主化不仅努力落实于个体的自由，而且也落实于社会的公平与正义之上。②

在西方的现代化历程中，这两次社会转型是一个连续的过程，即首先是实现个体独立与自主的市民社会的形成与发育，其次才是福利社会的建立与发展。因而，基于这样两次转型所形成的社会建设是一个长期的建设和发展。然而，对于后发的

---

① 〔德〕于尔根·哈贝马斯："超越民族国家——论经济全球化的后果问题"，〔德〕乌·贝克、哈贝马斯等：《全球化与政治》，王学东等译，中央编译出版社 2000 年版，第 72 页。

② 〔美〕罗尔斯：《正义论》，何怀宏等译，中国社会科学出版社 1988 年版，第 95—103 页。

现代化国家来说,急迫的现代化发展很难给这样的社会建设留出充分的时间,使其能够按部就班地进行前后相继的两次社会转型。从中国的经验来看,这样的社会建设差不多是建立在叠加式进行的两次社会转型之上,即在第一次社会转型尚未成熟之前,国家就开始进行第二次的社会转型,即积极介入社会,用制度和政策将刚从传统体制中解脱出来的社会重新规范起来,在使自由尚且脆弱的个体获得生存与发展的最基本保障的同时,也使社会与国家多少有了应对尚且稚嫩的市场经济可能带来的风险的能力。这种转型与建设的急迫性是现代化潮流对后发国家强力推动所形成的必然反应。虽然发达国家的经验与教训大大降低了这种反应可能需要的成本与代价,但其中的风险依然巨大,最终都要取决于国家在其中的能力与作为。

从西方的经验来看,这两次社会转型对民主建设的要求显然是有巨大差异的:第一次社会转型要求民主化保障个体自由与社会自主,为此,迫使国家权力的退潮成为民主化的重要旨趣;第二次社会转型则要求民主化能够有效地保障个体权利与社会基本秩序,为此,迫使国家权力承担起其应有的社会和政治责任则成为民主化的重要旨趣。如果两次社会转型是相继式展开的,那么,国家在社会转型中的民主反应,虽然前后取向不同,但不会因此陷入直接的矛盾与冲突之中。然而,如果像中国这样,两次社会转型是叠加式展开的,那么,国家在社会转型中的民主反应就必然存在巨大的内在张力,即既要满足基于个体独立与社会自主发展所形成的民主化要求,同时又必须保障国家在民主化过程中能够维持其应有的权威与能力以有效推进社会建设,保障刚刚从传统体制中脱胎出来的经济与社会发展。面对这样的张力,国家的选择不外两种:其一,减少国家在满足社会民主要求方面的制度与政策供给,着力构筑国家的强力与权威;其二,国家最大限度地提高民主建设在推动经济与社会发展中的作用,使民主成长既能满足第一次社会转型对民主的需求,也能满足第二次社会转型对民主的期待。显然,中国的发展选择的是后者,力图将社会转型与民主成长有机结合:既用社会转型去推动民主的建设与发展,如推动社会组织建设来扩大公民的参与和培育基层社会多元治理的民主结构;与此同时,也积极用民主的发展来促进和保障社会的转型,如从民主的原则出发重新定位政府与社会的关系,全面提升政府的公共服务的观念与能力来促进和保障中国社会的第二次转型。至今为止的实践证明,这种选择是理性的,创造了社会转型与民主成长的良性互动和相互促进的局面。

毋庸讳言,国家的这种选择,决定了中国的民主成长不完全是社会主导的,在很大程度上是国家主导的。尽管经济与社会的发展是民主成长的内在动力,但这种动力要转化为实际的民主发展则在很大程度上取决于国家的反应,即国家对社会发展所形成的民主要求的响应与吸纳。也许国家主导民主发展在理论上是一个两难的命题,因为民主发展所挑战的往往就是国家权力本身;但在中国的实践中,国家主导民主发展却是一个真实有效的命题,这同中国发展与转型时刻和变革联系在一起有直接的关系。改革开放以来的中国现代化发展是通过持续不断的自我变革为现代化发展开路的,因而任何发展所可能带来的挑战,都能够通过具有高度合法性的变革来化解:中国共产党领导的经济与社会发展及其转型,每向前迈进一步,都反过来挑战中国共产党自身,然而,中国共产党没有因此停止改革;相反,则通过更为深刻的自我变革和转型,包括政党自身的变革与转型来化解挑战,形成新的进步与发展;同样,国家之所以能够以比较积极的态度来主导民主建设与成长,是因为国家并没有把自身看做是完善的体系,而是看做是需要不断变革和自我完善的体系。因而,它对民主建设和发展也有内在的需求,而寻求自我变革和发展的内在属性使其能够比较有效地通过自我变革来化解其推动的民主化所带来的挑战。

在现代政治建设与发展中,国家主导民主成长并不认为是最佳的选择,但在类似中国这样后发现代化国家,它至少可以认为不是最坏的选择,因为在后发现代化国家,国家对转型与发展承担着巨大的使命,如果国家能力无效,就很难形成有积累的发展,那么,不论社会转型还是现代化都无从谈起。国家主导民主成长所可能具有的政治风险是一目了然的,同样,社会转型过程中,无序的民主化发展所具有的政治风险也是一目了然的。中国的经验表明:只要国家自身是一个开放和变革的体系,能时刻保持与其所服务的人民和社会、与外部的全球社会及人类的基本价值的联系、沟通与合作,那么,这种政治风险是能够得到有效规避和消解的。

四、结　　论

中国的经验充分表明：快速社会转型往往形成强烈的民主动员，形成强大的民主发展欲求。然而，对于社会转型取得最终成功来说，简单满足这种民主动员和民主发展欲求并非是其前提条件，关键在于如何使民主发展能够有效地转化为推进经济与社会发展的重要的资源力量。在这其中，国家的反应和作为具有决定性的作用。任何的民主发展都无法脱离国家的作用。在后发现代化国家，这种作用将直接主导民主的成长。在这样的情况下，国家内在特性与自我发展取向、国家应对民主化发展的战略以及国家驾驭社会转型与民主成长的能力，将直接关系到民主的开发、民主对经济与社会发展的绩效以及民主的巩固的基础与水平。创造有效的民主化发展，应该是后发现代化国家的基本使命，也是保证这些国家能否最终完成现代国家建设并全面达成现代化的关键。中国的实践证明：创造有效的民主化发展不仅可能，而且十分重要。在现代化过程中，有效的民主化发展才能创造有效的社会进步与发展，从而才能形成民主的累积与巩固，为此，我们应该重新认识国家主导在民主成长中的意义与作用。

中华文明从传统向现代转型及其路径的独创性

姜义华

主讲人简介

姜义华,复旦大学特聘资深教授、中外现代化进程研究中心主任、社会科学高等研究院学术委员会创始委员;兼任教育部社会科学委员会委员、上海历史学会会长、上海社会科学界联合会副主席。主要研究领域为:中国文化史、中国近现代思想史、史学理论及近代中外关系史研究。主要论著有《章太炎思想研究》、《章炳麟评传》、《大道之行——孙中山

思想发微》、《百年蹒跚——小农中国的现代觉醒》、《理性缺
位的启蒙》、《新译礼记读本》、《史学导论》（合著）等；主编有
《中华文化读本》、《中国通史教程》、《史魂——上海十大史学
家》、《二十世纪中国社会科学·历史学卷》、《康有为全集》、
《胡适学术文集》等；策划并主持编纂百卷本《中华文化通
志》。

时　　间：2009 年 10 月 27 日 18：30
地　　点：复旦大学光华楼东辅楼 103 报告厅
主持人：邓正来（复旦大学特聘教授、社会科学高等研究院院长、
　　　　当代中国研究中心主任）
评论人：熊月之（上海社会科学院副院长、历史研究所所长）
　　　　刘清平（复旦大学教授、社会科学高等研究院专职研究
　　　　人员）

一、中华传统文明的三大特征

1. 以农耕文明为主轴，以草原游牧文明与山林农牧文明为
两翼并借助商业和手工业予以维系的复合型文明（"多元一体"
的文明）。

这是以一家一户为基本生产单位和生活单位的农耕文明，
以男耕女织自给自足的小农经济为根基的农耕文明。小农经

济顽强的生命力,源于它对于人力、畜力、物力合理而充分的利用以及生产和生活过程中特别的节约。土地可以买卖,各种生产要素可以流动,会导致土地集中,社会两极分化,但小生产能够顽强地再生。正是这种小农经济奠定了中华农耕文明长时间绵延不断存在与繁荣的主要基础。

然而,中华传统文明的形成,离不开北方与西部草原游牧文明、西南广大地区山林农牧文明同主要集中在中东部地区的农耕文明持续不断的积极互动。这三种文明曾多次发生激烈冲突,但更经常的是和平交往。在长时间的积极互动中,三者互相取长补短,形成互相依存互为补充的密切关系。当将中华传统文明概括为农耕文明时,必须不忘它是由一体两翼共同构成的。相当发达的商业与手工业,不仅是将分散的广大小农维系在一起的重要纽带,而且是将农耕地区、草原游牧地区、山林农牧地区维系在一起的重要纽带。它们是传统农耕文明、草原游牧文明、山林农牧文明不可或缺的有机构成部分,是中华传统文明形成和发展过程中一支非常重要的力量。

> 北海有走马吠犬焉,然而中国得而畜使之;南海则有羽翮、齿革、曾青、丹干焉,然而中国得而财之;东海则有紫蚨鱼盐焉,然而中国得而衣食之;西海则有皮革、文旄焉,然而中国得而用之。故泽人足乎木,山人足乎鱼,农夫不斫削、不陶冶而足械用,工贾不耕田而足菽粟。(《荀子·王制》)

由此可见,中华传统文明是一种自成体系的物质文明,一种其社会生产与社会生活都按照其自身规律而运行的文明,一种具有自己特质的规定性持续性并具有高度稳定性的文明。

2. 以君主官僚国家政权体系为主轴,以血缘网络与地缘网络为两翼,并借助众多经济共同体及文化上高度认同而予以强化的大一统文明。

自秦汉以来,大一统成为中华文明一个最显著的特征。董仲舒在《天人三策》中写道:"《春秋》大一统者,天地之常经,古今之通义也。"隋、唐、宋、元、明、清,毫无疑问是大一统的态势;三国、两晋、南北朝、五代十国、辽、金、西夏虽呈分裂态势,但那只是追求大一统而未达目的的结果,分治的每一方都希望以自己为中心实现由自己主宰的大一统。大一统以君主官僚国家政权体系为主要载体。中国早就建立了非常发达完备的文官制度,有效地对国家进行管理。大一统君主官僚国家政权体系之所以产生和长久运行,是因为它适应了农耕文明发展的需求,适应了农耕文明与草原游牧文明及山林农牧文明相辅相成的要求。正因为如此,君主官僚国家政权最主要的职责就是保障农业生产,确立稳定的社会秩序,维护国家安全。

> 修堤梁,通沟浍,行水潦,安水臧,以时决塞。岁虽凶败水旱,使民有所耘艾,司空之事也。相高下,视肥硗,序五种,省农功,谨蓄藏,以时顺修,使农夫朴力而寡能,治田之事也。修火宪,养山林薮泽草木鱼鳖百索,以时禁发,使

国家足用而财物不屈,虞师之事也。顺州里,定廛宅,养六畜,间树艺,劝教化,趋孝弟,以时顺修,使百姓顺命,安乐处乡,乡事之事也。论百工,审时事,辨功苦,尚完利,便备用,使雕琢文采不敢专造于家,工师之事也。(《荀子·王制》)

　　故人生不能无群,群而无分则争,争则乱,乱则离,离则弱,弱则不能胜物。……君者,善群也。群道当则万物皆得其宜,六畜皆得其长,群生皆得其命。故养长时则六畜育,杀生时则草木殖,政令时则百姓一,贤良服,圣王之制也。(《荀子·王制》)

养长时,指草木荣华滋盛之时,不能去山林砍伐;鱼鳖繁殖之时,不能下网捕捞;这叫不夭其生,不绝其长。至于维护国家安全,从修筑长城、屯垦戍边,到结盟和亲、羁縻修好,从守土卫疆、远征苦战,到设官分治、并入版图,都正是为了解决农耕文明与草原游牧文明及山林农牧文明的冲突。

由皇帝制度、宰辅制度、郡县地方官吏制度构成的国家政权体系,运用自上而下的等级权力建立了大一统社会控制、社会协调、社会动员和社会保障系统,但大一统传统的形成与延续并非仅仅依靠这一点。渗透于全社会的同族、同宗、同姓血缘网络系统,同乡、同县、同省地缘网络系统,族田、义仓、义塾等经济共同体,同学、同科、同一方言、同一宗教信仰等文化认同,为大一统奠定了极为广泛而深厚的基础。王朝可以更迭,而这些社会网络则不会中断,它们会推动大一统迅速重建。

3. 尊德性,崇礼义,重教化,尚君子,以伦理为本位的泛道德主义文明。

> 樊迟请学稼。子曰:"吾不如老农。"请学为圃,曰:"吾不如老圃。"樊迟出。子曰:"小人哉,樊须也! 上好礼,则民莫敢不敬;上好义,则民莫敢不服;上好信,则民莫敢不用情。夫如是,则四方之民,襁负其子而至矣,焉用稼?"(《论语·子路》)

教化的使命、教化的内容不是技术、技能,而是德性,是为人、知人。《论语·颜渊》中写道:樊迟问仁。子曰:"爱人。"问知,子曰:"知人。"教化,就是要让人们了解什么是人,学会怎样做人。

怎样做人? 古人论述颇多。子曰:"弟子入则孝,出则弟,谨而信,泛爱众,而亲仁。行有余力,则以学文。"(《论语·学而》)"人之有道也,饱食暖衣,逸居而无教,则近于禽兽。圣人有忧之,使契为司徒,教以人伦:父子有亲,君臣有义,夫妇有别,长幼有叙,朋友有信。"(《孟子·滕文公上》)"亲亲,尊尊,长长,男女之有别,人道之大者也。"(《礼记·丧服小记》)"仁者,人也,亲亲为大;义者,宜也,尊贤为大。""君臣也,父子也,夫妇也,昆弟也,朋友之交也。五者,天下之达道也。"(《礼记·中庸》)

这就是以父家长制为核心的伦理本位的泛道德主义。"道之以政,齐之以刑,民免而无耻;道之以德,齐之以礼,有耻且格。"(《论语·为政》)"夫民,教之以德,齐之以礼,则民有格心;

教之以政，齐之以刑，则民有遁心。"(《礼记·缁衣》)

在伦理本位的泛道德主义之下，人被分成"君子"和"小人"两类，二者的区别不在贫富贵贱的不同，不在知识水准的高下，就在是否具有德性。君子被定位为德性的模范践行者。

何谓君子？"子谓子产，有君子之道四焉：其行己也恭，其事上也敬，其养民也惠，其使民也义。"(《论语·公冶长》)"君子道者三，我无能焉：仁者不忧，知者不惑，勇者不惧。"(《论语·宪问》)

《论语》中，孔子多次比较"君子"与"小人"二者不同之处：

"君子而不仁者有矣乎，未有小人而仁者也。"(《论语·宪问》)

"君子坦荡荡，小人长戚戚。"(《论语·述而》)

"君子泰而不骄，小人骄而不泰。"(《论语·子路》)

"君子有三畏：畏天命，畏大人，畏圣人之言。小人不知天命而不畏也，狎大人，侮圣人之言。"(《论语·季氏》)

"君子求诸己，小人求诸人。"(《论语·卫灵公》)

"君子喻于义，小人喻于利。"(《论语·里仁》)

"君子义以为上。君子有勇而无义为乱，小人有勇而无义为盗。"(《论语·阳货》)

"君子周而不比，小人比而不周。"(《论语·为政》)

"君子和而不同，小人同而不和。"(《论语·子路》)

《荀子》一书中《修身》、《不苟》、《荣辱》等篇也多方面详论君子小人之别。

"材性知能，君子小人一也。好荣恶辱，好利恶害，是君

子小人之所同也。若其所以求之之道则异矣。"(《荀子·荣辱》)

　　君子成为中华传统文明全社会践行德性的表率,君子之道成为全社会文化认同的唯一标准,"是故君子动而世为天下道,行而世为天下法,言而世为天下则。"(《礼记·中庸》)中华传统文明的主要局限与主要弊端也正源于它的以上三大特点。以农为本,重农抑商,以及农耕、游牧、山林农牧三者互相制约,阻止资本、劳动、技术向城市和工业集中。君主官僚国家政权体系,由于没有足够的制约力量,防止它向全能权力、绝对权力蜕变,防止它自身不断膨胀并演变为民众不堪负担而与民众越来越对立的寄生者,最终必定引发社会各种矛盾的激化,经由一场周期性的巨大社会动乱再重建原先的秩序。这就是中华传统文明高度发展而一直未能像欧洲那样内生出资本主义文明的根本原因。

二、中华文明的现代转型

　　1. 以现代工业文明、城市文明、信息文明为主导,以国内市场和国外市场为两翼,正在实现着整个社会经济的全面转型。

　　中国终于超越已延续了数千年的自给自足的自然经济,以及在小生产共同体中进一步强化和固定化了的自然经济,走向了全国大市场、世界大市场。人们的物质生产、精神生产都已经和全国、全世界非常密切地联系在一起。

中国同时终于结束了已经绵延数千年的传统手工业劳动的生产方式,形成了门类相当齐全的现代工业体系,尽管劳动密集型产业仍占有很大比重,资本与技术密集型产业已越来越占据主导地位。现代科学技术成就不仅被广泛应用于工业、交通运输业和服务业,而且愈来愈多地被应用于现代农业,使人们日益众多地从超强度和超长时间的体力劳动中解放出来。

直至 20 世纪 70 年代末,中国城市化水准一直徘徊于 16％上下。而至 2008 年年底,全国城镇人口已达 5.94 亿,全国城市655 个,建制镇 1.9 万个,城市化水平达到 45.68％。城市因人口、资本、技术、人才、信息高度集中,具有更高的生产力,因而成为国民经济的主要增长源;城市能为人们提供更为优质的受教育、工作和生活环境。因改革开放地不断推进,中国城市化正进入快速增长期。

现代文明相较于传统文明,时间节奏大大加快:农耕文明的春种秋收,时间以年、月、节气为节奏,现代文明,时间则以小时、分、秒乃至更小的单位计算;空间活动范围大大扩展:生活在现代社会中的人们不再固守一隅,而是活跃在全国市场和世界市场上;由于资本、劳动、知识、技术、信息、人口高度集中,人们可以在同样的时间内创造出更多的物质财富与精神产品,分享更为丰富的人类物质生产与精神生产的产品。

现代文明使经济和社会能够较之以往更为健康、稳定、持续地发展,使 13 亿中国人终于走出了普遍性贫困,实现了温饱,并逐步有序地走向小康,覆盖城乡居民包含养老、医疗、卫生、妇幼在内的社会保障体系初步形成。中国人历史上首次真正享有了免除贫困的自由以及生存、发展乃至全面发展的自由。

2. 大一统国家继续居于主导地位，在文明转型中努力实现自身的现代转型，并努力统领和扶持整个社会实现现代转型。

近代以来，中华文明从传统向现代转型。无论是晚清、北洋政府时代、国民党领导的国民政府，还是中华人民共和国建立以来，大一统国家政权一直发挥着主导作用。

大一统国家的主导作用，一是借助国家权力，进行资本的积累与积聚，建立起强大的国有经济，成为推动文明转型中具有决定性的经济力量；二是运用国家权力，对人力资源、物质资源和其他各种资源进行有效的统一配置，期望以此提高对它们的利用效能；三是依靠国家权力，确定发展目标，协调各方利益，力图将由转型引发的各种社会冲突约束在可控制的范围内。

改革开放以来，也是首先依靠国家自身的力量，改变了高度集中统一的计划经济体制和国营经济公有经济一统天下的格局，承认并发挥市场在资源配置中的基础性作用，建立了充满活力的社会主义市场经济体制，在国营企业中建立了现代产权制度和现代企业制度，变公有制单一实现形式为多种有效实现形式。在第三产业，打破了先前一直将它们视为非生产性行业的传统观念，适应经济发展和人民生活的实际需要，让它们获得了前所未有的发展。在坚持发挥国有经济主导作用的同时，使各种形式的非公有经济蓬勃发展，在满足人民多层次多样化需要、容纳就业以及发展国民经济中发挥越来越大的作用。非公有经济的经营者不再被视做异己势力，而被视做社会主义建设者，由此逐步形成了各种所有制经济平等竞争、相互促进的新型关系。

由于大一统国家政权体系和现代经济积极互动，人们越来越广泛地直接参与国家政治生活及国家事务管理中，现代法治逐步形成，经由长时间的革命斗争乃至战争之后，建设和谐社会终于成为整个国家的主导诉求，人们拥有了免除恐惧的自由。这一自由为整个国家应对和抗击国内外突发重大危机提供了强大力量。

值得注意的是，传统的血缘与地缘网络、传统的经济共同体及文化认同，也积极参与了传统文明向现代文明的转型，并在这一过程中使它们自身逐步转变为现代社会网络。

3. 知性上升至主导地位（知识就是力量），诗性获得解放，传统德性失去普遍的约束力，新的德性仍在磨合成长中。

现代文明的一个重要特征就是特别重视人的智力的发展。

> 物皆有仁、义、礼，非独人也。乌之反哺，羊之跪乳，仁也。……鹿之相呼，蚁之行列，礼也。犬之卫主，义也。惟无智，故安于禽兽耳。人惟有智，能造作饮食、宫室、衣服，饰之以礼乐、政事、文章，条之以伦常，精之以义理，皆智来也。……故惟智能生万理。（《康子内外篇》）

康有为这是对传统的以仁统领礼、义、智、信（朱熹曰："仁者，仁之本体；礼者，仁之节文；义者，仁之断制；智者，仁之分别。"），即对以德性为教育第一使命提出异议，据此，他主张：

"智为体","仁为用"。

知识就是力量,是现代文明的一个代表性的口号。将知识传授置于最重要地位的现代教育制度的建立是现代文明形成的一个重要标志。经由一百多年的努力,在中国,城乡免费九年义务教育终于全面实现,高等教育从精英教育快速发展为大众教育,大、中、小学在校学生数量均已位居世界第一,而电视、手机、网络的普及更使人们跳跃式地进入了信息时代。尊重知识、尊重科学、尊重人才、尊重创造为人的素质普遍提高提供了前所未有的条件,使人们对自己的发展有了更为多元的选择。

传统文明下,由于生产力水平低下,中国人崇尚寡欲摄生。安分知足,大多数人常常一辈子都固守在一块狭小的土地上,生于斯,长于斯,老于斯,死于斯,知性与诗性的发展都局限在很有限的范围内。现代文明中,生产力高度发展,这使得人们普遍、充分地培育和发挥其潜在能力成为了可能。人们诗性的解放和道德的重构已成为不可避免的潮流。

然而,文明仍在转型过程中,古代、近代、现代并存共生,人们的道德、信仰以及宗教,或仍固守传统,或已完全现代,或将现代与传统交织于一身,在相当一段时间中将是常态。但是,面对科学技术突飞猛进的发展,人的活动和思维越来越为新技术所左右,由于物质生活越来越丰富繁华、纵欲主义对人们的腐蚀越来越严重,呼唤新的德性产生的要求日益强烈。

三、转型路径的独创性

1. 如何走出外铄与内生的相悖和对立

文明转型,不仅是生产方式和生活方式的转型,不仅是经济上的转型,更是人与人之间关系的全面转型。

中华文明转型是外铄催化内生,内生与外铄互动型。中国曾在西方文明的冲击下试图走西方资本主义道路,又曾在苏俄革命刺激下试图走苏式社会主义道路。而"西化"道路其本质就是对广大农民和殖民地人民的剥夺,"苏化"道路其本质其实也是对农民的剥夺。对农民的剥夺,就是剥夺农民对于土地和其他生产资料的支配权,对生产、产品流通、产品分配的自主权,乃至若干人身自由权利。这两条道路在中国都因遭到亿万农民的抗拒而无法走通。中国农民是小农经济的农民,中华文明转型的正确路径是使广大农民成为推进现代化进程的强大动力和主要得益者。

中国原先的许多官僚、买办、商人、手工业者在接受外铄及转化为内生方面曾起过非常积极、重要的作用。在走"苏化"道路过程中,他们的作用曾被完全否定。在新的历史时期,他们重新活跃起来,成为推动文明转型中一支不可忽视的力量。

2. 如何走出大一统国家权力的全能化、绝对化和人的普遍自主、自立的相悖和对立

"西化"是市场经济与自由资本主义,"苏化"是取消市场经济和消灭自由资本主义,代之以国家资本主义、官僚资本主义。

经过一百多年艰难探索,中华文明转型终于明确了唯一正确的路径应当是将国家的主导作用和市场经济的作用两者有机地结合起来。

大一统国家中,由于各级政府掌控着各级经济命脉,直接主持着最重要的生产要素的分配,政府实际上成了"经济人"。利益的驱使必然会形成大量权力寻租、权力越位、权力缺位问题,权力本身成为牟利者追逐的目标。这就和现代文明所带来的人的普遍的自主、自立相悖,甚至形成尖锐对立。

> 道者何也? 曰:君道也。君者何也? 曰:能群也。能群也者何也? 曰:善生养人者也,善班治人者也,善显设人者也,善藩饰人者也。善生养人者人亲之,善班治人者人安之,善显设人者人乐之,善藩饰人者人荣之,四统者俱,而天下归之,夫是之谓能群。(《荀子·君道》)

解决这一矛盾的症结在于:一是使国家权力从全能主义的威权体制转变为民主化基础上的有限权力,成为真正受有效监督、有效制约、有效制衡的权力;二是使公民社会、公众社会健康成长和早日成熟,真正成为全社会不可或缺的中坚力量。"义与利者,人之所两有也。……义胜利者为治世,利克义者为乱世。上重义则义克利,上重利则利克义。"(《荀子·大略篇》)国家权力自身的民主化显然起着决定性作用。

3. 如何走出人的异化与人的自由全面发展的相悖和对立

工业文明、城市文明、信息文明为人的发展提供了广阔的空间和比较充裕的物质基础,同时也将人引向新的异化。现代文明一方面带来了人的新的解放,另一方面又带来了新的异化。二者常常是一体的两面。

　　具体地说,工业化带来了劳动力的解放,同时又使人的生存与成长、人的全部活动越来越受制于外在于人自身的经济与政治乃至社会力量;工业化的高度发展又会纵容、鼓励、引导人们追逐利益最大化,"天下熙熙,皆为利来;天下攘攘,皆为利往"。和利欲不断膨胀相应的是物欲的不断膨胀,义与利严重失衡,社会两极化趋向亦因此难以遏制;市场化带来物流、资金流、人流、知识流的解放,同时使人与人之间以契约关系与货币关系取代了原先的自然关系;城市化带来人口、资金、信息、生产力、消费等的高度集中,但同时也破坏了人与人之间传统的联系纽带,使人变得过于个人化、孤独化;对于物质利益的过度追求更会导致纵欲主义、利己主义、拜金主义泛滥,使人与人之间、人与自然之间关系变得非常紧张("天下害生纵欲。欲恶同物,欲多而物寡,寡则必争矣。"(《荀子·富国》));知识化提高了人们的素养,同时又使人们为科学主义和技术主义所支配,丧失人文主义、理想信念和终极价值的追求;信息化使互相全面依赖关系的建立成为可能,但同时又会使人与人的交往虚拟化,人的思维方式与行为方式为工具理性所支配;如此等等。

　　中华文明转型成败的关键就在于是否坚持将人的自由全面发展作为轴心。董仲舒说:"人,下长万物,上参天地。"(《春秋繁露·天地阴阳》)人的自由全面发展,是将人的物质生活、人的精神生活、人的政治生活、人的社会生活作为综合整体加以把握。人的知识传授、积累、更新、创造,不仅是为满足经济发展的需要,而且是为了满足人的政治生活、社会生活、文化生活的需要。人除了知性生活、知性世界外,还有情感生活、情感世界,更有德性或神性或佛性生活、德性或神性或佛性世界,即人还有比物质生活及知性生活、情感生活更高的意志生活,这就是人对于理想、对于真善美的追求,对于成为高尚的人、纯粹的人、脱离了低级趣味的人这样一种境界的追求。只关注物质生活的发展,有片面性;精神生活中,只关注知识水准的提高,只关注自然科学、技术科学、管理科学水准的提高,将人文的发展、艺术的发展、信仰和意志的发展都从属于经济建设或政治秩序,同样有片面性。人文的发展、艺术的发展、信仰和意志的发展,"使欲必不穷乎物,物必不取于欲,两者相持而长"(《荀子·礼论》),它们都是人的全面发展不可或缺的重要组成部分。

以人的自由全面发展为主轴,就要求工业化进程和生态化相结合、城市化进程和人性化相结合、市场化进程和社会公平化相结合、世界化进程和民族国家的主体性相结合,还要求经济成长和政治民主化、社会和谐化以及文化大发展大繁荣紧密相结合,真正协调好工业和农业、城市和乡村、东部中部和西部、汉族和所有其他各民族的关系。人的自由全面发展又是一个历史的概念,它的内涵将随着社会不断发展而不断拓展和提升。

以人的自由全面发展为主轴,就必须将解决我国数量最为宏大的社会群体——农民——自由全面发展的问题放在首要地位。在全国近五亿农村劳动力中,高中以上文化程度的只占13%,初中程度的占49%,小学及文盲、半文盲占38%。其中近

1/4 已进入城市,他们几乎都是强劳动力,留在农村中的妇女、儿童、老人占很大比重。实现人的自由全面发展,这里的任务最繁重、最困难。为推动广大农民的自由全面发展,一要加大投入,进行农田和农村基础设施建设,要作为国家战略全面规划,将我国农田和农村基础设施提高到一个全新的水平;二要全力推进农村资本市场、技术市场、人才市场、信息市场、产品市场的发育,使传统农业经济全方位地转变为现代农业经济;三要以极大的力量发展农村教育与农村文化,使农民不仅具有现代科学文化知识、现代经营管理能力,而且更具有现代精神、现代理念、现代素质,能自觉吸收世界物质生产和精神生产的优秀成果来充实自己;四要建立和强化农村社会保障体系,确保农民老有所终、壮有所用、幼有所长、鳏寡孤独废疾者皆有所养。

1.2 亿至 1.5 亿在城镇工作的农民工是连接城市和农村的重要桥梁。他们的自由全面发展是广大农民自由全面发展的领头羊,更是城市市民自由全面发展不可或缺的重要组成部分。他们对现代城市的发展作出了很大贡献,现代城市对他们的自由全面发展应承担起不可推卸的责任。农民工应享受与城市工人同样的待遇、享有与市民同样的待遇。目前,城市对农民工欠账太多。农民工及其进城子女的生存与生活状态是衡量是否做到人的自由全面发展的一项关键性指标。

城市中 1 亿多已下岗和已退休的工人以及虽在职却只能从事较为简单劳动的工人,是城市市民中实现人的自由全面发展的主要困难群体。对于他们来说,固然也有推行终身教育以提高他们的素质等问题,但毫无疑问,最主要的应该首先是给他们提供必要的社会保障。

3000多万户的个体工商业者和400多万的私营企业主是中国特色社会主义事业的建设者,是推动生产力发展、吸纳众多劳动力和满足人民多方面需要的一支重要社会力量。对于他们来说,实现人的自由全面发展既需要更为广大、更为宽松、更为规范化、更为法制化的外部环境,更需要强化自身的内在修为,将满足人的自由全面发展作为最高追求,而不是将谋取自身最大利益作为唯一目标。

已经初步实现中产化的主要从事知识劳动或管理劳动的社会群体,具有较高教育水准、较丰富的专业实践经验和较强的现代价值意识,在实现人的自由全面发展方面,他们有较好的基础和条件。但是,由于承载着工业化、市场化、城市化的重责与巨大的社会压力,加上又常常处于名利地位及各种外在诱惑的重重包围之中,自由全面发展对他们来说实际上又相当不容易。只有真正将人的自由全面发展确定为全社会核心价值时,他们方才能够在推进人的自由全面发展中发挥先锋和表率作用。

经济持续、快速、健康、稳定的发展,将为人的自由全面发展提供越来越充分的物质基础。在坚持走新型工业化道路的同时,要努力开创新型农业现代化道路,即科技含量高、土地和水等资源消耗低、环境污染少、人力资源优势有效发挥与第二、第三产业紧密结合的发展道路。市场化、城市化、世界化的发展同样要坚持服务于人的自由全面发展,走中国自己的新路。

经济发展不仅要为人们提供越来越丰富的物质财富,而且要为人们提供有利于他们自由全面发展的一种全新的生产方式和劳动方式,使生产和劳动成为发挥人的才能与智慧的创造性活动。

教育的发展、文化的繁荣不能仅仅是为经济增长服务,而且其重心应转移到保障人的自由全面发展上。要警惕和限制市场化与产业化对教育及文化的冲击,过度强调教育和文化的市场化与产业化已经带来了相当严重的负面效应。教育要真正坚持德、智、体、美及实践能力、创造能力的培养,文化要满足人们知、情、意健康发展的多方面需求。要像重视经济发展一样重视教育与文化的发展,才能使国家具有真正强大的软实力。

国家的统一、国家的安全、国家的稳定、各民族的团结、各社群的和谐是人的自由全面发展应有之意;不如此,人就无法自由全面发展。政治建设,应为每个人自由而全面的发展提供广阔的空间和必要的保障,这就必须确保国家自身高效、公平、廉洁地运行;社会建设,除去社会保障体系建设外,更应关注公民社会自身的建设;民主化进程,不仅是人们参与国家事务程度的不断扩大、不断深化,而且更是人们自我规范、自我管理的不断健全。

当前中国各种思潮涌动,不仅在思想界、理论界,而且在广大群众中都出现了非常激烈的争论。中国下一步应当继续以经济建设为中心,还是以反对封建专制主义加快政治民主化为中心;应当继续推进市场化,进一步发挥"看不见的手"的作用,还是恢复计划经济体制、强化国家宏观调控职能，众说纷纭。它正反映中国发展、中华文明转型处于一个新的历史性大转折的关头。明确以人的自由全面发展为最高目标，有利于澄清上述各种思想混乱，凝聚全国人民力量，将中国社会主义事业推向一个新的历史阶段。

人对真、善、美的追求既相统一又相矛盾。"体恭敬而心忠信，术礼义而情爱人；横行天下，虽困四夷，人莫不贵；劳苦之事则争先，饶乐之事则能让，端悫诚信，拘守而详；横行天下。虽困四夷，人莫不任。"(《荀子·修身》)中华文明转型既是全球化的产物，更是中华文明自身创造性的转化。实现人的自由全面发展，需要在传承中外优秀文化的基础上进行新的伟大创造。

最后，我用《荀子》一段话作为结束语：

> 积土成山，风雨兴焉；积水成渊，蛟龙生焉；积善成德，而神明自得，圣心备焉。故不积跬步，无以至千里；不积小流，无以成江海；骐骥一跃，不能十步；驽马十驾，功在不舍。锲而舍之，朽木不折；锲而不舍，金石可镂。……是故，无冥冥之志者，无昭昭之明；无惛惛之事者，无赫赫之功。(《荀子·劝学》)

当前中国民族问题的症结与出路[①]

马 戎

主讲人简介

马戎,北京大学社会学系教授、博士生导师。曾任北京大学社会学系主任、社会学人类学研究所所长。主要研究领域为:区域发展研究、人口迁移研究、城市化研究、民族关系研究、西藏问题研究、教育社会学、人口社会学、民族社会学等。主要论著有《西藏的人口与社会》、《民族与社会发展》、

---

① 本文曾发表于《领导者》2009 年 2 月(总第 26 期)第 81—89 页,现为修订稿。

《社会学的应用研究》、《民族社会学》等。

　　时　间:2010 年 1 月 14 日 9：00
　　地　点:复旦大学光华楼东主楼 2801 社会科学高等研究院通业
　　　　　大讲堂
　　主持人:邓正来(复旦大学特聘教授、社会科学高等研究院院长、
　　　　　当代中国研究中心主任)

　　如果说许多中国人在 2008 年以前对我国目前存在的"民族问题"还不很了解和不太理会,那么在拉萨"3·14 事件"、奥运火炬境外传递遇到的干扰和新疆一系列暴力恐怖袭击事件发生后,人们现在都开始意识到中国确确实实存在着"民族问题",而且这一问题与"西藏独立"、"新疆独立"等民族分裂活动密切联系在一起,不但使西藏、新疆等地的城镇成为社会骚乱的常发地,使北京等大城市成为恐怖袭击的可能目标,而且已经影响到了中国的国际形象和外交关系。可以说,中国的民族问题发展到了今天,已经成为中央政府和全体国民都必须正视和密切关注的重大问题,关联到了中华民族最最核心的利益。

　　那么,中国民族问题的症结究竟在哪里? 我们如何能够从当前复杂纷乱的民族矛盾现象中梳理出一个头绪? 只有当我们找出了问题的根源,才可能进一步思索解决问题的出路。本文将从一些最基本的概念谈起,结合中国"民族"现象产生的历史与现今最突出的问题,分析在新世纪中国民族问题的症结与今后可能的出路。

1. 关于"民族"概念的起源与内涵

既然我们思考的是"民族问题",那么就应当从"民族"这一关键词的由来和内涵说起。

《中国大百科全书》(民族卷)对汉语"民族"一词的解释是:"在中国古籍里,经常使用'族'这个字,也常使用民、人、种、部、类,以及民人、民种、民群、种人、部人、族类等字。但是,'民'和'族'组合为一个名词则是后来的事。1903 年中国近代资产阶级学者梁启超把瑞士-德国的政治理论家、法学家 J. K. 布伦奇利的民族概念介绍到中国来以后,民族一词便在中国普遍使用起来,其含义常与种族或国家概念相混淆,这与西欧的民族概念的影响有密切关系。"①

现在学者们大多承认,中文"民族"一词应当与英文的"nation"相对应,具有特定的含义,而且这种具有现代政治含义的使用在中国只是近代才出现的。

2. 什么是现代意义的"民族"?

具有现代政治意义的"民族"(nation)概念产生于欧洲。要想理解什么是现代意义上的"民族",要从西方国家的"nation"这个概念的起源讲起。

中世纪后期在欧洲出现了三个运动,影响了欧洲此后的发展。一是文艺复兴运动;二是宗教改革运动;三是启蒙运动。发端于意大利的文艺复兴运动强调了人性,借用"人"的形象来表现"神",通过各种艺术创造把"人"提升到一个新的

---

① 《中国大百科全书》(民族卷),中国大百科出版社 1986 年版,第 302 页。

高度；兴起于德国的宗教改革运动使民众摆脱了教会的各种控制和精神束缚；而法国思想家推动的启蒙运动则宣扬民主、自由、平等这些具有现代政治意义的新观念，明确反对封建王权，呼吁建立共和政体。这三个运动都为资本主义生产关系和共和政治体制的出现提供了条件、做了必要的思想和舆论准备。

当时，随着资本主义在西欧一些国家的发展，"第三等级"和市民阶级希望建立一个新的国家体制。为了使资金、原材料、劳动力、产品能够根据市场需求比较自由地流动，新兴工商业者需要摆脱当时的王权专制和封建统治体系对其发展的种种束缚和限制，他们为此强烈希望推翻贵族帝王体制。为了建立一个王权和封建统治的替代物，从自由工商业者中成长起来的第三等级代表人物和思想家们提出了"民族"（nation）的概念，推动社会运动，参照原有国家的疆域范围，以语言和宗教等为民众的认同基础，努力建立独立的"民族－国家"，即建立在地理和人口范围方面以"民族"为单元的体现共和精神的新政治实体（国家），这就是 18 世纪首先兴起于西欧的"民族主义"（nationalism）运动①。

3. 西欧"民族"概念的内涵是什么？有哪些要素构成？

欧洲的思想家们和政治领袖们在设想"民族"（nation）定义

---

① "民族主义"（nationalism）一词在欧洲出现的最早年代大约是 1789 年，其使用者是一个流亡英国的法国教士奥古斯丁·巴洛，该词被他用来表示推翻贵族君主制政体的社会运动。参见余建华：《民族主义：历史遗产与时代风云的交汇》，学林出版社 1999 年版，第 21 页。

和它的地理与人口范围时考虑到许多因素。英国研究民族主义的著名学者安东尼·史密斯对"民族主义"有系统论述,他认为在西欧的发展进程中出现了一个"市民的'民族'模式"（a civic model of the nation）,它包括了四个要素:首先是空间或领土的概念,即一个"民族"（nation）必须具有明确的地理边界;第二个因素即"民族"是"具有单一的政治意愿的法律与制度的共同体"（a community of laws and of institutions with a single political will）;第三个因素是共同体成员具有完全平等的"公民权",在公共事务和法律权利、政治权利与义务、社会经济权利等方面具有同样的"公民权"（citizenship）;第四个因素是"民族"必须具有共同的文化（价值观和传统）和公民的意识形态（civil ideology）。因此,历史形成的领土、法律和政治共同体、成员在法律和政治上的平等权利、共同的文化和意识形态,这四条就是确定西欧模式"民族"（nation）标准的组成部分。[①]

4. 构建"民族"的目的:建立民族国家（nation-state）

欧洲一些思想家和他们的追随者提出"民族"这一概念,并对"民族"的地理范围和人口边界进行构想,宣扬"民族"意识和推动社会上的"民族主义"运动。他们这样做只有一个目的,那就是利用这类新政治实体的创建努力摆脱原有的传统封建统治制度,打破旧的社会体系,在新的政治原则和政治理念的基础上建立新型的"民族国家"和新型的社会体系。

---

① See Smith, Anthony D., *National Identity*, London: Penguin Books, 1991, p. 11.

　　两位学者曾精辟地总结了"民族主义"运动的最终政治目的。"民族主义认为人类自然地分成不同的民族,这些不同的民族是而且必须是政治组织的严格单位。…… 除非每个民族都有自己的国家,享有独立存在的地位,否则人类不会获得任何美好的处境。""各民族是由上帝所安排的相互分离的自然实体,因此最佳的政治安排的获得是当每一个民族形成了独立的国家的时候。"①"民族主义首先是一条政治原则,它认为政治的和民族的单元应当是一致的。……民族主义是一种关于政治合法性的理论,它在要求族裔的(ethnic)疆界不得跨越政治的疆界。"②

　　"民族"意识和民族主义运动首先出现在西欧,提出"一个民族一个国家"的理念,并借助新兴的资产阶级、受启蒙主义思想熏陶的青年知识分子和传统部族领袖等社会力量,在各种政治势力角逐过程中根据各自对"民族"的认识与构建,建立了一批以"民族"为单元的"民族国家"。当时各"民族国家"内部包含的群体中也必然存在各种差异(血缘、语言/方言、历史归属),但在"民族构建"(nation building)过程中,各群体都接受了新的"民族"概念,建立了对新"民族"的共同认同意识。

　　在如何确定"民族"边界的划定方法、理解边界内外群体差异的性质、认识边界与历史沿革之间的矛盾时,人们也会出现

　　①　参见〔英〕凯杜里:《民族主义》,张明明译,中央编译出版社 2002 年版,第 7—8、52 页。
　　②　参见〔英〕盖尔纳:《民族与民族主义》,韩红译,中央编译局 2002 年版。盖尔纳在讨论"民族"(nation)的时候,在这句话里把它与"族群"(ethnic groups)混在一起了。

歧义:为什么一个部落、一个地域应当属于这个"民族"而不是另一个"民族"? 一个"民族"的边界怎样划分才最合理、最有合法性? 毫无疑问,最后被多数人接受的新的"民族"概念及内涵必然带有"想象"和"构建"的因素,这与安德森描述的殖民地统治过程中产生的"想象的共同体"具有类似的特征①。

5. 西欧的"民族国家"

在这一历史时期,通过民族主义运动推翻封建王权而形成的主权政治单元就是"民族国家"(nation state)。而"民族国家"一旦成为现实的政治实体,它就会迅速巩固自己的政治基础和合法性,并在与其他国家的共同约定中被公认接受为新国际法的主权单元。政治学家一般将 1648 年《威斯特伐利亚和约》的签订视为"民族国家"的开始。

新兴"民族国家"这一政权模式在几个重要的西欧国家获得成功后,新的社会结构解放了生产力,迅速地刺激了本国制造业、商业和科学技术的发展,使这几个首先建立新型政治体制的国家的综合国力和军队迅速强大起来,成为欧洲国际舞台上的主宰,恃强凌弱,以拿破仑为首的法国就是一个典型。在这种态势下,邻近各国虽然国内资本主义生产要素尚未发达起来,启蒙运动对这些国家的精英与民众的影响也有限,但是这些国家为了与西欧各国相抗衡,不得不对本国的政治体制进行改革。在此之后,随着西欧各国经济势力和殖民主义侵略向其

---

① 参见〔美〕安德森:《想象的共同体:民族主义的起源与散布》,吴叡人译,上海人民出版社 2003 年版。

他地区的扩展,其他地区的王国、土邦和部族也不得不接受这样的国家形式。

6. "民族"的第二种模式:其他地区的被动效仿

一旦出现了以新兴"民族国家"为主导的现代国际秩序和政治格局,此后在其他地区重新塑建的政治实体,在其影响下其国家形式大多是仿照西欧理念的"民族国家",即在原有政治实体疆域范围内,把各种不同的群体整合成一个现代的"民族",在各群体中建立共同的政治认同和文化历史认同,并使各群体的所有成员都认同和忠诚于这个新的"民族"(nation)。受西欧国家冲击的东欧各国是这样做的,由欧洲白人移民建立的新国家(如美国)是这样做的,殖民地独立后新建的国家(如印度)也是这样做的。

史密斯认为在亚洲和东欧地区还存在另一个"族群的'民族'模式"(an ethnic model of the nation)。这个模式的特点为:(1)对血统和谱系的重视超过基于领土的认同;(2)在情感上有强大感召力和动员效果(popular mobilization);(3)对本土文化传统(语言、价值观、习俗和传统)的重视超过法律。①

这第二个"民族"(nation)模式,实际上是资本主义生产方式和政治启蒙思想尚未发展起来的东欧和亚洲各国面对西欧已经发展与建立的国家形式的政治反应。它们在与西欧各新建的"民族国家"交往时,意识到这是一种新兴的、在国际竞争

---

① See Smith, Anthony D. , *National Identity*, London: Penguin Books, 1991, p. 11.

中强大有力并必须效仿的国家形式。因此,在本国思想家和新兴政治集团的影响下,东欧和部分亚洲国家也开始了相应的"民族构建"过程。但由于这些国家缺乏现代经济基础和思想基础,它们的"民族"模式只是对西欧政治形式的模仿。在时间序列上,第二个模式是后发和被动出现的,是传统国家对第一个模式国家的反弹和回应。

7. 沙皇俄国的"民族构建"

沙皇帝国是一个带有封建传统、既有专制皇权又有贵族势力的大帝国。如果从罗曼诺夫王朝建立的 1613 年算起,这个皇朝只有两百多年的历史。它在这两百多年里通过侵略战争使领土扩大了几十倍,俄国很多地区是由被征服的各部族组成的,各部族的首脑仍然掌握着一定的权力。沙皇俄国统治下的各群体大多仍应属于传统封建部族(tribes)的范畴,还没有接受现代"民族"(nation)的政治意识和组织形式。

自彼得大帝开始,沙皇俄国积极学习西欧,为了应付西欧向东方的势力扩展,也为了使自己加快现代化的步伐从而加入瓜分世界的游戏,沙皇俄国也在努力把自己的辖区转变成一个现代的行政管理体系,在俄国管辖各地组建行省,把各族人口传统聚居地划归由不同的行省来分别管理,努力削弱下辖各部落的独立政治意识,努力建立"俄罗斯民族-国家",即开始了俄国的"民族构建"(nation-building)进程。换言之,也就是试图把传统封建帝国转变为西欧式"民族国家",努力把原来传统的部落辖区转变为帝国行省,力图构建一个"Russian nation"。

当我们比较 1840 年、1900 年沙皇俄国的行政区划图和苏联时期的行政区划图时,可以看到在今天乌克兰的这块土地上,沙皇俄国时期设有9个行省,今天白俄罗斯这块土地上,沙皇俄国时期设有5个行省,尽管行省的边界线不完全重合,但大致的地理范围是清楚的。现在俄罗斯联邦的欧洲部分有13个自治共和国,占俄罗斯联邦欧洲部分领土的大约1/3。这些自治共和国在当时沙皇俄国的统治下都是行省,并不存在民族自治的问题。当年的行政区划图可以说明,沙皇俄国曾经努力使这些少数族群融合进俄国的统一行政体制中,使俄国成为一个"民族国家",而这个过程被十月革命中断了。

8. 斯大林把苏联建成了一个"民族联合体"

在十月革命前,俄国布尔什维克党为了早日推翻沙皇俄国反动统治,从发动革命和夺取政权的需要出发,采用的一个非常重要的战略就是把沙皇俄国统治下的各部族都称为"民族"并鼓励和支持他们独立建国,积极鼓动沙皇统治下的这些文化、语言、历史各不相同的乌克兰人、格鲁吉亚人、哈萨克人部族起来造反。因为镇压这些部族的叛乱,必然会造成沙皇俄国的兵力分散、财政空虚,这样工人起义成功的可能性就会大大增加。为了鼓动各部族起义,当时布尔什维克党宣布说这些群体都是"民族"(nation),天然拥有自决和独立的权利,俄国工人阶级将支持他们从反动沙皇俄国统治下独立出去。列宁和斯大林的民族理论,包括"民族"定义、"民族平等"、"民族自决权"等都是在这样一个历史背景中产生的。

苏联正式成立以后,在斯大林领导下进行了"民族识别"工作和随后的制度建设,这是一种把沙俄原来的传统部族"政治化"并引导成现代"民族"的做法。1922 年正式组建了苏维埃社会主义联盟。苏联的组成部分中包括了俄罗斯联邦等 15 个加盟共和国、20 个自治共和国、8 个自治州、10 个自治区和 128 个边疆区或州,每个单元都以"民族"来命名。世界上有些国家如联邦德国、瑞士、美国等也是联邦制,但是这些国家下属单元的地域划分是根据行政区划的历史沿革形成的,既不根据"民族"进行划分,也不以"民族"来命名。对本国行政区划完全根据民族来划分同时又以民族来命名的只有苏联、中国、南斯拉夫和捷克斯洛伐克。

由于苏联共产党承认这些群体都是"民族",都建立了自己的行政单元(加盟共和国、自治共和国等),拥有自决权和独立建国的权力,所以苏联被建成了一个由许多"民族"联合组成的"多民族联合体",而不是一个"民族国家"。根据 1923 年和 1936 年的苏联宪法,每个"民族"都有独立的权力,每个加盟共和国、自治共和国都有自己独立的议会和宪法,在体制上都有各自的总统及内阁部长们。所以,苏联是一个多重政治结构:第一层是苏联;第二层是各加盟共和国;第三层是自治共和国;第四层还有自治区和边疆区。苏联宪法明确规定:联盟是"各拥有平等权利民族的自愿联合","每一个共和国均有自由退出联盟的权力"。

在苏联的新体制下,各族接受了现代"民族"理念及其政治含义,"民族意识"不断加强。同时,苏联宪法也为这些"民族"脱离苏联并成立独立国家提供了法律依据。在戈尔巴乔夫不负责任的改革过程中,苏联原有的意识形态纽带、经济秩序、政治凝聚力都遭到破坏，于是那些已建立"加盟共和国"的"民族"因势转变为独立的"民族国家"。直到今天，一些建立了"自治共和国"的"民族"（如俄罗斯联邦的车臣自治共和国、格鲁吉亚的南奥塞梯自治共和国等）仍在为独立而战。苏联在民族理论工作和民族制度实践中的经验与教训我们应当仔细研究与借鉴。

俄罗斯现任领导人当前面临的最迫切的任务就是如何在"民族理论"上进行转向，在新的方向上启动"俄罗斯联邦"这块土地上的"民族构建"进程。1997年俄罗斯联邦正式废除了公民身份证的"民族成分"内容。普京在各种场合多次发出建立"俄罗斯国家民族"（российская нация）的号召，俄罗斯学者开始使用"多族裔民族的统一国家"来替代苏联时代的"多民族的统一国家"提法。

9. 清朝末年和随后的中华民国如何进行"民族构建"

当清朝在"船坚炮利"的欧洲舰队和洋枪队攻击下一败涂地后，清廷逐步意识到了西方帝国主义侵略和瓜分中国的威胁，开始加强统辖领土上的政治整合和巩固边防，如赵尔丰在川边加紧"改土归流"，1884年新疆建省，联豫和张荫棠在西藏推行"新政"，这些举措也可以看做是清廷有意或无意地开始了"民族构建"的进程。与此同时，朝廷在列强逼迫下也不得不开展"洋务"、对外派遣留学生并允许西方思想与出版物进入中国，西方的"民族主义"和"民族"理念也必然进入中国并影响中国各族知识界和民众。

在救国救亡的严峻形势下，中国的思想家和精英人物必然会考虑按照西方"民族国家"的模式来重新构建自己的国家与民族,20 世纪初关于"中华民族"、"国族"概念的讨论和 30 年代先后出版的几部《中国民族史》,都反映出西方"民族国家"意识形态在中国知识界的传播和当时一些人希望从构建"民族历史"的角度来增强中国凝聚力的一片苦心。[1]"中华民族"、"中国人"这一称呼就是在这样的背景下取代了"清朝臣民"。日本人绝对不使用"支那人"来称呼蒙古人、满人、藏人等,刻意地把"中国"的范围仅限于汉人地区,甚至提出了一个"中国本部"的概念,为其分裂中国埋下了伏笔。而由日文直接转译成汉字的"蒙古民族"、"满洲民族"、"汉民族"等提法,也由中国留日学生们在学习现代文化和理念时"囫囵吞枣"式地直接引入中国,充斥在当时的中文出版物中,由此造成中国人在认识"民族"一词含义的思想混乱并沿袭至今。这是我们今天在思考中国的"民族问题"时绝对不可忽视的历史大背景。

　　1911 年辛亥革命后建立的中华民国提倡"五族共和"。孙中山在《三民主义》第一讲中说"中国人的民族主义就是国族主义",并在《临时大总统宣言书》中提出"合汉满蒙回藏诸地为一国,则合汉满蒙回藏诸族为一人,是曰民族之统一",[2]明确提出以"中华民族"作为"民族"单元来建立"民族国家"。清末和民国时期企图分裂中国的英日俄等帝国主义者,别有用心地用"民族"(nation)来称呼中国境内的蒙古、新疆、西藏各部落,混淆视听,并直接煽动各部落追求"民族自决"和"民族独立"。为

---

[1]　参见王桐龄,《中国民族史》,上海文化学社 1934 年版。

[2]　参见《孙中山全集》第 2 卷,中华书局 1981 年版。

此,著名历史学家顾颉刚在 1939 年曾专门撰文"中华民族是一个"予以批驳。

10. 1949 年新中国成立后的"民族理论"和国家构建

中国共产党建党时即接受了苏联共产党的"民族"理论,为了革命和夺取政权斗争的需要,曾一度表示支持蒙、藏、回等"民族"自决,建立中国的联邦制政府。抗日战争胜利后,我党的民族政策调整为主张"民族区域自治",放弃了联邦制。但是斯大林的民族理论的核心概念和苏联制定的民族政策在 20 世纪 50 年代基本上被新中国政府接受下来。

1949 年中华人民共和国成立后,在许多方面(城乡经济的所有制体制、政府结构、高等教育体制、军队建设等)效仿苏联的成功经验,也包括了民族理论和相应的政策。在当时的国际环境下,新中国只能"一边倒",只能效仿苏联,这是那时合情合理的抉择。在中央政府组织下,我国在 20 世纪 50 年代先后"识别"出 56 个"民族",这样就在"民族"概念上出现了一个双层结构(上层是"中华民族",下层是 56 个"民族")。

由于改革开放前我国民众很少有机会在国际事务中直接体会到"中国公民"的现实意义,而在国内日常生活中由于各种民族制度与优惠政策使少数民族身份具有显著的现实意义,结果在客观上把"中华民族"虚化和架空了。我们几十年来一直在报刊和讲堂上宣讲马列主义民族理论,介绍斯大林的"民族"定义,介绍列宁的"论民族自决权",这样宣讲和教育的结果就使包括汉族在内的国民把对"民族"的认识定位于 56 个民族,而不是包含所有中国人的"中华民族",并把现代政治观念的

"民族"意识介绍给各"民族"的知识分子与民众。

在"民族识别"工作完成后,政府为每个国民都确定了"民族成分",这使中国各"民族"之间的人口边界清晰化,而为各"民族"设立的"自治区域"则催生或加强了各族的"领土"意识,以"民族"整体为对象的各项优惠政策(计划生育、高考加分、自治地方的双语教育和干部名额等)的实施也使各族民众的"民族意识"不断强化。

一些人的"民族意识"具体体现在:(1)不欢迎其他"民族"成员来到自己的"自治地方";(2)极力保护本民族语言在学校的使用,对部分成员不会讲母语的现象特别关注;(3)希望培育和发展"本民族经济";(4)极力通过宗教、风俗习惯、历史教育等增强本族成员的"民族意识"和凝聚力。这与斯大林"民族"定义的四条内容完全相符。换言之,这些人认为,如果这四个方面淡化了,他们的"民族"就会削弱甚至消亡。

这种催生出来的"民族意识"主要体现在接受了政府"民族理论"教育的少数民族知识分子和干部当中,而那些接受"民族理论"教育较少的普通农牧民对国家和政府的忠诚情感仍是十分淳朴的。许多来自农村牧区的少数民族学生,原来并不具有现代政治意义的"民族意识",但是当他们在民族院校比较系统地接受了"民族理论"、民族政策课程之后,民族意识开始萌现并不断强化。这就使保持了几千年统一历史的中华民族凝聚力逐步淡化。最近个别"民族理论"的权威学者甚至提出应废弃"中华民族"这一提法,这一动向值得警惕。

承袭自斯大林的"民族"理论和类似苏联的民族制度与民

族政策,使得新中国没有完成 20 世纪初开启的"民族国家"的构建进程,而是逐步转向了类似苏联的"多民族联合体"。这就是近年来在中国一些地区出现的民族关系问题和民族分裂思潮的意识形态与思想政治基础。

11. 当前中国民族问题的症结

综上所述,目前中国民族问题的症结就在于,我们在 1949 年新中国成立后,参照苏联斯大林的民族理论("民族"定义)、民族制度和民族政策在中国进行了"民族识别",客观上把中国建成了一个"多民族联合体",这一结构使有些原来仍然处在传统部族时代并不具有现代"民族意识"的少数族群精英们开始接受这样的意识并萌发了潜在的独立愿望。

新中国成立六十年来,中国的民族关系总的来说还是比较和谐的。这与中国的基本国情(有两千多年历史的大一统国家、广泛的民族混居和族际融合、汉族占总人口的 90% 以上、汉族在经济和社会发展方面占有明显优势、中央政府对少数民族的扶助与优惠政策)及具体政策的实施效果相关。特别是 50 年代在少数民族地区实行的"土改"和"民主改革"运动,使那一代少数民族民众从心里感激共产党和中央政府,当时到少数民族地区工作的汉族干部的政治素质、政策水平和为人民服务的精神成为凝聚各族团结的有力纽带。自 80 年代批判"文革"和实行"改革开放"政策以来,共产主义意识形态的影响开始淡化,无论是少数民族民众还是汉族干部都出现了"代际更新"的现象,50 年代建立起来的传统感情纽带也开始出现变化。

从理论上讲,只要一个群体被本国政府、外国政权以及本

群体精英集团认定是一个"民族",那么,无论是根据西方资本
主义国家传统的"民族自决权"理论还是根据列宁的马克思主
义"民族自决权"原则("无条件地、坚决地维护每个民族的政治
自决的权利,即分离的权利"①),这个"民族"都会非常自然地萌
生出通过自决建立独立民族国家的愿望。在我国实行改革开
放政策后,派遣出国的各族留学生和来到西部旅游与交流的境
外人员也不可避免地成为催生民族主义思潮的媒介。

在中国的 56 个"民族"中,有些人口较少、居住分散的群体
从来没有独立的政治要求,也不认为这样的分离运动具有可行
性;但是一些人口规模大、高度聚居、历史上曾经建立过相对独
立政权的"民族",他们的精英集团在内外"民族理论"的指引和
外部反华势力的鼓励下就会出现民族主义思潮和独立的诉求。
当前在政府的严格控制与打击下,这些诉求表现得相对隐蔽。
在解体后的前苏联各加盟共和国中,也可以清楚地看到类似的
分离主义态势。我国存在的真正的民族分离主义危险,并不在
于那些实施恐怖袭击和制造街头骚动的极少数极端主义分子,
而在于少数民族干部与知识分子队伍内心中的现代"民族"
意识。

12. 中国民族关系中出现的新形势

近年来,在"西部大开发"战略的实施过程中,中央政府和
沿海各省在西部少数民族聚居区投入巨额资金,启动了许多大
项目,这些项目吸引了许多东部和中部的汉族劳动力来到西

---

① 《列宁全集》第 20 卷,人民出版社 1958 年版,第 217 页。

部,也在改变西部地区的经济结构和社会结构,这使得汉族与西部少数民族之间的交流进入了一个新的历史时期,达到了前所未有的深度和广度。

由于近些年来各级政府在汉族民众中开展的民族知识与民族政策教育工作十分薄弱,这些来到西部地区的汉族企业家、管理人员和农民工们对西部少数民族的历史、宗教、文化习俗缺乏了解,其中一些人因为当地少数民族汉语交流能力差及文化差异对他们怀有偏见和歧视,我们在西部一些城市(如拉萨)的调查发现,外来汉族流动人口的收入明显高于当地进城少数民族流动人口的收入,这些现象必然会导致部分少数民族成员产生不满情绪,再加上外部敌对政治势力和宗教势力的鼓动与支持,一些朴素和普通的文化差异问题、利益分配问题就会转变为民族情绪,并使极少数激进分子铤而走险。这些极端主义的活动有时以恐怖袭击的形式出现,有时以街头骚乱的形式出现,由于这些活动的对象针对固定的"民族",很容易激发民族之间的相互不信任和感情隔阂。这些出现在双方普通民众中的民族情绪很容易被民族分裂主义分子所利用。

2008年的拉萨"3·14"事件和西藏、新疆等地发生的其他事件,虽然带有一定程度的"民族"背景,基本上是群体治安事件和个别极端分子实施的恐怖袭击事件。但是随后在北京等大城市和汉族地区发生的针对藏族、维吾尔族人员的整体性歧视行为(出租车拒载、旅店拒住、机场歧视性安检等)却反映出汉族整体性的大汉族主义态度。这是非常令人担心的,这样的态度使许多反对"3·14"事件和其他暴力行为的藏族与维吾尔族民众非常伤心,也使汉族中的有识之士感到震惊。这充分暴露了自"文革"后政府在汉族地区缺乏民族知识、民族政策普及教育所造成的恶果。

我们感到,这些年来以汉族民众为对象的中华民族"多元一体"国情、民族知识教育和民族平等的政策宣传非常薄弱,汉族地区普通中小学教育中关于介绍我国少数民族历史、文化宗教习俗和我国民族政策的内容很少,甚至许多方面可以说是空白。这使得汉族民众和青少年普遍缺乏关于我国少数民族的基本知识,在他们思考问题时有意无意地把"汉族"等同于"中华民族"。有些政府所属文化部门关于"中国人"是"华夏子孙"、"炎黄子孙"和"龙的传人"的片面宣传在客观上也加强了这一倾向。黄帝崇拜是清末革命党狭隘"排满"的民族主义的产物,[1]许多少数民族对黄帝和龙图腾并不认同,这些片面狭隘的宣传有损于中华民族凝聚力的加强,需要政府及时关注和纠正。

13. 从根本上解决中国民族问题的出路

众所周知,世界其他一些国家如美国和印度,国民中也存在许多不同的种族和族群,存在不同的宗教和语言群体,但是它们的"民族构建"(nation building)目标就是把所有的群体建成一个共同的"民族"(nation),把这些群体称为"族群"(ethnic groups),并在"文化多元主义"的旗帜下保存和发展各少数族群的文化特征与风俗习惯。全体国民共同的核心认同(identity)是"民族"而不是"族群",强调的是国家宪法和国民的公民权,

---

[1] 参见孙隆基:《历史学家的经线》,广西师范大学出版社2004年版,第18—21页。

而把种族、族群之间的差异主要视为文化差异，不认为也不允许各族群有自己特殊的政治权利。这可以看做是把族群"文化化"的思路。虽然美国的种族关系在历史上一度非常糟糕，但是在强调种族平等、强调公民权的积极引导下，种族偏见和歧视逐步减弱，有黑人血统的奥巴马以绝对优势当选美国总统即是一个明证，他的选举口号是为全体美国国民谋利益，绝不带任何种族色彩。尼赫鲁总理在印度获得独立后最关注的事业就是如何淡化各群体之间因体质、语言、宗教、种姓差异而带来的认同冲突，全力构建"印度民族"（Indian nation）。这一把种族、族群差异"文化化"并以此淡化种族矛盾和政治冲突的思路，在美国、印度等国的实践大体上是成功的，也值得"多民族"的中国借鉴。

正是在这样的思考下，我曾在 2004 年提出把中国的民族分界、民族身份"文化化"即"去政治化"的思路，建议保留"中华民族"的概念，并在这一思路下重新开始"中华民族"的"民族构建"，以"中华民族"为核心认同建立一个全体中国人的"民族国家"，同时把 56 个"民族"改称"族群"（简称××族），在这样的概念框架下强化中华民族的"民族意识"，逐步淡化目前各"民族"的"民族"意识。① 我认为，只有这样，才能加强各"民族"之间的相互认同，共同凝聚起来，以一个民族即中华民族为单元来面对和参与世界各国间的激烈竞争。在这个过程中，一些依然保

① 参见拙文："理解民族关系的新思路：少数族群问题的'去政治化'"，《北京大学学报》2004 年第 6 期。

留了"部族国家"中传统意识的群体,将会过渡转变为现代"公民国家"的国民,那些长期以来接受了本族是"民族"的少数民族干部和知识分子也需要一个理解与适应的过程。这将是一个漫长和需要足够耐心的历史发展过程。

14. 在"解放思想、实事求是"精神指引下反思"民族"理论、调整民族政策

新中国成立后,宣传的民族理论、设立的各项民族制度和政策已被人们熟知而且习惯,如果有人提出异议,肯定很难被接受。可是我们的时代和社会在不断变化,列宁和斯大林创建的苏联已经解体,我们必须坚持解放思想、实事求是的科学精神,与时俱进,跟上时代的变化。应当通过我们对民族地区社会经济变化的调查研究,通过对各民族认同意识演变的分析,并与其他国家的族群关系的理论探讨和政策实践进行比较,以实践为尺度来检验和反思我国建国以来的民族理论与民族工作实效。在这一讨论过程中,所有的人都可以发表不同意见,彼此都不要扣政治帽子。这样就可以在充分和深入的学术讨论过程中逐步达成共识,并根据新的思路来逐步调整我们的相关理论和民族政策。

至于今后我国的民族基本制度和政策应如何调整、调整的次序与进度,那些都不是眼前最急迫的问题,可以在达成共识时通过具体研究和实验来循序渐进地加以推进。但是在目前,如果我们不把"民族"这个现代国际政治、现代国家理念中最核心的概念讨论清楚,随着族际交往的发展,随着境外势力的介入,随着熟悉我国民国时代传统民族关系人物的辞世,我国的

民族关系在今后只会更加复杂与恶化。如果一旦中国出现民族分裂,所有的群体都是"输家",前南斯拉夫就是一个最触目惊心的典型例子。我们必须让大家都清楚地认识到:每个"民族"的根本利益和长远利益与中华民族整体的利益是完全一致的。只有在"民族"的基础理论上想清楚,重新思考中国"民族构建"的新框架,逐步调整我国的相关制度和政策,努力使 13 亿国民把"中华民族"当做自己最核心、最根本的认同群体,这才是中国民族问题在未来的出路。

另外,近日中央政府决定全国中小学设立"民族团结"课,这非常必要和及时,但是如果课程内容讲授的仍然是斯大林的"民族"定义和民族理论,那么开设这些课程的实际效果也许会事与愿违,很可能反而会强化各族学生的"民族意识",催生离心力。我想,我国中小学"民族团结"课程的内容需要遵循这样几条原则:一是要坚持马克思主义的基本原则,即所有民族一律平等;二是 56 个"民族"从历史发展到今天都已成为中华民族不可分割的组成部分,在结构上是共生共存的"多元一体";三是中华民族是当今国际政治格局中的"民族国家"单元,中华各族之间的差别主要是文化、血缘、历史记忆等方面的差别,各族成员都应强化中华民族整体的"民族意识"和国民意识;四是在全球化的激烈竞争中,国际竞争的"单元"是"民族国家",因此,中华各族的长远利益和根本利益是完全一致的,各族需要紧密团结、合作奋斗,共创共同的美好未来。

那些把中国当做潜在敌人或竞争对手的国家或政治势力,一定会千方百计地利用中国国内的"民族关系"大做文章,打

"藏独"牌、"疆独"牌、"台独"牌来牵制中国在新世纪的崛起。一旦中国强大起来,它们为了自身的实际利益,也会毫不犹豫地背弃这些民族分裂组织,在"牌桌"上把它们当做交换条件抛出去,它们过去也曾这样做过。对于这一点,中国各族民众和知识分子一定要有清醒的认识。